安徽省高等学校规划教材
安徽省一流教材

企业财务报表编制与分析

朱继民 ◎ 主编

北京师范大学出版集团
BEIJING NORMAL UNIVERSITY PUBLISHING GROUP

安徽大学出版社

图书在版编目(CIP)数据

企业财务报表编制与分析/朱继民主编. —合肥:安徽大学出版社,2019.5(2020.7重印)
ISBN 978-7-5664-1840-1

Ⅰ.①企… Ⅱ.①朱… Ⅲ.①企业管理—会计报表—编制—高等学校—教材
②企业管理—会计报表—会计分析—高等学校—教材　Ⅳ.①F275.2

中国版本图书馆CIP数据核字(2019)第098789号

企业财务报表编制与分析
Qiyecaiwubaobiao bianzhiyufenxi

朱继民　主编

出版发行:	北京师范大学出版集团
	安 徽 大 学 出 版 社
	(安徽省合肥市肥西路3号邮编230039)
	www.bnupg.com.cn
	www.ahupress.com.cn
印　　刷:	合肥远东印务有限责任公司
经　　销:	全国新华书店
开　　本:	184mm×260mm
印　　张:	17.5
字　　数:	323千字
版　　次:	2019年5月第1版
印　　次:	2020年7月第2次印刷
定　　价:	45.00元
ISBN 978-7-5664-1840-1	

策划编辑:邱　昱	装帧设计:李伯骥
责任编辑:邱　昱	美术编辑:李　军
责任印制:陈　如	

版权所有　侵权必究

反盗版、侵权举报电话:0551—65106311
外埠邮购电话:0551—65107716
本书如有印装质量问题,请与印制管理部联系调换。
印制管理部电话:0551—65106311

前 言

国务院总理李克强2014年9月在夏季达沃斯论坛上公开发出"大众创业、万众创新"的号召,旋即"创新""创业"成为全民的主要行动指南。然而,"创新"并非易事,"创业"就更不容易。当下,每天成立企业不计其数,同样,每天倒下的企业也不计其数,这些倒下的企业失败原因众多,但是,资金缺乏有效管理,财务分析、风险控制不足却是重要原因之一。会计作为全球通用的商业语言,企业与企业、企业与政府、企业与资本市场,乃至企业与社会公众之间的交流、沟通,都少不了会计这一专业语言。而财务报表作为会计工作的成果,正是企业传达自身的经营活动过程与结果,包括财务状况、经营成果、现金流量等信息的重要介质,是会计信息的最佳载体。

因此,《企业财务报表编制与分析》的编写目的就是让更多人了解企业经营活动的过程与结果,并使更多的企业利益相关者,如投资人、债权人等了解财务报表的编制原理,掌握财务报表的分析方法,通过研读、分析报表,作出正确的经济决策。

本书包含两大知识环节:一是财务报表的编制;二是财务报表的分析。第一部分让读者掌握企业财务报表是如何生成的,以利于下一步的分析;第二部分介绍财务报表的基本分析方法,包括财务报表的主要项目分析、企业财务能力分析和企业综合财务评价方法。

本书具有以下三方面特色:

1.优化的课程设置。 目前,一般本科院校以"会计学基础——财务会计(包括中级、高级)——财务管理"为核心构建会计学专业课程体系,部分院校开设了"财务报告分析"或"财务分析"课程。其中,"会计学基础"重点介绍会计学的基本理论和方法,"财务会计"重点依据会计准则介绍会计实务操作,"财务管理"则重点介绍"筹资"与"投资"。会计活动的最终产品——财务报表却没有得到应有的重视,因为课时的关系,财务报表编制的内容在"财务会计"课程中只作一般介绍,财务报表分析在"财务管理"课程中也处于非重要位置。本书试图推动"以财务报表为导向的会计课程体系"的构建,突出财务报表的编制与分析,优化会计学课程体系。

2.实用的知识结构。 本书的编写者均来自会计学专业教学一线的老师,具有丰富的教学经验和扎实的理论基础,知悉学生在专业知识学习中存在的困惑与迷茫。因此,本书以应用型本科生为主要读者对象,照顾社会普通读者,不过多介绍深奥的理论,注重实用性,教给学生在未来实践中用得上的知识。例如,在实际工作中,很多单位的会计人员对"现金流量表"的编制满怀恐惧,多有胡乱应付的现象,而本书则从实用的角度较好地介绍了"现金流量表"的编制方法等。

3.易懂的表述方式。 本书在编写过程中,力求运用通俗的语言表达专业知识,使读者在学习本书时，不再被晦涩的理论和专业术语所困扰。同时，我们结合案例教学法，直接引用上市公司的年报数据进行报表分析，并同时运用同行业其他上市公司的年报数据进行对比分析，使得理论介绍变得有血有肉，非常贴近现实，让财务报表编制与分析变得"so easy"。

本书由铜陵学院朱继民副教授担任主编，赵春艳、曹永生、鲁君谊担任副主编，具体编写分工如下：第一、四、七章由朱继民执笔，第二、三章由赵春艳执笔、第五、六章由吴洋执笔，第八章由曹永生执笔，第九、十章由鲁君谊执笔。全书由朱继民筹划，并负责最后统稿。

本书在撰写过程中，得到安徽省教学名师、铜陵学院会计学院院长周建龙教授的大力支持与帮助，同时，我们也借鉴、学习了国内许多相关教材与书籍，在此一并表示感谢！

鉴于我们的学识与能力有限，本书难免存在不足与疏漏，恳请广大读者批评、指正。

编 者

2019年1月

目 录

001 第一章 财务报表编制概述

- 003 第一节 财务报表概述
- 005 第二节 财务报表编制要求
- 007 第三节 财务报表编制前的准备工作

014 第二章 资产负债表的编制

- 016 第一节 资产负债表概述
- 018 第二节 资产负债表的编制方法
- 028 第三节 资产负债表编制实例

041 第三章 利润表的编制

- 042 第一节 利润表概述
- 044 第二节 利润表的编制方法
- 050 第三节 利润表编制实例

055 ▷ 第四章
现金流量表的编制

- 057 ▷ 第一节 现金流量表概述
- 063 ▷ 第二节 现金流量表的编制方法
- 078 ▷ 第三节 现金流量表编制实例

097 ▷ 第五章
所有者权益变动表的编制

- 098 ▷ 第一节 所有者权益变动表概述
- 100 ▷ 第二节 所有者权益变动表的编制方法
- 101 ▷ 第三节 所有者权益变动表编制实例

106 ▷ 第六章
财务报表附注

- 107 ▷ 第一节 财务报表附注概述
- 109 ▷ 第二节 财务报表附注的基本内容
- 111 ▷ 第三节 重要报表项目的说明

137 ▷ 第七章
财务报表分析基础

- 139 ▷ 第一节 财务报表分析概述
- 142 ▷ 第二节 财务报表分析的信息基础、步骤和方法

152 第八章 财务报表项目分析

- 154 第一节 资产负债表分析
- 174 第二节 利润表分析
- 184 第三节 现金流量表分析

204 第九章 财务能力分析

- 206 第一节 偿债能力分析
- 221 第二节 获利能力分析
- 232 第三节 营运能力分析
- 240 第四节 发展能力分析

252 第十章 财务报表综合分析

- 254 第一节 财务报表综合分析概述
- 255 第二节 杜邦财务分析体系
- 262 第三节 沃尔比重评分法

270 主要参考书目

第一章
财务报表编制概述

本章知识结构图

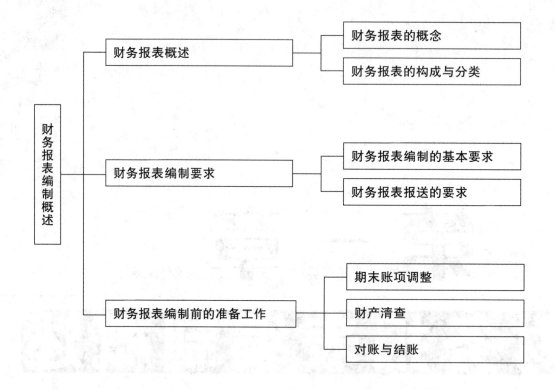

学习目标

通过本章的学习，学生应该了解并掌握：
1. 财务报表及财务报告的概念；
2. 财务报告的组成；
3. 财务报表编制的要求；
4. 编制财务报表前的准备工作。

财务会计报告是会计主体会计核算工作的最终成果，是企业对外提供会计信息的重要文件。它包括会计报表及其附注和其他应当在财务会计报告中披露的相关信息和资料。财务会计报告所提供的会计信息，对于满足企业相关利益者（如投资人、债权人等）投资、信贷决策的需要，满足国家经济管理部门进行宏观经济调控的需要，满足企业内部管理者了解情况，作出经营决策的需要均具有重要作用。

第一节 财务报表概述

一、财务报表的概念

会计是以货币为主要计量单位,对企业的交易或事项进行连续、系统、全面反映与监督,以便向财务会计报告使用者提供相关的会计信息,并有助于其作出经济决策的一项管理活动。在我国,会计既被看成一种管理活动,也被认为是一个信息系统。会计工作在各个会计期间始终遵循"会计凭证——会计账簿——会计报表"这一循环体系,周而复始开展活动,会计凭证、会计账簿和会计报表则成为不同阶段、具有不同功能的会计信息载体。在会计理论与实践中,"会计报表"这一会计信息载体却有着不同的说法。

(一) 会计报表

《中华人民共和国会计法》《企业财务会计报告条例》及《企业会计准则——基本准则》都提到"会计报表"一词,但我国会计法规体系并没有给出明确的定义。一般认为,它是指在会计活动中形成的各种报表,包括企业对外提供的财务报表和满足内部管理需要的成本报表等。目前,在我国企业会计准则体系中,一般都用"财务报表"一词。会计报表是比较传统、比较口语化的说法,在一般情况下主要指的就是财务报表。

(二) 财务会计报告

财务会计报告,又称财务报告,它是指企业对外提供的反映企业某一特定日期的财务状况和某一会计期间的经营成果、现金流量的文件。年度、半年度财务会计报告应当包括:会计报表;会计报表附注;财务情况说明书。2006年,财政部颁布的《企业会计准则——基本准则》称,财务会计报告是指企业对外提供的反映企业某一特定日期的财务状况和某一会计期间的经营成果、现金流量等会计信息的文件。它包括会计报表及其附注和其他应当在财务会计报告中披露的相关信息和资料。会计报表至少应当包括资产负债表、利润表、现金流量表等报表。这里所说的"会计报表"指的就是"财务报表"。

可见,财政部颁布的基本准则对"财务会计报告"的概念沿用了国务院2000年颁布的"企业财务报告条例"中"财务会计报告"的概念,并有了进一步的发展,用"其他应当在财务会计报告中披露的相关信息和资料"代替"财务情况说明书",使得财务会计报告涵盖的内容更加广泛,有利于管理部门对上市公司会计信息披露的监管以及其他信息使用者对会计信息的需求。

(三) 财务报表

财务报表是对企业财务状况、经营成果和现金流量的结构性表述。财务报表至少应当包括下列组成部分:资产负债表;利润表;现金流量表;所有者权益(或股东权益)变动表;附注。可见,财务报表是对企业在经营过程中各会计要素确认、计量的结果和综合性描述,是会计活动的最终产品。财务报表是财务会计报告的核心内容。

本书定名"企业财务报表编制与分析",主要是基于"财务报表"是"财务会计报告"的核心内容,也是企业对外提供财务信息的主要载体。对上市公司而言,财务报表是经过注册会计师审计后发布的,其信息来源相对真实、可靠,有利于各方面进行财务报表分析;对于一般企业而言,财务报表也是经过单位负责人及会计主管签字并承担相应责任的,其可靠性与真实性也优于其他信息。同时,2016年8月颁布的新《预算法》对各级政府财政部门按年度编制以权责发生制为基础的政府综合财务报告提出了明确要求。财政部于2017年11月16日下发了《政府财务报告编制办法(试行)》的通知,要求各级政府从2017年起开始编制2016年度政府财务报告。而本书是以企业财务报告为基础加以阐述的,故增加"企业"二字。

二、财务报表的构成与分类

(一)财务报表的构成

财务会计的目标是通过对企业在经营过程中的各会计要素进行确认、计量、记录和报告,反映企业管理层受托责任的履行情况,有助于财务会计报告使用者作出经济决策。为了实现这一目标,满足财务报告使用者的信息需求,依据财务报表列表准则的要求,一套完整的财务报表至少要包括:资产负债表、利润表、现金流量表、所有者权益(股东权益)变动表以及附注。而且,财务报表上述组成部分具有同等的重要程度。

资产负债表是反映企业在一定日期全部资产、负债和所有者权益情况的财务报表。

利润表又称"损益表",是反映企业在一定期间内经营成果和综合收益的财务报表。

现金流量表是反映企业在一定会计期间的现金及现金等价物流入和流出的财务报表。

所有者权益(股东权益)变动表是反映构成企业所有者(股东)权益的各组成部分当期增减变动情况的财务报表。

附注是财务报表不可或缺的组成部分,是对资产负债表、利润表、现金流量表和所有者权益变动表等报表中列示项目的文字描述或明细资料,以及对未能在这些报表中列示项目的说明等。

(二)财务报表的分类

财务报表可以按照不同的标准进行分类。除了前面提到的按照报表反映的经济内容基本分类外,主要还有以下两种:

1. 按编制期间的不同,财务报表可以分为中期财务报表和年度财务报表

中期财务报表是以短于一个完整会计年度的报告期间为基础编制的财务报表,包括月报、季报和半年报。中期财务报表至少应当包括资产负债表、利润表、现金流量表和附注。其中,中期资产负债表、利润表、现金流量表应当是完整报表,其格式和内容应当与年度财务报表相一致。中期财务报告中的附注应当以年初至本中期末为基础编制,披露自上年度资产负债表日之后发生的,有助于理解企业财务状况、经营成果和现金流量变化情况的重要交易或者事项。与年度财务报表相比较,中期财务报表的附注披露内容可适当简略。

2.按编制主体的不同,财务报表可以分为个别财务报表和合并财务报表

个别财务报表是由各个会计主体在自身会计核算的基础上对账簿记录进行加工而编制的财务报表。它主要用以反映企业自身的财务状况、经营成果和现金流量情况的报表。合并财务报表是以母公司和子公司组成的企业集团为会计主体,根据母公司和所属子公司的财务报表,由母公司编制的综合反映企业集团财务状况、经营成果和现金流量的财务报表。

第二节 财务报表编制要求

一、财务报表编制的基本要求

为了规范财务报表的列报,保证同一企业在不同期间和在同一期间不同企业的财务报表相互可比,财政部2016年修订的《企业会计准则第30号——财务报表列报》,对企业编制财务报表作出基本要求。其主要内容如下:

(一)遵循各项会计准则的规定进行确认和计量

企业应当根据实际发生的交易和事项,遵循各项具体会计准则的规定进行确认和计量,并在此基础上编制财务报表。企业应当在报表附注中对遵循企业会计准则编制的财务报表作出声明,只有遵循了企业会计准则的所有规定,财务报表才能被称为"遵循了企业会计准则",也才能被注册会计师所认可,其报表信息才是相对可靠的。

(二)财务报表的列报基础

企业应当以持续经营为基础,根据实际发生的交易和事项,按照《企业会计准则——基本准则》和其他各项会计准则的规定进行确认和计量,在此基础上编制财务报表。企业不应以附注披露代替确认和计量,不恰当的确认和计量也不能通过充分披露相关会计政策而纠正。

如果按照各项会计准则规定披露的信息不足以让报表使用者了解特定交易或事项对企业财务状况和经营成果的影响时,企业还应当披露其他必要信息。

在编制财务报表的过程中,企业管理层应当利用所有可获得信息来评价企业自报告期末起至少12个月的持续经营能力。评价时需要考虑宏观政策风险、市场经营风险、企业目前或长期的盈利能力、偿债能力、财务弹性以及企业管理层改变经营政策的意向等因素。评价结果表明对持续经营能力产生重大怀疑的,企业应当在附注中披露导致对持续经营能力产生重大怀疑的因素以及企业拟采取的改善措施。

企业正式决定或被迫在当期或将在下一个会计期间进行清算或停止营业的,则表明以持续经营为基础编制财务报表不再合理。在这种情况下,企业应当采用其他基础编制财务报表,并在附注中声明财务报表未以持续经营为基础编制的事实、披露未以持续经营为基础编制的原因和财务报表的编制基础。

企业编制财务报表除了要遵循持续经营这一基本原则外,还要考虑会计基础。除现金流量表按照收付实现制原则编制外,企业应当按照权责发生制原则编制财务报表。

(三)报表项目的一致性

财务报表项目的列报应当在各个会计期间保持一致,不得随意变更,但下列情况除外:会计准则要求改变财务报表项目的列报;企业经营业务的性质发生重大变化或对企业经营影响较大的交易或事项发生后,变更财务报表项目的列报能够提供更可靠、更相关的会计信息。

财务报表项目的一致性,使得财务信息具有可比性,而财务信息的可比性是其是否能被充分利用的一个重要特性。只有通过前后不同会计期间相关财务指标对比,才能分析、评价企业报告期经营活动发生哪些变化,变化幅度是多少,并可以据此预测企业未来的发展变化趋势。《企业会计准则》要求,当期财务报表的列报,至少应当提供所有列报项目上一个可比会计期间的比较数据,以及与理解当期财务报表相关的说明,但其他会计准则另有规定的除外。如果财务报表的列报项目发生变更的,应当至少对可比期间的数据按照当期的列报要求进行调整,并在附注中披露调整的原因和性质,以及调整的各项目金额。对可比数据进行调整不切实可行的,应当在附注中披露不能调整的原因。

(四)报表项目应当按其性质和功能设立

按照准则要求,性质或功能不同的项目,应当在财务报表中单独列报,但不具有重要性的项目除外。性质或功能类似的项目,其所属类别具有重要性的,应当按其类别在财务报表中单独列报。

所谓重要性,是指在合理的预期下,财务报表某项目的省略或错报会影响使用者据此作出经济决策的,该项目具有重要性。重要性应当根据企业所处的具体环境,从项目的性质和金额两方面予以判断,且对各项目重要性的判断标准一经确定,不得随意变更。判断项目性质的重要性,应当考虑该项目在性质上是否属于企业的日常活动、是否会显著影响企业的财务状况、经营成果和现金流量等因素;判断项目金额大小的重要性,应当考虑该项目金额占资产总额、负债总额、所有者权益总额、营业收入总额、营业成本总额、净利润、综合收益总额等直接相关项目金额的比重或所属报表单列项目金额的比重。

不过,目前《企业会计准则》提供了企业财务报表的基本格式,在一般情况下企业照此执行即可,个别项目可以依据准则要求进行适当调整。

(五)报表编制时其他应当披露的事项

企业应当在财务报表的显著位置至少披露下列各项:编报企业的名称;资产负债

表日或财务报表涵盖的会计期间；人民币金额单位；财务报表是合并财务报表的,应当予以标明。

二、财务报表编制的报送要求

企业应当依照国家统一的会计制度的规定,及时编制并对外报送财务报表,财务报表所提供的会计信息应当真实可信,这是对财务会计报告最基本的要求。根据相关制度的规定,企业财务报表的报送期限要求为：月度财务会计报告应当于月度终了后6天内（节假日顺延,下同）对外提供；季度财务会计报告应当于季度终了后15天内对外提供；半年度财务会计报告应当于年度中期结束后60天内（相当于两个连续的月份）对外提供；年度财务会计报告应当于年度终了后4个月内对外提供。

企业对外提供的财务报表应当格式规范。企业对外提供的财务会计报告应当依次编定页码,加具封面,装订成册,加盖公章。封面上应当注明企业名称、企业统一代码、组织形式、地址、报表所属年度或者月份、报出日期,并由企业负责人和主管会计工作的负责人、会计机构负责人（会计主管人员）签名并盖章。我国《会计法》第四条规定：单位负责人对本单位的会计工作和会计资料的真实性、完整性负责。设置总会计师的企业,还应当由总会计师签名并盖章以此明确责任,目的是督促签章人对财务报表的内容要严格把关并承担相应的责任。财务报表须经注册会计师审计的,企业应当将注册会计师及其会计师事务所出具的审计报告随同财务报表一并对外提供。

第三节 财务报表编制前的准备工作

任何会计主体,在会计期末都要编制财务报表。为了确保对外提供财务报表的真实性和可靠性,各会计主体在编制财务报表前,都必须做必要的准备工作,如：进行期末账项调整,开展财产清查,进行对账与结账。只有在做完这些必要的会计技术工作后,才能编制财务报表。

一、期末账项调整

企业日常发生的交易或事项,均已通过编制相应的会计分录进行确认与计量,并登记到相关的会计账簿上,但是,由于存在会计分期假设和权责发生制的会计核算基础,会计期间发生的一些收入和费用必须进行相应的调整,才能确保报告期财务状况和经营成果计算的可靠性。

期末账项调整就是按照权责发生制的要求,在会计期末对部分会计事项予以调整的会计行为。企业需要调整账项的多少，视企业规模的大小及相关交易或事项的多少而定。一般来说，企业期末账项调整通常包括应计收入、应付费用、预收收入、预付费用的账项调整等。

●（一）应计收入的调整

应计收入是指属于本期但尚未收到款项的收益。也就是说，企业已在本期向客户提供了商品、劳务或让渡资产使用权等，并取得了收取款项的权利，应属于本期的收入，但由于未完成结算程序，致使这部分本期收入的款项尚未收到。

期末需要调整的应计收入主要包括本期应收未收的包装物租金收入、固定资产租金收入、应收银行存款利息收入等。

●（二）应付费用的调整

应付费用是指本期已经受益，应归属于本期，但尚未支付的费用。期末应付费用包括应付银行借款利息、应付固定资产修理费、应付职工薪酬、应付水电费等。这些费用虽然没有支付实际的款项，但本期已受益，应归属于本期，按照权责发生制，期末应将这部分尚未支付款项的费用转化为一项负债。

●（三）预收收入的调整

预收收入是指本期已经收到款项并入账，但收款时不符合收入确认的标准，需要在满足收入实现条件的会计期间予以确认的收入。期末预收收入包括预收的销货款、预收的租金款等。在企业生产经营过程中往往会出现企业已经收到款项并存入银行，但没有提供商品、劳务或让渡资产使用权等的会计事项，由于没有满足收入实现的条件，在收到款项时不能作为收入实现处理，因此构成对预付款项单位的一种负债，一般通过"预收账款"账户的贷方反映预收收入的款项，待收入条件满足时，再将其调整为实现期间的收入。

●（四）预付费用的调整

预付费用是指企业已经支付，但应由本期及以后若干会计期间负担的费用。预付费用包括预付的保险费、预付的租金、预付的报纸杂志订阅费、预付的固定资产修理费等。这些费用虽然已经支付，但支付期与受益期不一致，按照权责发生制，应将其归属到受益的会计期间，即在支付时先作为一项资产处理，记入"预付账款"等账户的借方，同时记入"银行存款""库存现金"等账户的贷方，以后各期的期末，再分别将该期应负担的费用从"预付账款"等账户转入当期的有关费用账户。如果企业为了简化，将有关费用直接计入支付期当期损益，则不需再作调整。

企业期末账项调整除了上述内容外，为了正确计算企业的盈亏，还需按照权责发生制的要求进行其他账项的调整，如坏账准备的计提、存货跌价准备的计提及其他资产的减值计提、成本费用的结转、损益的结转等。

二、财产清查

由于账簿记录、实物收发保管以及往来结算各方面的多种主客观原因,可能使财产的账面数额与实际结存数额发生差异。为了保证会计账簿记录的真实、正确,为财务报表使用者提供可靠的信息,企业必须定期或不定期地进行财产清查。

财产清查是指对企业的货币资金、存货、固定资产以及结算款项等进行实地盘点和核对,确定其账面结存数和实际结存数是否一致,查明账实不符的原因并对账实不符进行处理的一种会计核算方法。

(一) 财产清查的种类

财产清查按照不同的标准和要求可以分为不同的种类。

1. 按财产清查的范围分类,可分为全面清查和局部清查

(1) 全面清查。全面清查是指对企业所有的财产进行全面的盘点和核对。就制造业清查对象来说,一般包括:库存现金、银行存款等货币资金;固定资产、原材料、在产品、半成品、产成品;应收应付、预收预付等往来结算款项;委托其他单位加工和保管的材料等。

(2) 局部清查。局部清查是指对企业一部分的财产进行盘点和核对。其清查对象主要是流动性较大的财产,譬如原材料、在产品、半成品、产成品等。

2. 按财产清查的时间分类,可分为定期清查和不定期清查

(1) 定期清查。定期清查是指企业按照预先计划安排的时间对财产进行的盘点和核对。定期清查一般在年末、季末、月末结账时进行。清查的范围不定,可以是全面清查或局部清查。

(2) 不定期清查。不定期清查是指企业根据需要所进行的临时性的财产盘点和核对。它清查的范围也不定,可以是全面清查或局部清查。通常在以下几种情况进行:更换出纳员时,对库存现金、银行存款所进行的清查;更换物资保管员时,对其所保管的财产所进行的清查;财产发生意外损失时,对受损财产进行的清查;上级主管单位、政府部门、银行等相关单位所要求的清查。

(二) 财产清查的内容

企业财产清查涉及的范围比较广泛,包括货币资金、存货、往来款项、固定资产等。这些财产物资的特点不尽相同,清查的内容和方法也不一致。

1. 货币资金的清查

企业货币资金主要包括库存现金和银行存款。对于库存现金,一般由出纳员进行日常清查,做到日清月结。同时,应由单位组织不定期清查,以确保单位库存现金的安全和按规定使用。对于银行存款,则需要与开户银行转来的银行对账单定期核对,一般每月至少核对一次。对于未达账项,则需编制银行存款余额调节表进行核对。

2.实物资产的清查

实物资产包括各种原材料、在产品、半成品、库存商品等存货以及固定资产等。这些实物资产,尤其是存货,在日常收发、保管和使用中,由于主观或客观的原因,往往会发生短缺或溢余,造成账实不符,在编制期末报表前必须对其进行清查。

为了明确经济责任,在对实物资产进行清查盘点时,实物保管人应会同清查人员一同进行。对于实物财产的清查结果,应如实准确地登记在"盘存单"上,并由清查人员与保管人员共同签字,以明确责任。盘点结束后,应将"盘存单"中所记录的实存数与相关账簿结存数进行比对,当实存数与账面结存数不一致时,应当编制"实存账存报告表",以确定实物财产的盘盈数或盘亏数。

3.往来款项的清查

对于应收、应付账款等往来款项的清查应采取询证核对法。询证核对法是指采用发信函、传真等方式给有关有关单位或个人来确定双方的往来款项是否相符的一种方法。

各单位在对上述各项财产物资进行清查时,如果发现账实不符,应查明原因,并及时进行账务处理,以确保账簿记录真实、可靠。如此,以会计账簿资料为主要依据编制的财务报表才是真实、可靠的。

三、对账与结账

(一)对账

对账是指在会计核算中,为了保证账簿核算资料的真实可靠,定期对账簿记录进行的核对工作。对账的主要内容包括账证核对、账账核对、账实核对。

1.账证核对

会计凭证是登记账簿的依据,因此,应将各种账簿记录同记账凭证及所附的原始凭证进行核对,以保障下一个会计核算环节得以顺利进行。账证核对主要是在平时编制记账凭证和记账复核环节中随时进行的,以做到随时发现错误,随时查明纠正。

2.账账核对

账账核对是将不同会计账簿之间的账簿记录相互核对,包括总分类账与明细分类账的核对、总分类账与日记账的核对、明细分类账与明细分类账的核对等,要求做到账账相符。其内容主要包括:总分类账户之间的核对;总分类账户与所属明细账户之间的核对;总分类账户与库存现金、银行存款日记账之间的核对;会计部门的各种财产物资明细分类账与财产物资保管、使用部门的有关财产物资明细分类账之间的核对。

3.账实核对

账实核对是将各种财产物资的账面余额与实存数额进行核对。其内容主要包括:货币资金的核对;存货等实物资产的核对;往来款项的核对。

（二）结账

任何一个单位，在会计期间终了时，即在月末、季末或年末，为了落实会计分期假定，分清本期与非本期经营活动结果，为编制财务报表提供资料，必须进行结账工作。结账是指在将本期发生的交易或事项全部登记入账的基础上，结算出每个账户的本期发生额和期末余额，并将期末余额结转至下期的一种方法。

一般来说，结账应依据以下程序：

第一，按照权责发生制要求调整和结转有关账项。

第二，结账前，检查账簿记录是否已经通过对账环节，即账证核对、账账核对以及必要的一些账实核对工作。这是结账工作的前提与基础，只有这样才能保证结账的正确性。

第三，计算出各账户的本期发生额及期末余额，进行试算平衡，检查本期发生额、期末余额的借贷方是否平衡相等。

第四，划红线，办理结账手续。

期末结账按照结账日期的不同，可以分为月结、季结和年结。年结需要划双红线，同时需要将年末余额转至下年新账。

在会计电算化条件下，企业期末结账较为方便快捷，但企业必须按照规定的要求办理结账手续，不得为编制报表提前结账。

思考题

1. 试比较分析会计报表、财务报表和财务会计报告概念的区别。
2. 企业财务报表包括哪些内容？
3. 《财务报表列报》准则对编制企业财务报表提出哪些基本要求？
4. 企业编制财务报表前应该做哪些准备工作？

练习题

一、单项选择题

1. 能够集中、概括地反映企业财务会计信息的载体是（　　）。
   A. 会计账簿　　　　　　　B. 会计凭证
   C. 会计报表　　　　　　　D. 财务情况说明书

2. 按照《企业会计准则第30号——财务报表列表》的要求，（　　）不属于财务报表的内容。
   A. 附注　　　　　　　　　B. 财务情况说明书
   C. 现金流量表　　　　　　D. 所有者权益变动表

3. 企业中期财务报表可以不包括（　　）。
   A. 附注　　　　　　　　　B. 现金流量表
   C. 所有者权益变动表　　　D. 利润表

4. 在下列会计报表中，属于反映企业财务成果的报表是（　　）。
   A. 资产负债表　　　　　　B. 利润表
   C. 所有者权益变动表　　　D. 现金流量表

5. 企业预计应付未付的费用，会导致（　　）。
   A. 企业资产减少、费用增加
   B. 企业资产不变、费用增加
   C. 企业一项资产增加，另一项资产减少
   D. 企业一项费用增加，另一项费用减少

二、多项选择题

1. 会计作为一个信息系统，其信息载体包括（　　）。
   A. 经济合同　　　B. 会计凭证　　　C. 会计账簿　　　D. 会计报表

2. 下列各项，属于财务报表组成内容的有（　　）。
   A. 利润表　　　　　　　　B. 所有者权益变动表
   C. 附注　　　　　　　　　D. 财务情况说明书

3. 中期财务报表包括（　　）。
   A. 月度报表　　　B. 季度报表　　　C. 半年度报表　　　D. 年度报表

4. 财务报表使用者包括（　　）。
   A. 企业管理者　　　　　　B. 投资人
   C. 债权人　　　　　　　　D. 国家宏观管理部门

5. 企业编制财务报表应当遵守以下基本要求（　　　）。
   A. 遵守各项会计准则
   B. 一般应该遵守权责发生制的要求
   C. 报表项目要符合一致性
   D. 报表应该有单位、时间、计量金额等信息

6. 期末账项调整包括（　　　）。
   A. 应计收入的调整　　　　　B. 应付费用的调整
   C. 预收收入的调整　　　　　D. 预付费用的调整

7. 财产清查按照清查的范围包括（　　　）。
   A. 定期清查　　　B. 不定期清查　　　C. 局部清查　　　D. 全面清查

8. 对账包括（　　　）。
   A. 账证核对　　　B. 账账核对　　　C. 账实核对　　　D. 账表核对

三、判断题

1. "会计报表"指的就是"财务报表"。（　　　）
2. 财务报表是财务会计报告的核心内容。（　　　）
3. 除现金流量表按照收付实现制原则编制外，企业应当按照权责发生制原则编制财务报表。（　　　）
4. 企业提供当期财务报表时，至少应该提供所有列报项目上一个可比会计期间的比较数据。（　　　）
5. 在会计期间结束后，企业应该在半个月内，上报财务报表。（　　　）
6. 企业会计部门主管是财务报表真实性的第一责任人。（　　　）
7. 企业财产清查是为了保证账簿资料真实、可靠，进而保证财务报表真实、可靠的，必要的会计核算方法。（　　　）

第二章
资产负债表的编制

本章知识结构图

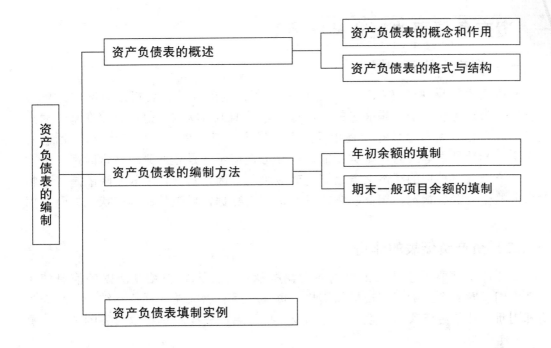

学习目标	通过本章的学习，学生应该了解并掌握： 1. 资产负债表的定义及作用； 2. 资产负债表的格式和结构； 3. 资产负债表主要项目的编制方法； 4. 熟练编制企业的资产负债表。

第一节 资产负债表概述

一、资产负债表的概念及作用

(一) 资产负债表的概念

资产负债表是反映企业在某一特定日期资产、负债、所有者权益情况的财务报表，也称之为财务状况表，是静态的财务报表。所谓财务状况，是指企业在某一时点上的资产、负债、所有者权益及其相互关系。资产负债表是以"资产=负债+所有者权益"这一会计基本等式为基础编制的，实际上是揭示的是企业某一特定时点上所拥有的经济资源与所承担的经济义务之间的对应关系。因为资产负债表反映的是某一特定时点上的企业财务状况，因此，它提供的是历史数据，反映的是静态状况的财务报表。

(二) 资产负债表的作用

编制资产负债表的主要目的是将企业财务状况等信息提供给企业财务信息使用者，使他们了解到企业的资产规模和结构、负债与所有者权益的规模和结构，从而为分析和判断企业的经济实力、偿债能力以及企业经营的安全性等提供可靠的依据。具体来说其作用有：

1. 反映企业的经济资源及其分布情况

资产负债表把企业的资产划分为流动资产和非流动资产各项目，充分揭示资产的具体分布情况，完整清晰地表述企业在某一特定时日所拥有的资产总量及其结构。

2. 反映企业的资本结构

资产负债表将企业的资产来源划分为负债及所有者权益，显示债权人和所有者提供资本的比例关系，可以清楚地反映企业的资本结构情况。

3. 评价和预测企业的偿债能力

企业的偿债能力是指企业以资产偿付债务的能力，包括短期偿债能力和长期偿债能力。短期偿债能力主要体现在资产、负债的流动性上，通过流动资产和流动负债的比较，借助于报表可以评价和预测企业的短期偿债能力。企业的长期偿债能力主要是指以企业全部资产清偿全部负债的能力，与企业的获利能力与企业的资本结构密切相关。通过资产负债表所列示的资产、负债和所有者权益可以预测、评价企业的长期偿债能力。

4. 有助于评价、预测企业的财务弹性

财务弹性是指企业应付各种挑战、适应各种变化的能力，即资产的流动性或变现能力。企业资产满足短期现金的需要能力越强，企业的财务弹性就越强。资产负债表按流动性列示资产结构，有助于评价企业的财务弹性。

二、资产负债表的格式与结构

（一）资产负债表的格式

1.报告式资产负债表

报告式资产负债表是依照"资产-负债＝所有者权益"的等式，垂直列示企业资产、负债、所有者权益等项目的一种格式。

报告式资产负债表的优点是便于编制比较资产负债表，在一张报表中，除列出本期的财务状况外，还可增设几个栏目，分别列示过去几期的财务状况，以便对比分析。报告式资产负债表的缺点是资产和权益间的恒等关系并不一目了然。

2.账户式资产负债表

账户式资产负债表是按照"T"形账户的形式设计资产负债表，将资产列在报表左方（借方），负债及所有者权益列在报表右方（贷方），左（借）右（贷）总额相等的一种格式。

根据《企业会计准则——财务报表列报》的规定，我国现行资产负债表采用账户式的格式，如同"T"形账户，左侧列示资产方，按照资产的流动性大小排列；右侧列示负债方和所有者权益方，一般按照要求清偿时间的先后顺序排列。通过账户式资产负债表，可以反映资产、负债、所有者权益的内在关系，即"资产＝负债+所有者权益"。为了比较各会计要素在报告期内余额的变化，资产负债表左、右两方均分别列示"年初余额"和"期末余额"。

（二）资产负债表的结构

资产负债表的结构包括资产负债表各项目分类方法和排列方法两个方面。

资产负债表项目分类是在资产、负债和所有者权益三要素的基础上按照一定的标准进行再分类。再分类的方法有两种：一是按其流动性分类，将资产分为流动资产和非流动资产，将负债分为流动负债和非流动负债，将所有者权益分为投入资本和留存收益；二是按照其货币性分类，即将资产负债表项目划分为货币性项目和非货币性项目。货币性项目再划分为货币性资产和货币性负债；非货币性项目同样划分为非货币性资产和非货币性负债。所有者权益是资产减负债后的余额，通常列为非货币性项目。我国资产负债表的分类采用的是前一种方法，即按照"流动性标准"分类。

资产负债表各项目一般按流动性排列。流动性通常按资产的变现或耗用时间长短或者负债的偿还时间长短来确定，企业应先列报流动性强的资产或负债，再列报流动性弱的资产或负债。所有者权益项目一般是按其永久性或固定性强弱排列。永久性强的在前，如"实收资本"，永久性差的在后，如"未分配利润"。

按照企业会计准则的要求，我国资产负债表的具体格式与结构见表2-2。

第二节 资产负债表的编制方法

本节介绍的是已经执行新金融准则或新收入准则（2017年修订）的企业一般财务报表格式项目的编制方法。

一、资产负债表各项目年初余额的填列方法

资产负债表"年初余额"栏内各项目数字，应根据上年年末资产负债表的"期末余额"栏内所列数字填列。如果上年度资产负债表规定的各项目名称和内容与本年度不相一致，应对上年年末资产负债表各项目名称和数字按照本年度的规定进行调整，填入资产负债表中"年初余额"栏内。

二、资产负债表各项目期末余额的一般填列方法

资产负债表是静态报表，所以报表中的"期末余额"栏内各项数字，应根据报告期期末有关科目的账户余额资料计算分析填列。报表各项目具体计算方法有以下几种：

依据总账余额直接填列。如：短期借款、实收资本等项目；

依据总账余额相加或相减后填列。如：货币资金、存货、无形资产等项目；

依据明细账余额分析填列。如：应收账款、预收款项、应付账款和预付款项等项目；

依据总账与明细账分析计算填列。如：长期待摊费用、债权投资、其他债权投资、长期借款等项目。

具体项目填列的方法归纳如下：

（一）资产类

1."货币资金"项目

货币资金项目是指企业生产经营过程中处于货币形态的资产，包括库存现金、银行存款和其他货币资金等。本项目应当根据"库存现金""银行存款""其他货币资金"账户期末余额合计填列。

库存现金一般是指存放在企业财会部门、由出纳人员经管的货币。库存现金是企业流动性最强的货币性资产。银行存款是指存放在银行或其他金融机构的货币资金。其他货币资金是指除了库存现金、银行存款以外的其他各种货币资金。主要包括：银行汇票存款、银行本票存款、信用卡存款、信用证保证金存款、存出投资款、外埠存款等。

【例2-1】某企业2018年12月31日，"库存现金"账户余额为10 000元，"银行存

款"账户期末余额为3 400 000元,"其他货币资金"账户余额为120 000元。试计算期末企业资产负债表中"货币资金"项目的金额。

"货币资金"项目金额=10 000+3 400 000+120 000=3 530 000(元)

2."交易性金融资产"项目

"交易性金融资产"项目,反映资产负债表日企业分类为以公允价值计量且其变动计入当期损益的金融资产,以及企业持有的直接指定为以公允价值计量且其变动计入当期损益的金融资产的期末账面价值。该项目应根据"交易性金融资产"账户的相关明细科目期末余额分析填列。自资产负债表日起超过1年到期且预期持有超过1年的以公允价值计量且其变动计入当期损益的非流动金融资产的期末账面价值,在"其他非流动金融资产"项目反映。

【例2-2】某企业2018年12月1日,购入A公司普通股股票100 000股,每股价格为6元,企业作为交易性金融资产核算。若2018年12月31日,该股票每股价格上升到8元,假设不考虑该企业其他交易性金融资产和初始确认时指定为以公允价值计量且其变动计入当期损益的金融资产,试计算企业期末资产负债表中"交易性金融资产"项目的金额。

资产负债表中的交易性金融资产项目金额应根据"交易性金融资产"账户的相关明细科目期末余额分析填列(本题假设企业仅有交易性金融资产账户),该企业2018年年末交易性金融资产账户余额为800 000元,其中成本为600 000元,公允价值变动为200 000元。故"交易性金融资产"项目在资产负债表中的期末数为800 000元。

3."衍生金融资产"项目

"衍生金融资产"项目是指企业拥有的建立在基础产品或基础变量之上,其价格随基础金融产品的价格(或数值)变动的派生金融产品期末的账面价值。该项目应根据"衍生金融资产"账户的期末余额填列。

4."应收票据"项目

"应收票据"项目是指企业资产负债表日以摊余成本计量的、企业因销售商品、提供服务等收到的商业汇票,包括商业承兑汇票和银行承兑汇票。该项目应当根据"应收票据"期末账户余额,减去"坏账准备"账户中有关应收票据计提的坏账准备期末余额后的金额填列。

5."应收账款"项目

"应收账款"项目是反映企业资产负债表日以摊余成本计量的、企业因销售商品、提供服务等经营活动应收取的款项。本项目应根据"应收账款"和"预收账款"账户所属各明细账户的期末借方余额合计,减去"坏账准备"账户中有关应收账款的计提坏账准备期末余额后的金额填列。如果"应收账款"科目所属明细账户期末有贷方余额,应在资产负债表"预收款项"项目内反映。

6."预付款项"项目

"预付款项"项目反映企业按照合同规定预付给供货单位的款项。本项目应根据

"预付账款"和"应付账款"账户所属各明细账户的期末借方余额合计填列。如果"预付账款"账户所属有关明细账户有贷方余额,应在资产负债表的"应付账款"项目内填列。

7. "其他应收款"项目

"其他应收款"项目反映企业对其他单位和个人除应收票据、应收账款、预付账款等经营活动以外的应收和暂付款项,本项目应根据"应收利息""应收股利"和"其他应收款"账户的期末余额,减去"坏账准备"账户中有关其他应收款计提的坏账准备期末余额后的金额填列。

8. "存货"项目

"存货"项目反映企业期末在库、在途和在加工中的各项存货的可变现净值。包括各种原材料、在产品、半成品、产成品、商品、包装物、低值易耗品、委托代销商品等。本项目应该根据"材料采购"或"在途物资""原材料""库存商品""发出商品""周转材料""委托加工物资""生产成本"等账户的期末余额合计,减去"存货跌价准备"账户期末余额后的金额填列。材料采用计划成本核算方式,以及库存商品采用计划成本核算或售价核算的企业,还应在计划成本或售价的基础上加上或者减去材料(商品)成本差异、商品进销差价后的金额填列。

【例2-3】某企业2018年12月31日,"原材料"账户余额为100 000元,"库存商品"账户期末余额为3 500 000元,"在途物资"账户余额为150 000元,"生产成本"账户余额为100 000元,"委托加工物资"账户余额为80 000元。试计算企业期末资产负债表中"存货"项目的金额。

"存货"项目金额=100 000+3 500 000+150 000+100 000+8 000=3 930 000(元)

9. "合同资产"项目

企业应按照《企业会计准则第14号——收入》(2017年修订,下同)的相关规定根据本企业履行履约义务与客户付款之间的关系在资产负债表中列示合同资产或合同负债。"合同资产"项目应根据"合同资产"账户相关明细科目期末余额分析填列,同一合同下的合同资产和合同负债应当以净额列示,其中净额为借方余额的,应当根据其流动性在"合同资产"或"其他非流动资产"项目中填列,已计提减值准备的,还应减去"合同资产减值准备"账户中相关的期末余额后的金额填列;其中净额为贷方余额的,应当根据其流动性在"合同负债"或"其他非流动负债"项目中填列。

10. "持有待售资产"项目

"持有待售资产"项目反映资产负债表日划分为持有待售类别的非流动资产及划分为持有待售类别的处置组中的流动资产和非流动资产的期末账面价值。该项目应根据在资产类科目"持有待售资产"账户的期末余额,减去"持有待售资产减值准备"账户的期末余额后的金额填列。

11. "1年内到期的非流动资产"项目

非流动资产各项中,将于1年内(含1年)到期的非流动资产,应在"1年内到期的非流动资产"项目内单独反映。该项目应根据有关账户期末余额中将于1年内（含1年）到期的非流动资产的金额填列。对于企业而言，1年内（含1年）到期的非流动资产列示在企业的流动资产部分（虽然其仍然登记在非流动资产相关账户中），可以帮助报表使用者分析企业的短期偿债能力和营运资金情况。

12．"其他流动资产"项目

"其他流动资产"项目反映企业除以上流动资产项目外的其他流动资产。本项目应根据有关账户的期末余额填列。如果其他流动资产价值较大，应在附注中披露其内容和金额。

13．"债权投资"项目

"债权投资"项目反映资产负债表日企业以摊余成本计量的长期债权投资的期末账面价值。该项目应根据"债权投资"账户的相关明细科目期末余额，减去"债权投资减值准备"账户中相关减值准备的期末余额后的金额分析填列。自资产负债表日起1年内到期的长期债权投资的期末账面价值，在"1年内到期的非流动资产"项目反映。企业购入的以摊余成本计量的1年内到期的债权投资的期末账面价值，在"其他流动资产"项目反映。

14．"其他债权投资"项目

"其他债权投资"项目反映资产负债表日企业分类为以公允价值计量且其变动计入其他综合收益的长期债权投资的期末账面价值。该项目应根据"其他债权投资"账户的相关明细科目期末余额分析填列。自资产负债表日起1年内到期的长期债权投资的期末账面价值，在"1年内到期的非流动资产"项目反映。企业购入的以公允价值计量且其变动计入其他综合收益的1年内到期的债权投资的期末账面价值，在"其他流动资产"项目反映。

15．"长期应收款"项目

"长期应收款"项目反映企业的长期应收款项。本项目应根据"长期应收款"账户余额，减去"未实现融资收益"账户余额，再减去所属有关明细账户中将于1年内到期部分的余额填列。

16．"长期股权投资"项目

"长期股权投资"项目反映企业采用成本法和权益法核算的长期股权投资。本项目应根据"长期股权投资"账户的期末余额，减去"长期股权投资减值准备"账户期末余额后的金额填列。

17．"其他权益工具投资"项目

"其他权益工具投资"项目反映资产负债表日企业指定为以公允价值计量且其变动计入其他综合收益的非交易性权益工具投资的期末账面价值。该项目应根据"其他权益工具投资"账户的期末余额填列。

18．"其他非流动金融资产"项目

"其他非流动金融资产"项目反映企业除了债权投资、其他债权投资、其他权益工具投资等其他的长期的金融资产投资项目。本项目应根据"其他非流动金融资产"账户的期末余额金额填列。

19."投资性房地产"项目

"投资性房地产"项目反映企业投资性房地产的期末价值。企业采用成本模式计量投资性房地产的,本项目应当根据"投资性房地产"账户的期末余额,减去"投资性房地产累计折旧(或摊销)"以及"投资性房地产减值准备"账户期末余额后的金额填列;企业采用公允价值模式计量投资性房地产的,本项目应根据"投资性房地产"账户期末余额填列。

20."固定资产"项目

"固定资产"项目反映企业资产负债表日的各种固定资产的期末账面价值和企业尚未清理完毕的固定资产清理净损益。本项目应根据"固定资产"账户期末余额,减去"累计折旧"和"固定资产减值准备"账户的期末余额后的金额,以及"固定资产清理"账户的期末余额填列。

【例2-4】某企业2018年12月31日"固定资产"账户余额为4 000 000元,"累计折旧"账户余额为1 200 000元,"固定资产减值准备"账户余额为50 000元。试计算该企业2018年12月31日资产负债表中"固定资产"项目的金额。

"固定资产"项目金额=4 000 000−1 200 000−50 000=2 750 000(元)

21."在建工程"项目

"在建工程"项目反映企业期末各项未完工程的实际支出,包括交付安装的设备价值、未完建筑安装工程已经耗用的材料、工资和费用支出、预付出包工程的价款、已经建筑安装完毕但尚未交付使用工程等的可收回金额和企业为在建工程准备的各种物资的期末账面价值。本项目应根据"在建工程"账户的期末余额,减去"在建工程减值准备"账户的期末余额以及"工程物资"账户的期末余额,减去"工程物资减值准备"账户的期末余额后的金额填列。

【例2-5】某企业2018年12月31日"在建工程"账户余额为5 000 000元,"在建工程减值准备"账户余额为120 000元,"工程物资"账户期末余额为30 000元。试计算该企业期末资产负债表"在建工程"的项目的金额。

"在建工程"项目金额=5 000 000−120 000+30 000=4 910 000(元)

22."生产性生物资产"项目

"生产性生物资产"项目反映企业持有的生产性生物资产价值。本项目应当根据"生产性生物资产"账户期末余额,减去"生产性生物资产累计折旧"账户期末余额和相应减值准备后的金额填列。

23."油气资产"项目

"油气资产"项目反映企业持有的矿区权益和油气井及相关设施的原价。本项目应当根据"油气资产"账户期末余额,减去"累计折耗"账户期末余额和相应减值准备后的金额填列。

24."无形资产"项目

"无形资产"项目反映企业持有的各项无形资产的期末可收回金额。本项目应当根据"无形资产"账户的期末余额,减去"累计摊销""无形资产减值准备"账户期末余额后的金额填列。

【例2-6】某企业2018年12月31日"无形资产"账户余额为10 000 000元,"累计摊销"账户余额为3 000 000元,"无形资产减值准备"账户余额为500 000元。试计算该企业期末资产负债表"无形资产"的项目的金额。

"无形资产"项目金额=10 000 000－3 000 000－500 000=65 000 000(元)

25."开发支出"项目

"开发支出"项目反映企业进行开发无形资产过程中发生的能够资本化形成的无形资产成本的各项支出部分。本项目应当根据"研发支出"账户中资本化支出明细期末余额填列。

26."商誉"项目

"商誉"项目反映企业合并中形成的商誉价值。本项目应当根据"商誉"账户期末余额减去"商誉减值准备"账户期末余额后的金额填列。

27."长期待摊费用"项目

"长期待摊费用"项目反映企业已经发生但应由本期和以后各期负担的,分摊期限在1年以上的各种费用,如租入固定资产大修理支出以及摊销期限在1年以上(不含1年)的其他待摊费用。本项目应根据"长期待摊费用"账户的期末余额减去将于1年内(含1年)摊销的数额后的金额填列。

28."递延所得税资产"项目

"递延所得税资产"项目反映企业确认的可抵扣暂时性差异产生的递延所得税资产。本项目应当根据"递延所得税资产"账户期末余额填列。

29."其他非流动资产"项目

"其他非流动资产"项目反映企业除流动资产、长期股权投资、固定资产、无形资产等以外的其他长期资产。如果其他长期资产的价值较大,应在附注中披露其内容和金额。

在上述非流动资产各项中将于1年内(含1年)到期的非流动资产,应在"1年内到期的非流动资产"项目内单独反映。上述非流动资产各项目均应根据有关科目期末余额扣除将于1年内(含1年)到期的非流动资产后的金额填列。

●(二)负债项目的填列方法

1."短期借款"项目

"短期借款"项目反映企业为满足正常生产经营的需要向银行或其他金融机构等借入的期限在1年以内(含1年)的各种借款。本项目应当根据"短期借款"账户的期末余额填列。

2. "交易性金融负债"项目

"交易性金融负债"项目反映资产负债表日企业承担的交易性金融负债,以及企业持有的直接指定为以公允价值计量且其变动计入当期损益的金融负债的期末账面价值。该项目应根据"交易性金融负债"账户的相关明细科目期末余额填列。

3. "衍生金融负债"项目

"衍生金融负债"项目是指企业拥有的衍生金融工具中关于负债的部分的期末账面价值。该项目应根据"衍生金融负债"账户的期末余额填列。

4. "应付票据"项目

"应付票据"项目反映企业资产负债表日以摊余成本计量的、企业因购买材料、商品和接受服务供应等开出、承兑的商业汇票,包括银行承兑汇票和商业承兑汇票。该项目应根据"应付票据"账户的期末余额填列。

5. "应付账款"项目

"应付账款"项目反映企业资产负债表日以摊余成本计量的、企业因购买材料、商品和接受服务等经营活动应支付的款项。本项目应根据"应付账款"和"预付账款"账户所属各明细账户的期末贷方余额合计填列。如果"应付账款"账户所属明细账户期末有借方余额,应在资产负债表的"预付款项"项目内填列。

6. "预收款项"项目

"预收款项"项目反映企业按照购销合同的规定预收购买单位的货款。本项目应根据"预收账款"和"应收账款"账户所属各有关明细账户的期末贷方余额合计填列。如果"预收账款"账户所属有关明细账户期末有借方余额,应在资产负债表的"应收账款"项目内填列。

7. "合同负债"项目

"合同负债"项目应根据"合同负债"账户相关明细科目期末余额分析填列,同一合同下的合同资产和合同负债应当以净额列示,其中净额为借方余额的,应当根据其流动性在"合同资产"或"其他非流动资产"项目中填列,已计提减值准备的,还应减去"合同资产减值准备"账户中相关的期末余额后的金额填列;其中净额为贷方余额的,应当根据其流动性在"合同负债"或"其他非流动负债"项目中填列。

8. "应付职工薪酬"项目

"应付职工薪酬"项目反映企业为获得职工提供的服务或解除劳动关系而给予的各种形式的报酬或补偿。企业提供给职工配偶、子女、受赡养人、已故员工遗嘱及其他受益人等的福利,也属于职工薪酬。主要包括短期薪酬、离职后福利、辞退福利和其他长期职工福利。本项目应当根据"应付职工薪酬"账户的期末贷方余额填列,如果"应付职工薪酬"账户期末为借方余额,应以"-"填列。

9. "应交税费"项目

"应交税费"项目反映企业按照税法等规定计算的应交纳的各种税费,包括增值税、消费税、所得税、资源税、土地增值税、房产税、土地使用税、车船使用税、教育费附加、矿产资源补偿费等。本项目应当根据"应交税费"账户的期末贷方余额填列；如果"应交税费"账户期末为借方余额，应以"-"填列。

10. "其他应付款"项目

"其他应付款"项目反映企业除应付票据、应付账款、预收款项、应付职工薪酬、应交税费等经营活动以外的其他所有应付和暂收其他单位和个人的款项。本项目应当根据"应付利息""应付股利"和"其他应付款"账户的期末余额填列。

11. "持有待售负债"项目

"持有待售负债"项目反映资产负债表日处置组中与划分为持有待售类别的资产直接相关的负债的期末账面价值。该项目应根据在负债类科目"持有待售负债"账户的期末余额填列。

12. "1年内到期的非流动负债"项目

非流动负债各项中，将于1年内（含1年）到期的非流动负债，应在"1年内到期的非流动负债"项目内单独反映。该项目应根据有关账户期末余额中，将于1年内（含1年）到期的非流动负债的金额填列。对于企业而言，1年内（含1年）到期的非流动负债列示在企业的流动负债部分（虽然其仍然登记在非流动负债相关账户中），可以帮助报表使用者提供更准确的相关信息。

【例2-7】某公司2018年12月31日有关资料如下：

（1）长期借款资料：

借款起始日期	借款期限（年）	金额（元）
2015年7月1日	4	1 000 000
2016年6月1日	4	2 000 000
2017年1月1日	2.5	5 000 000

（2）"债权投资"项目的期末余额为3 600 000元，其中，将于1年内到期的金额为1 200 000元。

试分析计算该公司2018年12月31日资产负债表中下列项目的金额：①"长期借款"项目；②"1年内到期的非流动负债"项目；③"债权投资"项目；④"1年内到期的非流动资产"项目。

"长期借款"项目属于长期负债，其金额的填列需要考虑扣除1年内（含1年）即将到期的非流动负债，2015年7月1日借款4年期贷款到期日为2019年7月1日，从2018年12月31日这个时点来看该笔款项的到期日为1年内（含1年）即将到期的款项，2016年6月1日借款4年期限的贷款到期日为2020年6月1日，从2018年12月31日来这个时点来看该笔款项的到期日为超过1年即将到期的借款，2017年1月1日借款2.5年期贷款到期日为2019年6月30日，从2018年12月31日这个时点来看该笔款项的到期日也是1年内即将到期的款项，故该公司2018年12月31日"长期借款"项目的金额为2 000 000元；"1年内到期的非流动负债"项目金额=1 000 000+5 000 000=6 000 000元。

"债权投资"属于企业的非流动资产项目，该项目的填列需要考虑扣除1年内（含1年）即将到期的非流动资产，故"债权投资"项目的金额=3 600 000－1 200 000=2 400 000元；

"1年内到期的非流动资产"项目金额=1 200 000元。

13．"其他流动负债"项目

"其他流动负债"项目反映企业除以上流动负债以外的其他流动负债。本项目应当根据有关账户的期末余额填列。如果其他流动负债价值较大，应在附注中披露其内容和金额。

14．"长期借款"项目

"长期借款"项目反映企业向银行或其他金融机构借入的期限在1年以上（不含1年）的各项借款。本项目应当根据"长期借款"账户的期末余额填列。

15．"应付债券"项目

"应付债券"项目反映企业为筹集资金而发行债券的本金和利息。本项目应当根据"应付债券"账户的期末余额填列。

16．"长期应付款"项目

"长期应付款"项目反映企业除长期借款和应付债券以外的其他各种长期应付款项。本项目应根据"长期应付款"账户的期末余额，减去"未确认融资费用"账户期末余额，再减去所属相关明细账户中将于1年内到期部分的余额以及"专项应付款"账户的期末余额填列。

17．"预计负债"项目

"预计负债"项目反映企业确认的对外提供担保、未决诉讼、产品质量保证等预计负债。本项目应当根据"预计负债"账户的期末余额填列。

18．"递延收益"项目

"递延收益"项目是指尚待确认的收入或收益，也即暂时未确认的收益。本项目应当根据"递延收益"账户的期末余额填列。

19．"递延所得税负债"项目

"递延所得税负债"项目反映企业确认的应纳税暂时性差异产生的所得税负债。本项目应当根据"递延所得税负债"账户的期末余额填列。

20．"其他非流动负债"项目

"其他非流动负债"项目反映企业除长期借款、应付债券等负债以外的其他非流动负债。本项目应当根据有关账户的期末余额填列。如果其他非流动负债金额较大，应当在附注中披露其内容和金额。

上述非流动负债各项中，将于1年内（含1年）到期的非流动负债，应在"1年内到期的非流动负债"项目内单独反映。上述非流动负债各项均应根据有关账户期末余额扣除将于1年内（含1年）到期的非流动负债后的金额填列。

● （三）所有者权益项目的填列方法

1．"实收资本（或股本）"项目

"实收资本"项目反映企业接受投资者投入的实收资本（或股本）总额。本项目应当根据"实收资本"(或"股本")账户的期末余额填列。

2."其他权益工具"项目

"其他权益工具"项目反映企业发行的除普通股以外的归类为权益工具的各种金融工具。本项目应当根据"其他权益工具"账户的期末余额填列。

3."资本公积"项目

"资本公积"项目反映企业资本公积的期末余额。本项目应当根据"资本公积"账户的期末余额填列。

【例2-8】某企业2018年12月1日委托证券公司发行普通股股票1 000 000股,每股面值1元,发行价格1.5元,证券公司收取发行总价2%的手续费,假设款项企业已收到。不考虑其他因素,试计算该笔业务影响企业资产负债表中"股本"和"资本公积"项目的金额。

增加"股本"项目金额=1 000 000×1=1 000 000(元)

增加"资本公积"项目金额=1 000 000×0.5－1 500 000×2%=470 000(元)

4."库存股"项目

"库存股"项目反映企业持有尚未转让或注销的本公司股份金额。本项目应当根据"库存股"账户期末余额填列。

5."其他综合收益"项目

"其他综合收益"项目反映企业其他综合收益的期末余额。本项目应根据"其他综合收益"账户期末余额填列。

6."盈余公积"项目

"盈余公积"项目反映企业盈余公积的期末余额。本项目应当根据"盈余公积"账户的期末余额填列。

7."未分配利润"项目

"未分配利润"项目反映报告期企业尚未分配的利润(或未弥补的亏损)。本项目应当分中期报表和年报进行考虑。年度内1月份至11月份编制资产负债表时,"未分配利润"项目根据"本年利润"账户(截至本月末全年实现净利润累计数或发生亏损额累计数)和"利润分配"账户余额计算的净额(借方余额为未弥补亏损,贷方余额为未分配利润)填列。编制年报时,本项目直接根据"利润分配"账户余额填列。其理由是,年度内实现的净利润或发生的亏损体现在"本年利润"账户的贷方或借方余额,在年度终了时已结转至"利润分配——未分配利润"明细账户,而年度内已分配的各项利润也结转计入"利润分配——未分配利润"明细账户。年末,"本年利润"及"利润分配"除"未分配利润"明细账户外均无余额。

● **(四)有关报表项目的补充说明**

按照《企业会计准则第14号——收入》的相关规定确认为资产的合同取得成本,应当根据"合同取得成本"账户的明细账户初始确认时摊销期限是否超过1年或1个正常营业周期,在"其他流动资产"或"其他非流动资产"项目中填列,已计提减值准备的，还应减去"合同取得成本减值准备"账户中相关的期末余额后的金额填列。

按照《企业会计准则第14号——收入》的相关规定确认为资产的合同履约成本，应当根据"合同履约成本"账户的明细科目初始确认时摊销期限是否超过1年或1个正常营业周期，在"存货"或"其他非流动资产"项目中填列，已计提减值准备的，还应减去"合同履约成本减值准备"账户中相关的期末余额后的金额填列。

按照《企业会计准则第14号——收入》的相关规定确认为资产的应收退货成本，应当根据"应收退货成本"账户是否在1年或一个正常营业周期内出售，在"其他流动资产"或"其他非流动资产"项目中填列。

按照《企业会计准则第14号——收入》的相关规定确认为预计负债的应付退货款，应当根据"预计负债"账户下的"应付退货款"明细账户是否在1年或1个正常营业周期内清偿在"其他流动负债"或"预计负债"项目中填列。

第三节 资产负债表编制实例

一、资产负债表编制实例相关资料

金达股份有限公司（以下简称"金达股份"）为一般纳税人，执行《企业会计准则》。公司发行在外股份为4 000 000股（面值1元每股），原材料的收发及结存采用实际成本法进行核算，公司适用的增值税税率为16%，所得税税率为25%。坏账准备按照应收账款账户期末余额10%提取。金达股份2017年12月31日的有关账户余额资料见表2-1。

表2-1 金达股份2017年12月31日有关账户余额资料

单位：元

资产类账户	期末数	负债及所有者权益类账户	期末数
流动资产：		流动负债：	
库存现金	3 000	短期借款	1 000 000
银行存款	800 000	交易性金融负债	300 000
交易性金融资产	60 000	应付票据	800 000
应收票据	120 000	应付账款	560 000
应收账款	260 000	预收账款	34 000
坏账准备	26 000（贷方）	应付职工薪酬	0
预付账款	150 000	应交税费	30 000
应收利息	0	应付利息	45 000
应收股利	0	应付股利	0
其他应收款	0	其他应付款	200 000
原材料	240 000	流动负债合计	2 969 000
库存商品	4 130 000	非流动负债：	

流动资产合计	5 737 000	长期借款	1 200 000
非流动资产：		应付债券	200 000
其他权益工具投资	200 000	长期应付款	0
债权投资	100 000	预计负债	0
长期应收款	0	递延所得税负债	0
长期股权投资	70 000	非流动负债合计	1 400 000
投资性房地产	0	负债合计	4 369 000
固定资产	2 600 000	股东权益：	
累计折旧	400 000（贷方）	股本	4 000 000
在建工程	180 000	资本公积	233 000
工程物资	0	其他综合收益	0
固定资产清理	0	盈余公积	180 000
无形资产	500 000	未分配利润	220 000
递延所得税资产	15 000	股东权益合计	4 633 000
非流动资产合计	3 265 000		
资产总计	9 002 000	负债及所有者权益总计	9 002 000

● **（一）金达股份2018年发生以下业务**

1. 销售产品一批，销售价款2 000 000元，收取的增值税额320 000元，款项已存入银行。

2. 收到银行通知，用银行存款支付到期的商业承兑汇票30 000元。

3. 公司采购一批材料，开出一张商业承兑汇票，票面金额116 000元（包括增值税），材料尚在运输途中。

4. 购入不需要安装的设备一台，价款427 350，支付增值税68 376，支付包装费、运杂费3 000元（为简化起见，不考虑增值税），所有款项均以银行存款支付，设备已经交付使用。

5. 公司将交易性金融资产（股票投资）出售，收到42 000，该投资成本为30 000元，投资收益为12 000元，款项已存入银行。

6. 按每股2.4元的价格购入新华股份有限公司普通股50 000股，每股面值1元，发生相关交易费用10 000元，款项已通过银行转账支付，购入的股票指定为以公允价值计量且其变动计入其他综合收益的非交易性权益工具投资。

7. 购入工程物资一批，价款58 000元（含增值税），已用银行存款支付。

8. 一项工程完工，交付生产使用，已办理竣工手续，工程账面价值为80 000元。

9. 销售产品一批，销售价款5 000 000元，增值税税额为800 000元，货款尚未收到。

10. 基本生产车间报废一台设备，原价300 000元，已计提折旧250 000元，发生清理费用2 700元，残值收入1 000元，所有款项已通过银行存款收转，该固定资产已清理完毕。

11. 本期发出原材料160 000元，其中，生产车间生产产品领用90 000元，生产车间一般耗用10 000元，公司行政管理耗用20 000用，用于在建工程40 000元。

12. 从银行借入5年期借款1 000 000元，借款已存入银行。

13. 购入一批原材料，增值税专用发票上注明的价款为2 000 000元，进项税额为320 000元，另发生相关保险费和装卸费20 000元，不考虑其他相关税费，材料已验收入库，款项已通过银行转账支付。

14. 应付职工工资600 000元，其中生产车间工人工资200 000元，车间管理人员工资100 000元，公司行政管理人员工资110 000元，专设销售机构人员工资90 000元，在建工程人员工资100 000元。应付职工工资已通过银行转账支付。

15. 计提并缴纳职工医疗保险、养老保险等社会保险费240 000元，其中生产车间工人80 000元，车间管理人员40 000元，公司行政管理人员44 000元，专设销售机构人员36 000元，在建工程人员40 000元。

16. 摊销无形资产（非生产产品用）200 000元，以银行存款支付基本生产车间固定资产修理费30 000元。

17. 计提固定资产折旧费用85 000元。其中生产车间负担40 000元，公司行政管理部门负担30 000元，专设销售机构负担15 000元。

18. 计提固定资产减值准备50 000元。

19. 公司接受捐赠商品一批，捐赠方提供的发票上标明的价值为50 000元，金达股份支付运杂费1 000元（假设不考虑相关税费情况）。

20. 收到应收账款5 500 500元，存入银行。

21. 公司将收到的商业承兑汇票到银行办理贴现，发生贴现利息2 000元，票面金额46 000元。

22. 结转本期制造费用总金额190 000元。

23. 本期生产的产品全部完工入库，成本为560 000元，假设没有期初在产品。

24. 用银行存款支付广告费50 000元。

25. 计算公司本期应缴纳的教育费附加为10 000元，用银行存款缴纳增值税85 250元，教育费附加10 000元。

26. 期末交易性金融资产公允价值上升20 000元。

27. 预收大庆公司货款300 000元，合同约定金达股份2018年2月10日向大庆公司销售产品一批，款项已收存银行。

28. 期末确认本期长期借款利息40 000元，其中计入在建工程的利息费用10 000元，应计入本期损益的利息费用30 000元。

29. 归还长期借款本金200 000元，短期借款本金300 000元。

30. 支付长期借款利息40 000元。

31. 持有购入新华股份的以公允价值计量且其变动计入其他综合收益的非交易性权益工具投资，期末公允价值高于账面价值60 000元。

32. 上年度销售产品一批，价税合计58 000元，本期由于购货方发生财务困难，无法按合同规定偿还债务，经双方协议，金达股份同意购货方用产品抵偿债务，用于抵债商品的公允价值为40 000元（本公司作材料入账），收到对方提供的增值税专用发票，价税合计46 400元。

33. 用银行存款偿付应付账款100 000元。
34. 结转本期产品销售成本4 600 000元。
35. 按照应收账款余额的10%计提坏账准备。
36. 假设除坏账准备、固定资产减值损失、交易性金融资产及其他权益工具投资公允价值变动，金达股份不考虑其他项目的所得税费用影响，计算确定应交所得税、递延所得税及所得税费用。
37. 损益类收支结转"本年利润"账户。
38. 将本年净利润结转至"利润分配—未分配利润"明细账户。
39. 按净利润的10%提取法定盈余公积，向投资者分配现金股利30 000元，现金股利尚未支付。
40. 将"利润分配"有关明细账户的余额结转至"未分配利润"明细账。
41. 用银行存款上缴当年应交所得税。

● （二）根据上述业务编制相关会计分录

1. 借：银行存款　　　　　　　　　　　　　　2 320 000
     贷：主营业务收入　　　　　　　　　　　　　2 000 000
         应交税费——应交增值税（销项税额）　　　320 000
2. 借：应付票据　　　　　　　　　　　　　　　30 000
     贷：银行存款　　　　　　　　　　　　　　　　30 000
3. 借：在途物资　　　　　　　　　　　　　　　100 000
     应交税费——应交增值税（进项税额）　　　　16 000
     贷：应付票据　　　　　　　　　　　　　　　116 000
4. 借：固定资产　　　　　　　　　　　　　　　430 350
     应交税费——应交增值税（进项税额）　　　　68 376
     贷：银行存款　　　　　　　　　　　　　　　498 726
5. 借：银行存款　　　　　　　　　　　　　　　42 000
     贷：交易性金融资产——成本　　　　　　　　30 000
         投资收益　　　　　　　　　　　　　　　12 000
6. 借：其他权益工具投资——成本　　　　　　　130 000
     贷：银行存款　　　　　　　　　　　　　　　130 000
7. 借：工程物资　　　　　　　　　　　　　　　50 000
     应交税费——应交增值税（进项税额）　　　　8 000
     贷：银行存款　　　　　　　　　　　　　　　58 000
8. 借：固定资产　　　　　　　　　　　　　　　80 000
     贷：在建工程　　　　　　　　　　　　　　　80 000
9. 借：应收账款　　　　　　　　　　　　　　　5 800 000
     贷：主营业务收入　　　　　　　　　　　　　5 000 000
         应交税费——应交增值税（销项税额）　　　800 000

10. 借：固定资产清理　　　　　　　　　　　　　50 000
　　　累计折旧　　　　　　　　　　　　　　　250 000
　　　　贷：固定资产　　　　　　　　　　　　　　　300 000
　　　借：固定资产清理　　　　　　　　　　　　2 700
　　　　贷：银行存款　　　　　　　　　　　　　　　2 700
　　　借：银行存款　　　　　　　　　　　　　　1 000
　　　　贷：固定资产清理　　　　　　　　　　　　　1 000
　　　借：营业外支出　　　　　　　　　　　　　51 700
　　　　贷：固定资产清理　　　　　　　　　　　　　51 700
11. 借：生产成本　　　　　　　　　　　　　　90 000
　　　制造费用　　　　　　　　　　　　　　10 000
　　　管理费用　　　　　　　　　　　　　　20 000
　　　在建工程　　　　　　　　　　　　　　40 000
　　　　贷：原材料　　　　　　　　　　　　　　　160 000
12. 借：银行存款　　　　　　　　　　　　　1 000 000
　　　　贷：长期借款　　　　　　　　　　　　　　1 000 000
13. 借：原材料　　　　　　　　　　　　　　2 020 000
　　　应交税费——应交增值税（进项税额）　320 000
　　　　贷：银行存款　　　　　　　　　　　　　　2 340 000
14. 借：生产成本　　　　　　　　　　　　　　200 000
　　　制造费用　　　　　　　　　　　　　　100 000
　　　管理费用　　　　　　　　　　　　　　110 000
　　　销售费用　　　　　　　　　　　　　　90 000
　　　在建工程　　　　　　　　　　　　　　100 000
　　　　贷：应付职工薪酬——工资　　　　　　　　600 000
　　　借：应付职工薪酬——工资　　　　　　　600 000
　　　　贷：银行存款　　　　　　　　　　　　　　600 000
15. 借：生产成本　　　　　　　　　　　　　　80 000
　　　制造费用　　　　　　　　　　　　　　40 000
　　　管理费用　　　　　　　　　　　　　　44 000
　　　销售费用　　　　　　　　　　　　　　36 000
　　　在建工程　　　　　　　　　　　　　　40 000
　　　　贷：应付职工薪酬——社会保险费　　　　　240 000
　　　借：应付职工薪酬——社会保险费　　　240 000
　　　　贷：银行存款　　　　　　　　　　　　　　240 000
16. 借：管理费用　　　　　　　　　　　　　　200 000
　　　　贷：累计摊销　　　　　　　　　　　　　　200 000

	借：管理费用	30 000
	贷：银行存款	30 000
17.	借：制造费用	40 000
	管理费用	30 000
	销售费用	15 000
	贷：累计折旧	85 000
18.	借：资产减值损失	50 000
	贷：固定资产减值准备	50 000
19.	借：库存商品	51 000
	贷：营业外收入	50 000
	银行存款	1 000
20.	借：银行存款	5 500 500
	贷：应收账款	5 500 500
21.	借：银行存款	44 000
	财务费用	2 000
	贷：应收票据	46 000
22.	借：生产成本	190 000
	贷：制造费用	190 000
23.	借：库存商品	560 000
	贷：生产成本	560 000
24.	借：销售费用	50 000
	贷：银行存款	50 000
25.	借：税金及附加	10 000
	贷：应交税费——应交教育费附加	10 000
	借：应交税费——应交增值税（已交税金）	85 250
	——应交教育费附加	10 000
	贷：银行存款	95 250
26.	借：交易性金融资产——公允价值变动	20 000
	贷：公允价值变动损益	20 000
27.	借：银行存款	300 000
	贷：预收账款	300 000
28.	借：在建工程	10 000
	财务费用	30 000
	贷：应付利息	40 000
29.	借：长期借款	200 000
	短期借款	300 000
	贷：银行存款	500 000

30. 借：应付利息 40 000
    贷：银行存款 40 000
31. 借：其他权益工具投资——公允价值变动 60 000
    贷：其他综合收益 60 000
32. 借：原材料 40 000
    应交税费—应交增值税（进项税额） 6 400
    营业外支出 11 600
    贷：应收账款 58 000
33. 借：应付账款 100 000
    贷：银行存款 100 000
34. 借：主营业务成本 4 600 000
    贷：库存商品 4 600 000
35. 借：信用减值损失 24 150
    贷：坏账准备 24 150
36. 利润总额=1 677 550（元）
    应纳税所得额=1 677 550+24 150+50 000－20 000=1 731 700（元）
    应交所得税=1 731 700×25%=432 925（元）
    递延所得税资产增加=（24 150+50 000）×25%－15 000=3 537.5（元）
    递延所得税负债增加=（20 000+60 000）×25%=20 000（元）

注意：持有购入新华股份的以公允价值计量且其变动计入其他综合收益的非交易性权益工具投资，其期末公允价值高于账面价值60 000元引起的递延所得税负债（60 000×25%=15 000）增加，相应的计入"其他综合收益"账户。

    借：所得税费用 434 387.5
        其他综合收益 15 000
        递延所得税资产 3 537.5
        贷：应交税费—应交所得税 432 925
            递延所得税负债 20 000
37. 借：主营业务收入 7 000 000
        营业外收入 50 000
        投资收益 12 000
        公允价值变动损益 20 000
        贷：本年利润 7 082 000
    借：本年利润 5 838 837.5
        贷：主营业务成本 4 600 000
            税金及附加 10 000
            管理费用 434 000
            销售费用 191 000

财务费用		32 000
信用减值损失		24 150
资产减值损失		50 000
营业外支出		63 300
所得税费用		434 387.5

38. 借：本年利润　　　　　　　　　　　　　　　1 243 162.5
　　贷：利润分配——未分配利润　　　　　　　　　　1 243 162.5
39. 借：利润分配——提取法定盈余公积　　　　　124 316.25
　　贷：盈余公积——法定盈余公积　　　　　　　　　124 316.25
　　借：利润分配——应付现金股利　　　　　　　　30 000
　　贷：应付股利　　　　　　　　　　　　　　　　　30 000
40. 借：利润分配——未分配利润　　　　　　　　154 316.25
　　贷：利润分配——提取法定盈余公积　　　　　　　124 316.25
　　　　　　　——应付现金股利　　　　　　　　　　30 000
41. 借：应交税费——应交所得税　　　　　　　　432 925
　　贷：银行存款　　　　　　　　　　　　　　　　　432 925

二、根据上述资料，不考虑其他因素，编制金达股份公司2018年资产负债表，如表2-2所示：

表 2-2　资产负债表　　　　　　　　　　　　　　　会企01表
编制单位：金达股份公司　　　2018年12月31日　　　　单位：元

资产	期末余额	年初余额	负债和所有者权益（或股东权益）	期末余额	年初余额
流动资产：			流动负债：		
货币资金	4 861 899	803 000	短期借款	700 000	1 000 000
交易性金融资产	50 000	60 000	交易性金融负债	300 000	300 000
衍生金融资产	0	0	衍生金融负债	0	0
应收票据	74 000	120 000	应付票据	886 000	800 000
应收账款	451 350	234 000	应付账款	460 000	560 000
预付款项	150 000	150 000	预收款项	334 000	34 000
其他应收款	0	0	合同负债	0	0
存货	2 381 000	4 370 000	应付职工薪酬	0	0
合同资产	0	0	应交税费	645 974	30 000
持有待售资产	0	0	其他应付款	275 000	245 000
1年内到期的非流动资产	0	0	持有待售负债	0	0
其他流动资产	0	0	1年内到期的非流动负债	0	0
流动资产合计	7 968 249	5 737 000	其他流动负债	0	0
非流动资产：			流动负债合计	3 600 974	2 969 000
债权投资	100 000	100 000	非流动负债：		
其他债权投资	0	0	长期借款	2 000 000	1 200 000
长期应收款	0	0	应付债券	200 000	200 000

长期股权投资	70 000	70 000	其中：优先股		
其他权益工具投资	390 000	200 000	永续债	200 000	200 000
其他非流动金融资产	0	0	长期应付款	0	0
投资性房地产	0	0	预计负债	0	0
固定资产	2 525 350	2 200 000	递延收益	0	0
在建工程	340 000	180 000	递延所得税负债	20 000	0
生产性生物资产	0	0	其他非流动负债	0	0
油气资产	0	0	非流动负债合计	2 220 000	1 400 000
无形资产	300 000	500 000	负债合计	5 820 974	4 369 000
开发支出	0	0	所有者权益（或股东权益）：		
商誉	0	0	实收资本（或股本）	4 000 000	4 000 000
长期待摊费用	0	0	其他权益工具	0	0
递延所得税资产	18 537.5	15 000	其中：优先股		
其他非流动资产	0	0	永续债		
非流动资产合计	3 743 887.5	3 265 000	资本公积	233 000	233 000
			减：库存股	0	0
			其他综合收益	45 000	0
			盈余公积	304 316.25	180 000
			未分配利润	1 308 846.25	220 000
			所有者权益合计	5 891 162.5	4 633 000
资产总计	11 712 136.5	9 002 000	负债和所有者权益（或股东权益）合计	11 712 136.5	9 002 000

思考题

1. 什么是资产负债表？它有哪些作用？
2. 资产负债表中的应收票据及应收账款项目应该如何填列？
3. 资产负债表中的存货项目该如何填列？
4. 流动资产和非流动资产分别是什么？其主要区别是什么？

练习题

一、单项选择题

1. 资产负债表是反映企业（　　　）财务状况的报表。
   A. 某一时点　　　B. 某一时期　　　C. 某一天　　　D. 某年

2. 资产减值损失属于（　　　）性质的会计科目。
   A. 资产类　　　B. 负债类　　　C. 所有者权益类　　　D. 损益类

3. 应付账款明细账的借方余额一般在资产负债表的（　　　）项目中填列。
   A. 应付账款　　　　　　　　　B. 应收账款
   C. 预付账款　　　　　　　　　D. 预收账款

4. 应付账款明细账的贷方余额一般在资产负债表中的（　　　）项目中填列。
   A. 应付账款　　　　　　　　　B. 应收账款
   C. 预付账款　　　　　　　　　D. 预收账款

5. 应收账款明细账的借方余额一般在资产负债表的（　　　）项目中填列。
   A. 应付账款　　　　　　　　　B. 应收账款
   C. 预付账款　　　　　　　　　D. 预收账款

6. 应收账款明细账的贷方余额一般在资产负债表的（　　　）项目中填列。
   A. 应付账款　　　　　　　　　B. 应收账款
   C. 预付账款　　　　　　　　　D. 预收账款

7. 原材料账户余额应在资产负债表中的（　　　）项目中填列。
   A. 资产　　　B. 负债　　　C. 存货　　　D. 货币资金

8. 假设"固定资产清理"账户期末余额为0，那么资产负债表中"固定资产"项目应以固定资产原值扣除累计折旧并扣除（　　　）后进行填列。
   A. 固定资产减值损失　　　　　B. 资产减值损失
   C. 无形资产减值损失　　　　　D. 累计摊销

9. 资产负债表中"期末余额"栏内数字，应当根据资产、负债、所有者权益账户的（　　　）分析计算填列。
   A. 期末余额　　　B. 借方发生额　　　C. 贷方发生额　　　D. 发生额

10. 期末将于1年内到期的长期应收款在资产负债表中的（　　　）项目中填列。
    A. 1年内到期的非流动负债　　　B. 1年内到期的非流动资产
    C. 长期应收款　　　　　　　　D. 应收账款

二、多项选择题

1. 资产负债表反映企业的（　　　）。
   A. 资产　　　　　　　　B. 负债　　　　　　　　C. 收入
   D. 所有者权益　　　　　E. 费用

2. 资产负债表的格式一般有（　　　）。
   A. 账户式　　　　　　　B. 平衡式　　　　　　　C. 多步式
   D. 报告式　　　　　　　E. 单步式

3. 货币资金项目包括（　　　）。
   A. 库存现金　　　　　　B. 银行存款　　　　　　C. 其他货币资金
   D. 应收票据　　　　　　E. 应收账款

4. 以下属于存货项目内容的是（　　　）。
   A. 原材料　　　　　　　B. 工程物资　　　　　　C. 在产品
   D. 库存商品　　　　　　E. 委托加工物资

5. 资产负债表的作用有（　　　）。
   A. 揭示企业的财务状况，为信息使用者决策提供依据
   B. 反映企业的资产分布及资本结构
   C. 评价和预测企业的偿债能力
   D. 有助于预测企业的财务弹性
   E. 反映企业利润质量

6. 以下影响资产负债表中无形资产项目填列金额的有（　　　）。
   A. 累计折旧　　　　　　B. 累计摊销　　　　　　C. 无形资产减值准备
   D. 资产减值损失　　　　E. 坏账准备

7. 以下可能影响企业预计负债项目金额的有（　　　）。
   A. 对外提供担保　　　　B. 未决诉讼　　　　　　C. 产品质量保证
   D. 亏损合同　　　　　　E. 长期借款

8. 以下项目属于负债类的项目是（　　　）。
   A. 短期借款　　　　　　B. 预付款项　　　　　　C. 预收款项
   D. 应付职工薪酬　　　　E. 应收票据及应收账款

9. 期末计算填列"未分配利润"项目时应考虑下列有关账户余额（　　　）。
   A. 利润分配　　　　　　B. 其他综合收益　　　　C. 净利润
   D. 利润总额　　　　　　E. 本年利润

10. 资产负债表属于（　　　）。
    A. 静态报表　　　　　　B. 动态报表　　　　　　C. 时点报表
    D. 时期报表　　　　　　E. 综合报表

三、判断题

1. 资产负债表反映企业的财务状况。（　　）
2. 我国的资产负债表的格式是报告式。（　　）
3. 资产负表的编制一般根据资产、负债、所有者权益类账户的期末余额编制。（　　）
4. 生产成本账户的借方余额在资产负债表中存货项目中反映。（　　）
5. 应付账款的借方余额表示企业的预收账款。（　　）
6. 累计折旧一般为贷方余额，因此属于负债类科目。（　　）
7. "资产=负债+所有者权益"是编制资产负债表的理论依据。（　　）
8. 银行承兑商业汇票属于其他货币资金。（　　）
9. 存货跌价准备属于存货的抵减项目。（　　）
10. 货币资金项目可根据银行存款、库存现金、其他货币资金总账余额相填列。（　　）

四、业务题

1. 某公司有关债权与债务账户的余额如下：

应收账款——甲（借方余额）	216 000元
——乙（贷方余额）	4 000元
预收账款——丙（借方余额）	2 500元
——丁（贷方余额）	12 000元
应付账款——A（借方余额）	4 700元
——B（贷方余额）	13 200元
预付账款——C（借方余额）	35 000元
——D（贷方余额）	2 000元

要求：根据上述资料，计算资产负债表中"应收账款""应付账款""预收款项""预付款项"项目的金额。（不考虑坏账计提情况。）

2. 某企业2018年12月31日"固定资产"账户余额为10 000 000元，"累计折旧"账户余额为3 000 000元，"固定资产减值准备"账户余额为500 000元。该企业2018年12月31日资产负债表"固定资产"的项目金额为多少万元？

3. 某公司2017年12月31日有关资料如下：

(1) 长期借款资料：

借款起始日期	借款期限（年）	金额（元）
2014年6月1日	4	3 500 000
2015年1月1日	5	6 000 000
2016年1月1日	4	3 000 000

(2) "长期待摊费用"项目的期末余额为800 000元，其中，将于1年内摊销的金额为200 000元。

要求：根据上述资料，不考虑其他因素，分析计算2017年12月31日资产负债表中下列项目的金额。

(1) "长期借款"项目；(2) "1年内到期的非流动负债"项目；(3) "长期待摊费用"项目；(4) "1年内到期的非流动资产"项目。

4. 甲股份有限公司为增值税一般纳税企业，增值税税率为16%。所得税税率为25%，资产和负债的账面价值均与其计税基础相等。2018年12月31日有关财务资料见下表2-3。

表 2-3　甲股份有限公司账户余额

2018年12月31日　　　　　　　　　　　　　　　　　单位：元

总账账户	明细账户	借方余额	贷方余额	总账账户	明细账户	借方余额	贷方余额
库存现金		100 000		短期借款			3 000 000
银行存款		1 000 000		应付票据			100 000
交易性金融资产		400 000		应付账款			2 000 000
应收票据		200 000			—A公司		2 300 000
应收账款		2 000 000			—B公司	300 000	
	—M公司	3 000 000		预收账款			1 000 000
	—N公司		1 000 000		—E公司	400 000	
坏账准备			200 000		—F公司		1 400 000
预付账款		500 000		其他应付款			100 000
	—C公司	600 000		应付职工薪酬			1 500 000
	—D公司		100 000				
其他应收款		100 000		应交税费			300 000
原材料		1 000 000		应付股利			0
生产成本		300 000		应付利息			200 000
库存商品		200 000		长期借款			2 000 000
低值易耗品		50 000		应付债券			1 800 000
债权投资		3 000 000					
长期股权投资		2 000 000		实收资本			2 000 000
固定资产		10 000 000		资本公积			750 000
累计折旧			4 000 000	其他综合收益			0
无形资产		7 000 000		盈余公积			1 100 000
累计摊销			2 000 000	未分配利润			5 900 000
递延所得税资产		100 000					

要求：根据上述资料，编制甲公司2018年12月31日资产负债表。

第三章

利润表的编制

本章知识结构图

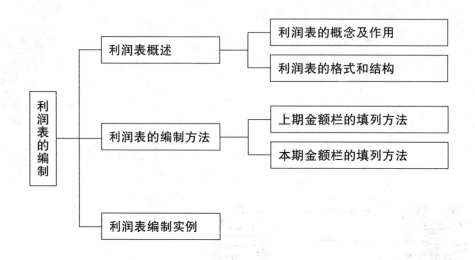

学习目标

通过本章的学习，学生应该了解并掌握：
1. 利润表的定义及作用；
2. 利润表的格式和结构；
3. 利润表的编制方法；
4. 企业利润表的编制。

第一节 利润表概述

一、利润表的概念及作用

（一）利润表的概念

利润表，又称"损益表"，是反映企业在一定会计期间的经营成果的财务报表。所谓经营成果，是指企业经过一定时期的经营所取得的全部收入抵减全部支出后的差额。利润表是一动态财务报表，是以"收入－费用＝利润"这一会计等式为基础，按照一定的标准和一定的顺序，把企业一定期间的收入、费用和利润予以适当的排列编制而成的一种财务报表。它揭示的是企业一定会计期间财务活动的一个方面，即盈利或亏损的状况，反映某一会计期间企业的经营成果，是一张动态的财务报表。

（二）利润表的作用

编制利润表的主要目的是将企业一定会计期间的经营成果提供给企业财务信息使用者，使他们了解企业的经营成果、盈利的规模与结构，从而为分析企业的盈利能力，判断对企业投资的报酬与风险提供可靠的依据。其作用具体来说有：

1.利润表揭示企业的经营成果，为信息使用者的决策提供依据

利润表反映企业利润的组成，进而反映企业的获利能力、利润增减的变化趋势，预测企业的发展前景，为外部信息使用者作决策提供依据。

2.利润表为企业管理层的经营决策提供依据

利润表综合反映企业的收入、成本费用、利润的形成过程，通过分析利润表项目的增减变化，可以发现经营过程中缺点和差距，为企业管理层下一步工作重点指明方向。

3.利润表为企业内部业绩考核提供依据

利润表的利润总额是企业的经营业绩，是企业内部各个部门通力协作的结果。根据利润表的数据，可以评价相关部门责任目标的完成情况和差距，考核其业绩。

二、利润表的格式与结构

（一）利润表的格式

利润表正表的格式一般有两种：单步式利润表和多步式利润表。单步式利润表是将当期所有的收入列在一起，然后将所有的费用列在一起，两者相减得出当期净损益。多步式利润表是通过对当期的收入、费用、支出项目按性质加以归类，按利润形成的主要环节列示一些中间性利润指标，分步计算当期净损益。

（二）利润表的结构

财务报表列报准则规定，企业应当采用多步式列报利润表，将不同性质的收入和费用类别进行对比，从而可以得出一些中间性的利润数据，便于使用者理解企业经营成果的不同来源。企业可以分如下四个步骤编制利润表：

第一步，以营业收入为基础，减去营业成本、税金及附加、销售费用、管理费用、研发费用、财务费用、资产减值损失、信用减值损失，加上其他收益、投资收益（减去投资损失）、净敞口套期收益（减去净敞口套期损失）、公允价值变动收益（减去公允价值变动损失）和资产处置收益（减去资产处置损失），计算出营业利润；

第二步，以营业利润为基础，加上营业外收入，减去营业外支出，计算出利润总额；

第三步，以利润总额为基础，减去所得税费用，计算出净利润（或亏损）；

第四步，综合收益总额的计算。综合收益总额项目反映净利润和其他综合收益扣除所得税影响后的净额相加后的合计金额。利润表中的"其他综合收益的税后净额"项目及其各组成部分，应根据"其他综合收益"账户及其所属的相关明细账户的发生额分析填列。

普通股或潜在普通股已公开交易的企业，以及正处于公开发行普通股或潜在普通股过程中的企业，还应当在利润表中列示每股收益信息。

多步式利润表中各项目之间的关系可用数学公式表示如下：

营业利润＝营业收入－营业成本－税金及附加－销售费用－管理费用－研发费用－财务费用－资产减值损失－信用减值损失＋其他收益＋（或－）投资收益＋（或－）净敞口套期收益＋（或－）公允价值变动收益＋（或－）资产处置收益

利润总额＝营业利润＋营业外收入－营业外支出

净利润＝利润总额－所得税费用

综合收益总额＝净利润＋其他综合收益税后净额

第二节 利润表的编制方法

一、利润表中上期金额栏的填列方法

利润表"上期金额"栏内各项数字，应根据上年该期利润表"本期金额"栏内所列数字填列。如果上年该期利润表规定的各个项目的名称和内容同本期不相一致，应对上年该期利润表各项目的名称和数字按本期的规定进行调整，列入利润表"上期金额"栏内。

二、利润表中本期金额栏的填列方法

利润表"本期金额"栏内各项数字一般应根据损益类账户的发生额分析填列。

1."营业收入"项目

"营业收入"项目反映企业经营业务所取得的收入总额。包括销售商品的收入、提供劳务的收入等。本项目应当根据"主营业务收入""其他业务收入"账户的发生额计算分析填列。

【例3-1】假设甲公司2018年12月份发生以下销售活动：5日销售A产品一批，收取货款600 000元；15日销售积压的原材料一批，收取货款500 000元；23日，销售一批B产品，收取货款300 000元，货款未收。假设不考虑其他事项，试计算甲公司2018年12月份"营业收入"项目的金额。

"营业收入"项目金额为＝600 000＋500 000＋300 000＝1 400 000（元）

2. "营业成本"项目

"营业成本"项目反映企业经营业务发生的实际成本。本项目应当根据"主营业务成本""其他业务成本"账户的发生额分析计算填列。

【例3-2】 假设甲公司2018年12月份发生以下销售活动：5日销售A产品一批，收取货款600 000元，其成本500 000元；15日销售积压的原材料一批，收取货款500 000元，成本450 000元；23日，销售一批B产品，收取货款300 000元，货款未收，成本200 000元。假设不考虑其他事项，试计算甲公司2018年12月份"营业成本"项目的金额。

"营业成本"项目金额为=500 000+450 000+250 000=1 150 000（元）

3. "税金及附加"项目

"税金及附加"项目反映企业经营业务应负担的消费税、城市维护建设税、资源税和教育附加以及房产税、土地使用税、车船使用税、印花税等相关税费。本项目应当根据"税金及附加"账户的发生额分析填列。

4. "销售费用"项目

"销售费用"项目反映企业在销售商品和材料、提供劳务的过程中发生的各种费用。本项目应当根据"销售费用"账户的发生额分析填列。

【例3-3】 假设甲公司2018年12月3日为促销A产品，发生宣传广告费用500 000元，其他促销费用100 000元，并支付临时促销人员工资200 000元。假设不考虑其他事项，试计算甲公司12月份"销售费用"项目的金额。

"销售费用"项目金额=500 000+100 000+200 000=800 000（元）

5. "管理费用"项目

"管理费用"项目反映企业本期发生的管理费用。本项目应当根据"管理费用"账户的发生额分析填列。

6. "研发费用"项目

"研发费用"项目反映企业本期发生的自行研究开发的无形资产不能资本化的部分。本项目应当根据"管理费用"账户下有关明细项目发生额分析填列。

7. "财务费用"项目

"财务费用"项目反映企业本期发生的财务费用。本项目应当根据"财务费用"账户的发生额分析填列。其中"利息费用"行项目反映企业为筹集生产经营所需资金而发生的应予费用化的利息支出。该项目应根据"财务费用"账户相关明细科目发生额分析填列。"利息收入"行项目反映企业确认的利息收入。该项目应根据"财务费用"账户相关明细科目的发生额分析填列。

8. "其他收益"项目

"其他收益"项目反映计入其他收益的政府补助等。该项目应根据"其他收益"账户的发生额分析填列。

9. "投资收益"项目

"投资收益"项目反映企业以各种方式对外投资所取得的收益。本项目应当根据"投资收益"账户的发生额分析填列。如果其为投资损失，本项目以"-"填列。

10. "净敞口套期收益"项目

"净敞口套期收益"项目反映净敞口套期下被套期项目累计公允价值变动转入当期损益的金额或现金流量套期储备转入当期损益的金额。该项目根据"净敞口套期损益"账户的发生额分析填列，如果为套期损失，本项目以"-"填列。

11. "公允价值变动收益"项目

"公允价值变动收益"项目反映企业交易性金融资产等公允价值变动形成的应计入当期损益的利得。本项目应当根据"公允价值变动损益"账户的发生额分析填列。如果其为公允价值变动损失，本项目以"-"填列。

12. "资产处置收益"项目

"资产处置收益"项目反映企业出售划分为持有待售的非流动资产（金融工具、长期股权投资和投资性房地产除外）或处置组时确认的处置利得或损失，以及处置未划分为持有待售的固定资产、在建工程、生产性生物资产及无形资产而产生的处置利得或损失。债务重组中因处置非流动资产产生的利得或损失和非货币性资产交换产生的利得或损失也包括在本项目内。该项目应根据在损益类科目"资产处置损益"账户的发生额分析填列；如为处置损失，以"-"号填列。

13. "资产减值损失"项目

"资产减值损失"项目反映企业计提各项资产减值准备所形成的损失。本项目应当根据"资产减值损失"账户的发生额分析填列。如果是损失，以"-"填列。

14. "信用减值损失"项目

"信用减值损失"项目反映企业按照《企业会计准则第22号——金融工具确认和计量》（2017年修订）的要求计提的各项金融工具减值准备所形成的预期信用损失。该项目应根据"信用减值损失"账户的发生额分析填列。如果是损失，以"-"填列。

15. "营业利润"项目

"营业利润"项目反映了企业持续经营活动的净收益，它是基于收入与费用配比的原则计算而来的。本项目是根据前面若干项目计算结果而列示的。如果是亏损，则用"-"填列。

16. "营业外收入"项目

"营业外收入"项目反映企业发生的与生产经营无直接关系的各项收入。包括债务重组利得、与企业日常活动无关的政府补助、盘盈利得、捐赠利得等。本项目应当根据"营业外收入"账户的发生额分析填列。

【例3-4】假设甲公司2018年12月份发生以下活动：10日接受乙公司捐赠现金200 000元，20日收到丙公司违约金60 000元。假设不考虑相关税费及其他事项，试计算甲公司2018年12月份营业外收入项目的金额。

"营业外收入"的金额=200 000+60 000=260 000（元）

17."营业外支出"项目

"营业外支出"项目反映企业发生的与生产经营无直接关系的各项支出。主要包括债务重组损失、公益性捐赠支出、非常损失、盘亏损失和非流动资产毁损报废损失等。本项目应当根据"营业外支出"账户的发生额分析填列。

【例3-5】假设甲公司2018年12月份发生以下活动：10日对外公益性捐赠现金30 000元，20日支付违约金50 000元，支付滞纳金20 000元，罚款10 000元。假设不考虑相关税费及其他事项，试计算甲公司2018年12月份营业外支出项目的金额。

"营业外支出"的金额=30 000+50 000+20 000+10 000=110 000（元）

18."利润总额"项目

"利润总额"项目反映企业实现的利润总额。如为亏损，以"-"填列。

19."所得税费用"项目

"所得税费用"项目反映企业确认的应从当期利润总额中扣除的所得税费用。本项目应当根据"所得税费用"账户的发生额分析填列。

20."净利润"项目

"净利润"项目反映企业实现的净利润。如果为亏损，以"-"填列。"持续经营净利润"和"终止经营净利润"分别反映净利润中与持续经营相关的净利润和终止经营相关的净利润；如为亏损，以"-"填列。这些项目应按照《企业会计准则第42号——持有待售的非流动资产、处置组和终止经营》的相关规定分别列报。

21."其他综合收益的税后净额"项目

利润表中的"其他综合收益的税后净额"项目及其各组成部分，应根据"其他综合收益"账户及其所属的相关明细项目的发生额分析填列。本项目又分"不能重新分类进损益的其他综合收益"和"将重新分类进损益的其他综合收益"两方面。其下又根据具体会计事项分若干小项目。每一项目可根据"其他综合收益"账户相关明细科目的发生额分析填列。比如："其他权益工具投资公允价值变动"行项目，反映企业指定为以公允价值计量且其变动计入其他综合收益的非交易性权益工具投资发生的公允价值变动，该项目根据"其他综合收益"相关明细科目发生额分析填列。"企业自身信用风险公允价值变动"行项目，反映企业指定为以公允价值计量且其变动计入当期损益的金融负债，由企业自身信用风险变动引起的公允价值变动计入其他综合收益的金额。该项目根据"其他综合收益"相关明细科目发生额分析填列，等等。

22."综合收益总额"项目

综合收益，是指企业在某一期间除与所有者以其所有者身份进行的交易之外的其他交易或事项所引起的所有者权益变动。综合收益总额项目反映净利润和其他综合收益扣除所得税影响后的净额相加后的合计金额。

23."每股收益"项目

每股收益是指普通股股东每持有一股所能享有的企业利润或所需要承担的企业亏

损。每股收益通常被用来反映企业的经营成果，衡量普通股的股利水平及投资风险，是投资者、债权人等信息使用者据以评价企业盈利能力、预测企业成长潜力、进而作出相关经济决策的一项重要财务指标。每股收益分为基本每股收益和稀释每股收益。

普通股或潜在普通股已公开交易的企业以及正处于公开发行普通股或潜在普通股过程中的企业，应当在利润表中分别列示基本每股收益和稀释每股收益，并在附注中披露下列相关信息：基本每股收益和稀释每股收益分子、分母的计算过程；列报期间不具有稀释性但以后期间很可能具有稀释性的潜在普通股；在资产负债表日至财务报告批准报出日之间，企业发行在外普通股或潜在普通股股数发生重大变化的情况。

（1）基本每股收益。

基本每股收益只考虑当期实际发行在外的普通股股份，按照归属于普通股股东的当期净利润除以当期实际发行在外普通股的加权平均数计算确定。

计算基本每股收益时，分子为归属于普通股股东的当期净利润，即企业当期实现的可供普通股股东分配的净利润或应由普通股股东分担的净亏损金额。发生亏损的企业，每股收益以负数列示。分母为当期发行在外普通股的加权平均数，即在期初发行在外普通股股数的基础上，根据当期新发行或回购的普通股股数乘以其发行在外的时间权重计算的股数进行调整后的数量。

发行在外普通股加权平均数＝期初发行在外普通股股数＋当期新发行普通股股数×已发行时间/报告期时间－当期回购普通股股数×已回购时间/报告期时间

已发行时间、报告期时间、已回购时间一般按照天数计算；在不影响计算结果合理性的前提下，也可以采用简化的计算方法，即按月计算。

【例3-6】 甲公司2018年期初发行在外的普通股为50 000 000股；3月1日新发行普通股30 000 000股；10月1日回购普通股6 000 000股，以备将来奖励高管。2018年度，甲实现净利润为53 200 000元。

计算基本每股收益时，首先计算发行在外普通股加权平均数。

发行在外普通股加权平均数＝50 000 000×12/12＋30 000 000×10/12－6 000 000×3/12
＝73 500 000（股）

基本每股收益＝53 200 000/73 500 000＝0.72（元）

（2）稀释每股收益。

稀释每股收益是以基本每股收益为基础，假设企业所有发行在外的稀释性普通股均已转换为普通股，从而分别调整归属于普通股股东的当期净利润以及发行在外普通股的加权平均数计算而得的每股收益。

潜在普通股是指赋予其持有者在报告期或以后期间享有取得普通股权利的一种金融工具或其他合同。目前，在我国企业发行的潜在普通股主要有可转换公司债券、认股权证、股份期权等。

稀释性潜在普通股，是指假设当期转化为普通股会减少每股收益的潜在普通股。

①分子的调整。

计算稀释每股收益，应当根据下列事项对归属于普通股股东的当期净利润进行调整：（1）当期已确认费用的稀释性潜在普通股的利息；（2）稀释性潜在普通股转换时将产生的收益或费用。上述调整应当考虑相关的所得税影响。

②分母的调整。

计算稀释每股收益时，当期发行在外普通股的加权平均数应当为计算每股收益时普通股的加权平均数与假定稀释性潜在普通股转换为已发行普通股而增加的普通股股数的加权平均数之和。

【例3-7】甲公司2018年归属于普通股股东的净利润为20 000 000元，期初发行在外的普通股为100 000 000股，年内普通股未发生变化。2018年1月1日公司按面值发行10 000 000元的可转换公司债券，票面利率为4%，每100元债券可以转换为90股面值为1元的普通股。所得税税率为25%。假设不考虑可转换公司债券在负债和权益成份之间的分拆。那么2015年度每股收益计算如下：

基本每股收益=20 000 000/100 000 000=0.2（元）

增加的净利润=10 000 000×4%×（1－25%）=300 000（元）

增加的普通股股数=（10 000 000/100）×90=9 000 000（股）

稀释每股收益=（20 000 000+300 000）/（100 000 000+9 000 000）=0.19（元）

③对于稀释性认股权证、股份期权，计算稀释每股收益时，一般无需调整作为分子的净利润金额，只需要按照下列步骤对作为分母的普通股加权平均数进行调整：第一步，假设这些认股权证、股份期权在当期期初（或晚于当期期初的发行日）已经行权，计算按约定行权价格发行普通股将取得的收入金额。第二步，假设按照当期普通股平均市场价格发行普通股，计算需发行多少普通股能够带来上述相同的收入。第三步，比较行使认股权证、股份期权将发行的普通股股数与按照平均市场价格发行的普通股股数，差额部分相当于无对价发行的普通股，作为发行在外普通股股数的净增加。

增加的普通股股数=拟行权时转换的普通股股数—（行权价格×拟行权时转换的普通股股数）/当期普通股平均市场价格

稀释性潜在普通股应当按照其稀释程度从大到小的顺序计入稀释每股收益，直至稀释每股收益达到最小值。

【例3-8】某公司2018年归属于普通股股东的净利润为1 000 000元，发行在外普通股的加权平均数为4 000 000股，该股平均的市场价格为10元。年初，该公司发行2 000 000份认股权证，行权日为2018年5月25日，每份认股权证可以在行权日以6元的价格认购本公司1股新发的股份。那么2018年度每股收益计算如下：

基本每股收益=1 000 000/4 000 000=0.25（元）

增加的普通股股数=2 000 000－（2 000 000×6）/10=800 000（股）

稀释的每股收益=1 000 000/（4 000 000+800 000）=0.208（元）

现实中，认股权证只有行权价格应该低于当期普通股市场价格，权证持有人有资本利得才会行权购买股票。对于盈利企业，认股权证、股份期权等的行权价格低于当期普通股平均市场价格时，具有稀释性。对于亏损企业，认股权证、股份期权的假设行权一般不影响净亏损,但增加普通股股数,从而导致每股亏损金额的减少,实际上产生了反稀释的作用,因此,这种情况下,不应当计算稀释每股收益。

第三节 利润表编制实例

一、利润表编制实例资料

根据资产负债表编制实例中有关金达股份有限公司相关资料,该公司2018年度利润表科目本年累计发生额见表3-1。

表3-1 金达股份有限公司2018年度利润表科目本年累计发生额

科目名称	借方发生额	贷方发生额
营业收入		7 000 000
营业成本	4 600 000	
税金及附加	10 000	
销售费用	191 000	
管理费用	434 000	
财务费用	32 000	
资产减值损失	50 000	
信用减值损失	24 150	
公允价值变动损益		20 000
投资收益		12 000
营业外收入		50 000
营业外支出	63 300	
所得税费用	434 387.5	

二、编制利润表

根据上述资料,不考虑其他因素,编制金达股份有限公司2018年度的利润表,见表3-2。

表3-2 利润表 会企02表

编制单位:金达股份有限公司　　2018年度　　单位:元

项目	本期金额	上期金额
一、营业收入	7 000 000	(略)
减:营业成本	4 600 000	
税金及附加	10 000	
销售费用	191 000	
管理费用	434 000	
研发费用	0	
财务费用	32 000	

其中：利息费用	32 000	
利息收入		
加：其他收益	0	
投资收益（损失以"-"号填列）	12 000	
其中：对联营企业和合营企业的投资收益	0	
净敞口套期收益（损失以"-"号填列）	0	
公允价值变动收益（损失以"-"号填列）	20 000	
资产处置收益（损失以"-"号填列）	0	
资产减值损失（损失以"-"号填列）	-50 000	
信用减值损失（损失以"-"号填列）	-24 150	
二、营业利润（亏损以"-"号填列）	1 690 850	
加：营业外收入	50 000	
减：营业外支出	63 300	
三、利润总额（亏损总额以"-"号填列）	1 677 550	
减：所得税费用	434 387.5	
四、净利润（净亏损以"-"号填列）	1 243 162.5	
（一）持续经营净利润（净亏损以"-"号填列）	1 243 162.5	
（二）终止经营净利润（净亏损以"-"号填列）		
五、其他综合收益的税后净额	45 000	
（一）不能重分类进损益的其他综合收益		
（二）将重分类进损益的其他综合收益	45 000	
六、综合收益总额	1 288 162.5	
七、每股收益		
（一）基本每股收益	0.32	
（二）稀释每股收益		

思考题

1. 什么是利润表？它有哪些作用？
2. 利润表中的营业收入项目应该如何填列？
3. 利润表中的营业成本项目该如何填列？
4. 营业利润如何计算？
5. 利润总额如何计算？

练 习 题

一、单项选择题

1. 利润表是反映企业（　　）经营成果的报表。
    A. 某一时点　　　B. 某一时期　　　C. 某一天　　　D. 某年

2. 公允价值变动损益属于（　　）性质的会计科目。
    A. 资产类　　　B. 负债类　　　C. 所有者权益类　　　D. 损益类

3. 企业销售原材料取得的收入属于企业的（　　）。
    A. 主营业务收入　　　B. 营业外收入　　　C. 其他业务收入　　　D. 以上都不对

4. 利润表中的第一个利润层次是（　　）。
    A. 营业利润　　　B. 利润总额　　　C. 净利润　　　D. 利润

5. 营业利润加上营业外收支净额得到的是（　　）。
    A. 营业利润　　　B. 利润总额　　　C. 净利润　　　D. 利润

6. 利润总额扣除所得税费用得到的是（　　）。
    A. 营业利润　　　B. 利润总额　　　C. 净利润　　　D. 利润

7. 下列不属于期间费用的是（　　）。
    A. 管理费用　　　B. 财务费用　　　C. 销售费用　　　D. 制造费用

8. 我国利润表的格式属于（　　）。
    A. 账户式　　　B. 单步式　　　C. 多步式　　　D. 财务报告式

9. 利润表中"本期金额"栏内数字，应当根据本年度损益类账户的（　　）分析计算填列。
    A. 期末余额　　　B. 借方发生额　　　C. 贷方发生额　　　D. 发生额

10. 归属于普通股股东的当期净利润除以当期实际发行在外普通股的加权平均数得到的指标是（　　）。
    A. 稀释每股收益　　　B. 基本每股收益　　　C. 销售净利润　　　D. 股票价格

二、多项选择题

1. 与利润表直接有关的会计要素有（　　）。
    A. 收入　　　B. 费用　　　C. 资产
    D. 利润　　　E. 所有者权益

2. 利润表的格式一般有（　　）。
    A. 账户式　　　B. 单步式　　　C. 多步式
    D. 财务报告式　　　E. 垂直式

3. 营业收入项目包括（　　）。
   A. 主营业务收入　　B. 营业外收入　　C. 其他业务收入
   D. 投资收益　　　　E. 政府补助

4. 以下属于管理费用项目内容的是（　　）。
   A. 业务招待费　　B. 房产税　　　　C. 印花税
   D. 广告费　　　　E. 咨询费

5. 利润表的作用有（　　）。
   A. 揭示企业的经营成果，为信息使用者决策提供依据
   B. 为企业内部业绩考核提供依据
   C. 为企业内部管理层提供依据
   D. 反映企业的获利能力
   E. 反映企业的偿债能力

6. 以下属于财务费用项目内容的有（　　）。
   A. 利息支出　　　　B. 汇兑差额及手续费
   C. 广告费　　　　　D. 贴现息　　　　E. 业务招待费

7. 以下影响营业利润的是（　　）。
   A. 公允价值变动损益　　　　B. 投资收益
   C. 信用减值损失　　D. 营业收入　　E. 其他收益

8. 以下影响企业利润总额的是（　　）。
   A. 营业外收入　　B. 营业外支出　　C. 资产减值损失
   D. 所得税费用　　E. 其他综合收益

9. 以下与营业利润项目计算无关的是（　　）。
   A. 其他收益　　　　B. 营业外收入　　C. 所得税费用
   D. 信用减值损失　　E. 投资收益

10. 利润表属于（　　）。
    A. 静态报表　　B. 动态报表　　C. 时点报表
    D. 时期报表　　E. 综合报表

三、判断题

1. 利润表反映企业的财务状况。（　　）
2. 我国的利润表的格式是单步式。（　　）
3. 利润表的编制一般根据各损益类账户的期末余额编制。（　　）
4. 销售费用项目的内容包括销售机构的职工薪酬的内容。（　　）
5. 公允价值变动损失在利润表中可以以"—"号填列。（　　）
6. 处置报废固定资产发生的净收益计入企业的营业收入项目。（　　）

7. 每股收益可以分为基本每股收益和稀释每股收益，反映企业普通股股东每持有一股所享有的企业利润或需承担的企业亏损情况。（   ）
8. 利润表中所得税费用的填写还要考虑递延所得税的情况。（   ）
9. 捐赠收入一般不影响企业的利润。（   ）
10. 出租固定资产的租金收入属于企业的主营业务收入。（   ）

四、业务题

1. 某公司期末"主营业务收入"账户余额为30 000 000元，"其他业务收入"账户余额为7 000 000元，"主营业务成本"账户余额为18 000 000元，"其他业务成本"账户余额为2 000 000元，"税金及附加"账户余额为200 000元，"管理费用"账户余额为500 000元，"财务费用"账户余额为50 000元，"销售费用"账户余额为100 000元，"公允价值变动损益"账户余额为70 000元（贷方），"投资收益"账户余额为250 000元（贷方），"营业外收入"账户余额为300 000元，"营业外支出"账户余额为150 000元，该公司适用的所得税税率为25%。假设不考虑其他事项。

要求：计算该公司期末的营业利润，利润总额和净利润。

2. 某公司2018年1月1日发行在外的普通股为50 000 000股，7月1日又发行10 000 000股，11月初收回3 000 000股。该公司当年实现净利润15 000 000元。

要求：计算该公司2018年的基本每股收益。

3. 接第2题业务题资料，假设某公司发行在2018年初可转换公司债券10 000 000元，票面利率4%，每100元的债券可转换为80股每股面值1元的普通股，所得税率为25%，计算该公司2018年的基本每股收益和稀释每股收益。

4. 乙公司2018年度有关损益类账户累计发生额见下表3-3

表3-3　乙公司2018年度有关损益类账户累计发生额

单位：元

账户名称	借方发生额	贷方发生额
主营业务收入		20 000
主营业务成本	17 000	
税金及附加	1 000	
其他业务收入		4 000
其他业务成本	2 000	
销售费用	300	
管理费用	1 200	
财务费用	600	
资产减值损失	100	
投资收益		1 000
营业外收入		800
营业外支出	900	
所得税费用	750	

要求：根据上述资料，编制乙公司2018年度利润表。

第四章
现金流量表的编制

本章知识结构图

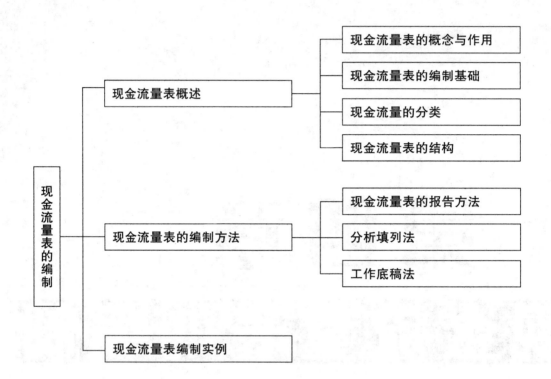

| 学习目标 | 通过本章的学习，学生应该了解并掌握：
1. 现金流量表的含义与作用；
2. 现金流量的分类；
3. 现金流量表各项目的计算方法；
4. 现金流量表的编制方法。 |

第四章 现金流量表的编制

第一节 现金流量表概述

一、现金流量表的概念与作用

(一)现金流量表的概念

资产负债表是反映企业在一定日期全部资产、负债和所有者权益情况的财务报表,它反映了企业期末这一特定时点的财务状况,是表达企业经营活动的横剖面,是静态报表。利润表则是反映企业在一定会计期间的全部收入、费用及利润情况的财务报表,它反映企业在一定会计期间的经营成果,是表达企业经营活动的纵剖面,是动态报表。期初、期末的两张资产负债表就是企业一个会计期间经营活动开始和结束的两端,是通过资产、负债、所有者权益等财务状况要素静态反映企业资金运动的结果,而利润表则是反映在这一会计期间财务状况变化的桥梁。可见,资产负债表和利润表已经从横剖面、纵剖面立体地描绘出企业的财务状况和经营成果。然而,这两张财务报表仍然不能满足财务报表使用者的需求。

在实践中,企业破产的原因很多,但导致企业破产的直接原因却是企业拥有的现金不足以偿还到期债务。资产负债表能够反映企业期初、期末的现金数额,却不能反映企业是如何获取现金以及如何使用现金的;利润表能够揭示企业获取利润的能力,却不能反映企业获取现金的能力;而现金正是企业经营活动的"血液",一旦现金不足,将严重影响企业的经济活动。因此,企业有必要编制现金流量表,用以反映企业是如何获取现金以及如何使用现金的,从而弥补资产负债表和利润表的不足。

现金流量表是反映企业在一定会计期间现金及现金等价物流入和流出情况的财务报表。现金流量表所提供的信息是对资产负债表和利润表所提供信息的必要补充,它是通过现金的流入和流出两个方面,揭示企业在一定期间经营活动、投资活动和筹资活动对企业现金流量的影响,说明企业现金的来源和去向。它可以帮助企业向报表使用者解释财务状况变动的原因,同时,通过现金1元另表附注,可以说明净利润与现金流量净额存在差异的原因,进而分析净利润的质量。

(二)现金流量表的作用

编制现金流量表能使企业的外部投资者、债权人和其他与企业有利害关系的财务报表使用者,了解企业报告期现金流量净额变动的情况,了解企业各类现金流量金额与结构的信息,从而为分析和判断企业创造现金的能力、支付能力、未来现金流量变化趋势提供可靠的依据。

现金流量表是会计信息使用者获取决策所需信息的重要来源,是企业对外提供的主要财务报表之一。现金流量表的作用主要表现在以下三个方面:

1. 有助于财务报表使用者了解企业获取现金的能力

在现金流量表中,通过经营活动、投资活动和筹资活动三个主要方面的各个具体项目,财务报表使用者能够清楚地了解企业是如何获得现金以及如何使用现金的,能够清楚掌握企业现金及现金等价物的增减变化情况。在现金流量表的附注中,财务报表使用者能够很直观地了解企业的净利润与经营活动产生的现金流量净额的关系,进而能够判断企业利润的质量,而这是资产负债表和利润表所做不到的。在现实中,有利润、无现金的企业也是较常见的。

2. 有助于评价企业的支付能力、偿债能力

投资人、债权人从事投资与信贷的主要目的是为了取得收益并增加未来的现金流量。投资人在作出是否投资决策时需要考虑原始投资的保障和未来的投资回报。债权人在作出是否贷款决策时,则关心是否能按时获得利息和到期足额收回本金。只有企业能产生必要的现金流量,才有能力支付稳定的股利和按期还本付息。

3. 有助于预测企业的未来现金流量

企业获取现金的渠道有很多,例如,通过销售商品、提供劳务等日常经营活动可以回笼现金;通过收回对外投资也可以获得现金;通过增发股票或向银行借款,同样可以获取现金。然而,不同渠道获取的现金,其稳定性、可持续性却存在很大差异,对未来现金流量的影响存在很大区别。因此,通过分析企业现金产生的来源渠道,分析不同现金来源所占份额、比例的多少,可以预测企业未来现金的流入量。另一方面,根据企业现金的去向,同样可以分析、预测企业未来现金流出量。

二、现金流量表的编制基础

现金流量表是以现金及现金等价物为基础编制的,也就是说,现金流量表中的"现金"包括现金和现金等价物两部分。

(一)现金

现金,是指企业库存现金以及可以随时用于支付的存款。在这里,"现金"是一个广义的概念,相当于"货币资金"的含义。它具体包括:

1. 库存现金

库存现金是指企业存放在财会部门,可以随时用于支付的现金,与"库存现金"账户核算内容一致。

2. 银行存款

银行存款是指企业存在银行或其他金融机构的可以随时支取的存款,与"银行存款"账户所核算的内容不完全一致。区别在于:在"银行存款"账户核算的内容中包括的不能随时用于支付的存款,如不能随时支取的定期存款,不应作为现金流量表中的现金,但提前通知金融机构便可以支取的定期存款,则应包括在现金流量表中的现金范围内。

3.其他货币资金

其他货币资金是指存放银行或其他金融机构的外埠存款、银行汇票存款、银行本票存款、信用卡存款、信用证保证金和存出投资款等,与"其他货币资金"账户核算的内容一致。

(二) 现金等价物

现金等价物是指企业持有的期限短、流动性强、易于转换为已知金额现金、价值变动风险很小的投资。可见,现金等价物是一项投资,但一项投资要确认为现金等价物,必须具备以上特征。其中,期限短、流动性强,强调了变现能力;而易于转换为已知金额的现金、价值变动风险很小,则强调了支付能力。一般认为企业自购买日起3个月内到期的债券投资,符合现金等价物的条件。权益性投资变现的金额通常不确定,因而不属于现金等价物。企业应当根据具体情况,确定现金等价物的范围,一经确定不得随意变更。

现金等价物虽然不是现金,但其支付能力与现金差别不大,可视为现金。在一般情况下,如无特殊说明,现金流量表中所说的"现金",包含"现金等价物"。

(三) 现金流量

现金流量是指现金和现金等价物的流入和流出的数量。流入量与流出量的差额称作净流量。在编制现金流量表时,一项交易或事项是否构成现金流量,应视其是否引起现金总额的变动而定。因此,企业发生的现金内部转换的经济业务(如从银行提取现金或将库存现金存入银行等),以及现金与现金等价物之间的业务,不涉及现金的交易或事项,均不构成现金流量,不纳入现金流量表列报的内容。

三、现金流量的分类

《企业会计准则第31号——现金流量表》按企业业务活动性质,将企业一定期间产生的现金流量分为三类:经营活动产生的现金流量、投资活动产生的现金流量和筹资活动产生的现金流量。

(一) 经营活动产生的现金流量

经营活动是指企业除了投资活动和筹资活动以外的所有交易或事项。不同行业的企业对经营活动的认定存在一定的差异,在现金流量的归类上也会有所不同。就一般工商企业而言,经营活动的现金流入主要包括销售商品、提供劳务等收到的现金;经营活动的现金流出主要包括购买商品、接受劳务供应和支付职工薪酬、缴纳税费等所支付的现金。

一般来说,经营活动是企业最主要的业务活动,也是影响企业现金流量的最重要因素。企业经营活动产生的现金流量是评价企业获取现金能力的一个重要指标,它可以说明企业经营活动对现金流量净额的影响程度,从本质上体现了企业自我创造现金的能力，是分析、评价企业偿债能力、支付能力以及对外部资金依赖程度的重要依据。

(二) 投资活动产生的现金流量

投资活动是指企业长期资产的购建和不包括现金等价物范围的投资及其处置。这里，投资活动与通常所说的投资活动范围不同，后者一般是指企业对外投资及处置的相关内容，而在现金流量表中的投资活动，还包括企业长期资产的购建与处置。长期资产是指固定资产、无形资产、在建工程、其他资产等持有期限在1年或超过1年的一个营业周期以上的资产。投资活动的现金流入主要包括收回、处置对外投资、取得投资收益收到的现金，以及处置固定资产、无形资产和其他长期资产收到的现金；投资活动的现金流出主要包括购建固定资产、无形资产和其他长期资产以及权益性和债权性投资支出的现金等。

投资活动是企业重要的业务活动之一。企业对内、对外投资力度的强弱在一定程度上体现了企业获取未来收益和现金流量的能力。通过投资活动产生的现金流量信息，可以了解企业投资的规模和政策，了解企业为获得未来收益和现金流量而导致资源转出的程度，从而分析、评价企业通过投资活动获得现金的能力以及投资活动的现金流量对企业现金流量净额的影响程度。

(三) 筹资活动产生的现金流量

筹资活动是指导致企业资本及债务规模和构成发生变化的活动。筹资活动的现金流入主要包括吸收权益性投资、发行债券或借款等收到的现金；筹资活动的现金流出主要包括偿还债务支出的现金、分配股利、利润和偿还利息支出的现金等。

筹资活动的现金流量对支持企业持续经营活动的正常进行有着重要的影响。通过筹资活动产生的现金流量信息，可以了解企业筹资的规模和来源，从而分析、评价企业财务结构发生的变化和吸收、消化外部注入资金的能力以及筹资活动的现金流量对企业现金流量净额的影响程度。

对于企业日常活动之外的，不经常发生的特殊项目，如自然灾害损失、保险赔款、捐赠等项目所产生的现金流量，应根据其性质分别归并在相关类别中单独列项反映。例如，对于自然灾害损失和保险赔款，如果能够确认属于流动资产部分的，则应当列入经营活动产生的现金流量；确认属于固定资产部分的，则应当列入投资活动产生的现金流量；如果不能确认的，则列入经营活动产生的现金流量。再比如，捐赠收入与支出，可以列入经营活动产生的现金流量。如果特殊项目的现金流量金额较小，也可以在相关现金流量类别中列入"其他"项目。

四、现金流量表的结构

现金流量表一般由两大部分组成，一是现金流量表正表；二是现金流量表附注。

现金流量表的正表按照现金流量的分类构成，分别列示了企业在经营活动中产生的现金流量、在投资活动中产生的现金流量和在筹资活动中产生的现金流量。每一类活动产生的现金流量又分别揭示流入、流出总额,使会计信息更具有明晰性和条理性,使用起来更加便利。正表采用报告式结构,按照现金流量的性质,依次分为经营活动产生的现金流量、投资活动产生的现金流量和筹资活动产生的现金流量。对于汇率变动对现金及现金等价物的影响,作为调节项目单独列示。各类活动产生的现金流量净额加上或减去汇率变动对现金及现金等价物的影响额,即得出当期现金及现金等价物的净增加额。

现金流量表附注包括将净利润调节为经营活动现金流量净额、不涉及现金收支的重大投资和筹资活动、现金及现金等价物净变动情况等项目。

一般企业的现金流量表正表及现金流量表附注的格式分别见表4-1和表4-2。

表 4-1　现金流量表　　　　　　　　　　　　　　　　会企03表

编制单位：　　　　　　　　　　年度　　　　　　　　　　　　　单位：元

项目	本期金额	上期金额
一、经营活动产生的现金流量		
销售商品、提供劳务收到的现金		
收到的税费返还		
收到其他与经营活动有关的现金		
经营活动现金流入小计		
购买商品、接受劳务支付的现金		
支付给职工以及为职工支付的现金		
支付的各项税费		
支付其他与经营活动有关的现金		
经营活动现金流出小计		
经营活动产生的现金流量净额		
二、投资活动产生的现金流量		
收回投资收到的现金		
取得投资收益收到的现金		
处置固定资产、无形资产和其他长期资产收回的现金净额		
处置子公司及其他营业单位收到的现金净额		
收到其他与投资活动有关的现金		
投资活动现金流入小计		
购建固定资产、无形资产和其他长期资产支付的现金		
投资支付的现金		
取得子公司及其他营业单位支付的现金净额		
支付其他与投资活动有关的现金		
投资活动现金流出小计		
投资活动产生的现金流量净额		
三、筹资活动产生的现金流量		
吸收投资收到的现金		
取得借款收到的现金		
收到其他与筹资活动有关的现金		
筹资活动现金流入小计		
偿还债务支付的现金		
分配股利、利润或偿付利息支付的现金		
支付其他与筹资活动有关的现金		

续表4-1

筹资活动现金流出小计	
筹资活动产生的现金流量净额	
四、汇率变动对现金及现金等价物的影响	
五、现金及现金等价物净增加额	
加：期初现金及现金等价物余额	
六、期末现金及现金等价物余额	

表4-2　现金流量表附注

年度　　　　　　　　　　　　　　　　　　　　　　　单位：元

补充资料	本期金额	上期金额
1.将净利润调节为经营活动现金流量		
净利润		
加：资产减值准备		
固定资产折旧、油气资产折耗、生产性生物资产折旧		
无形资产摊销		
长期待摊费用摊销		
处置固定资产、无形资产和其他长期资产的损失(收益以"-"号填列)		
固定资产报废损失(收益以"-"号填列)		
公允价值变动损失(收益以"-"号填列)		
财务费用(收益以"-"号填列)		
投资损失(收益以"-"号填列)		
递延所得税资产减少(增加以"-"号填列)		
递延所得税负债增加(减少以"-"号填列)		
存货的减少(增加以"-"号填列)		
经营性应收项目的减少(增加以"-"号填列)		
经营性应付项目的增加(减少以"-"号填列)		
其他		
经营活动产生的现金流量净额		
2.不涉及现金收支的重大投资和筹资活动		
债务转为资本		
1年内到期的可转换公司债券		
融资租入固定资产		
3.现金及现金等价物净变动情况		
现金的期末余额		
减：现金的期初余额		
加：现金等价物的期末余额		
减：现金等价物的期初余额		
现金及现金等价物净增加额		

第二节 现金流量表的编制方法

一、现金流量表的报告方法

有关现金流量表的报告方法包括直接法和间接法两种。

直接法是根据各类业务活动产生的现金流入和流出具体项目类别，分别列示现金流量的一种方法。直接法详细描述企业现金流入的来源和现金流出的去向，直观地展示企业现金流量的具体项目，有利于财务报表使用者评价企业获取现金能力、支付能力、偿债能力以及判断企业未来现金流量的信息。直接法主要使用于现金流量表正表。

间接法是以净利润为起算点，调整不涉及现金的收入、费用、营业外收入和支出等有关项目，剔除投资活动、筹资活动对现金流量的影响，计算出经营活动产生的现金流量净额。间接法便于将净利润与经营活动产生的现金流量净额进行比较，便于了解净利润与经营活动产生的现金流量差异的原因，从现金流量的角度分析净利润的质量。现金流量表准则要求在附注中，用间接法报告以净利润为基础调节计算的经营活动现金流量净额的信息。

二、现金流量表的编制方法之一：分析填列法

由于会计的确认、计量、记录是以权责发生制为核算基础，形成的会计账簿和资产负债表、利润表资料也都是以此为基础，而现金流量表需要反映企业报告期实际的现金流入量和现金流出量，遵循的是收付实现制原则，因此，现金流量表的编制工作较为复杂。目前，一般会计教材介绍比较多的方法有分析填列法、工作底稿法和T型账户法。

所谓分析填列法就是对现金流量表的各类现金流量的具体项目，依据利润表和资产负债表的数据，结合相关的账户记录展开分析，计算各种具体项目，最终填列编制完成现金流量表。

（一）经营活动产生的现金流量各项目的计算与填列

1."销售商品、提供劳务收到的现金"项目

本项目反映企业销售商品、提供劳务实际收到的现金，包括销售收入和应向买方收取的增值税销项税额，具体包括：本期销售商品、提供劳务收到的现金，前期销售商品、提供劳务本期收到的现金和本期预收的现金。企业销售材料和代购代销业务收到的现金，也在本项目反映。销售退回支付的现金则可作本项目的减项。

在计算本项目时，应根据利润表中的"营业收入"，资产负债表中的"应收票据""预收账款"等项目分析、计算。由于报表项目是在本期账簿记录的基础上汇总、整理得出的数据，因此，计算时还需充分考虑有关账户的记录。

（1）本项目依据报表项目和有关账户记录资料计算公式。

销售商品、提供劳务收到的现金（含销项税额）＝营业收入＋应收账款项目（期初余额－期末余额）＋应收票据项目（期初余额－期末余额）＋预收账款项目（期末余额－期初余额）－债务人以非现金资产抵债减少的应收账款和应收票据－本期计提坏账准备导致的应收账款项目减少数＋应交增值税（销项税额）的发生额

在公式中，营业收入包括主营业务收入、其他业务收入，是企业销售商品、提供劳务活动收到现金的主要渠道；应收款项的增加，意味着当期营业收入中有一部分未收现，应该扣除，如果应收款项减少，则意味着本期收回前期的款项，是现金流入，要加上；预收款项的增加，表明在本期营业收入之外，企业预收了货款，应该加入，如果预收款项减少，则表明前期预收款项转作本期营业收入，但本期却没有现金流入，故应该减去；债务人以非现金资产抵债减少的应收账款和应收票据，没有现金流入，故应该调整出去；因为报表中"应收账款"项目是扣除坏账准备后的金额，本期计提坏账准备导致的"应收账款"项目减少数，但却没有相应的现金流入，也应该调整扣除，如果是冲销坏账准备则应作相反调整。本项处理其实是对"应收账款"项目的调整。

【例4-1】企业当期的主营业务收入2 000 000元，增值税销项税税额320 000元，其中现金收入（含税）为1 160 000元，其余为应收账款。本期"应收账款"账户的期初余额为200 000元，期末余额为1 200 000元；"应收票据"账户的期初余额为500 000元，期末余额为100 000元。本期收回应收账款为100 000元，收回应收票据金额为400 000元。当期确认坏账损失60 000元，收回上期已核销的坏账50 000元。假设该企业坏账计提比例为10%，本期计提坏账准备110 000元。试计算当期"销售商品、提供劳务收到的现金"。

依据题意，

"应收账款"项目期初余额＝200 000－200 000×10%＝180 000（元）

"应收账款"项目期末余额＝1 200 000－1 200 000×10%＝1 080 000（元）

销售商品、提供劳务收到的现金＝2 000 000＋(180 000－1 080 000)＋(500 000－100 000)－110 000＋320 000＝1 710 000（元）

其中，本期计提的坏账准备110 000＝(120 000－20 000＋60 000－50 000)元，包含了本期发生的坏账和前期发生的坏账本期收回的影响，故不需另行调整。如果本期期末数冲销坏账准备金，则作反方向调整。

本项目现金流量的计算要注意"应收账款"项目与"应收账款"账户的区别。上述例题，如果用"应收账款"账户余额计算，则公式可调整为：

销售商品、提供劳务收到的现金（含销项税额）＝营业收入＋应收账款（期初余额－期末余额）＋应收票据（期初余额－期末余额）＋预收账款（期末余额－期初余额）－债务人非现金资产抵债减少的应收账款和应收票据－核销坏账减少的应收账款＋本期收回前期已核销的坏账＋应交增值税（销项税额）的发生额

接【例4-1】：

销售商品、提供劳务收到的现金＝2 000 000＋（200 000－1 200 000）＋（500 000－100 000）－60 000＋50 000＋320 000＝1 710 000（元）

由于该公式运用的是"应收账款"账户余额,不受"坏账准备"金额的影响,故不需调整本期计提坏账准备的数额。两种方法计算结果一致。

本项目计算也可以直接根据有关账户进行分析计算填列。

(2)本项目直接依据有关账户记录资料计算公式。

销售商品、提供劳务收到的现金＝当期销售商品或提供劳务收到的现金收入(含税)＋当期收到前期的应收账款＋当期收到前期的应收票据＋当期的预收账款－当期因销售退回而支付的现金＋当期收回前期核销的坏账损失

接【例4-1】:

销售商品、提供劳务收到的现金＝1 160 000+100 000+400 000+50 000＝1 710 000(元)

本方法排除报表计算因素的影响,直接根据有关账户记录进行分析填列,在企业业务不多的情况下,比较简单,但如果企业业务繁多,按账户查找、分析则相当困难。

2."收到的税费返还"项目

本项目反映企业收到返还的各种税费,包括所得税、增值税、消费税、关税和教育费附加等。本项目可以根据"库存现金""银行存款""税金及附加""营业外收入"等账户记录分析填列。

3."收到其他与经营活动有关的现金"项目

本项目反映企业除了上述各项目外,收到的其他与经营活动有关的现金,如经营租赁固定资产收到的现金、流动资产损失中个人赔款的现金收入、罚款收入、除税费返还外的其他政府补助收入等。其他与经营活动有关的现金收入,如果金额较大,应单独列项反映。本项目可以根据"库存现金""银行存款""其他业务收入""管理费用""营业外收入"等账户记录分析填列。

4."购买商品、接受劳务支付的现金"项目

本项目反映企业购买材料、商品、接受劳务实际支付的现金,包括支付的货款以及与货款一并支付的增值税进项税额,具体包括:本期购买商品、接受劳务支付的现金、本期支付前期购买商品、接受劳务的未付款项和本期预付款项,本期发生的购货退货收到的现金应在本项目中扣除。

本项目计算时,应根据利润表中的"营业成本",资产负债表中的"存货""应付票据""应付账款""预付账款""应交税费"等项目分析计算。当然,计算时还需充分考虑有关账户的记录。

本项目依据报表项目和有关账户记录资料计算公式:

购买商品、接受劳务支付的现金(含进项税额)＝营业成本+存货(期末余额－期初余额)+应付票据(期初余额－期末余额)+应付账款(期初余额－期末余额)+预付账款(期末余额－期初余额)+应交增值税(进项税额)的发生额－抵债等增加的存货－非现金、非存货抵债减少的应付账款、应付票据+未计入营业成本减少的存货营业成本、存货中非付现费用(包括人工费)等等

在公式中，营业成本表明本期购货销售出去的部分，存货的增加表明本期购货未销售的部分，两者合计为本期购货总额，如果期末存货减少，则表明本期营业成本中有一部分是上期购入的，本期未付现，应扣除；应付款项增加则表明本期购货有一部分未付现，应该扣除，应付款项如果是减少，则表明本期偿付了上期的货款，应该加入；预付账款本期增加，说明本期预付了款项，未收到存货，或未接受劳务供应，应该加入，如果预付账款本期减少，则说明预付账款转作本期购货，但本期未付现，应该扣除。在实际工作中，存货的增减变化较为复杂，尤其是制造业。一般说来，企业购入的存货应该包括在"营业成本"和"存货"项目中，但存在例外。例如，被企业管理部门耗用的存货反映在"管理费用"账户内，被工程耗用的生产用材料反映在"在建工程"账户内。此外，存货的增加，可能没有现金流量或者有现金流量却不属于本项目的现金流量。例如，车间计提固定资产折旧增加存货价值，但没有现金流量；生产工人和车间管理人员的工资薪酬计入存货，有现金流量，但不属于本项目，均应予以扣除。

【例4-2】某制造业期初存货余额为300 000元，期末余额为450 000元，本期制造成本中人工费为100 000元，折旧为50 000元，"应付账款"期初余额为60 000元，期末余额为80 000元，"应付票据"期初余额为50 000元，期末余额为30 000元，"预付账款"期初为30 000元，期末为10 000元，工程领用生产用材料20 000元，本期进项税额为54 400元，本期主营业务成本为400 000元。试计算"购买商品，接受劳务供应支付的现金"。

购买商品、接受劳务支付的现金（含进项税额）＝400 000＋(450 000－300 000)－100 000－50 000＋(60 000－80 000)＋(50 000－30 000)＋(10 000－30 000)＋20 000＋54 400＝454 400（元）

在上例中，营业成本、存货增加、工程领用生产用材料是说明本期外购存货的去向，人工费无论是否付现都与本项目的现金流量无关，折旧费计入制造费用进而增加存货成本，却因没有现金流量，应当扣除。当然，如果企业当期存在非外购的存货，如债务人用存货抵偿债务、企业收到投资人用存货进行的投资，则应从"存货"项目中扣除。

需要注意的是，如果企业在报告期计提了存货跌价准备，在运用"存货"项目计算时，应扣除计提存货跌价准备的金额，因为计提跌价准备，会减少期末存货项目的金额数，但企业购买存货支付的现金流量并没有因此减少。

【例4-3】企业期初存货10 000元，存货跌价准备余额2 000元；期末存货20 000元，假设报告期分别补提（或冲销）1 000元存货跌价，其他情况略。试分析"存货"项目对"购买商品、接受劳务支付现金"项目现金流量的影响。

（1）报告期补提存货跌价准备。

依据题意，期初、期末资产负债表"存货"项目分别为：（10 000－2 000)＝8 000和（20 000－3 000)＝17 000。

存货项目对"购买商品、接受劳务支付现金"项目现金流量的影响：

＝17 000－8 000＋1 000＝10 000（元）

当期补提跌价准备，减少存货期末余额，但不应减少现金流量，应该加回。

(2) 报告期冲销存货跌价准备。

依据题意,期初、期末资产负债表"存货"项目分别为:8 000元和19 000元(20 000－1 000)。

存货项目对"购买商品、接受劳务支付现金"项目现金流量的影响:

$= 19\,000 - 8\,000 - 1\,000 = 10\,000$(元)

当期冲销跌价准备,增加期末存货余额,但当期现金流量并没有增加,应当扣除。

5."支付给职工以及为职工支付的现金"项目

本项目反映企业本期支付给职工,以及为职工支付的现金,包括企业为获得职工提供的服务,本期实际给予各种形式的报酬以及其他相关支出,如本期支付的工资、奖金、各种津贴和补贴等以及为职工支付的其他费用。用现金支付的应由在建工程和无形资产负担的职工薪酬,属于投资活动的现金流量,应从本项目中扣除,在"购建固定资产、无形资产和其他长期资产支付的现金"项目中反映。

企业为职工支付的医疗、养老、失业、工伤、生育等社会保险基金、住房公积金、补充养老保险,企业因解除与职工劳动关系给予的补偿,现金结算的股份支付等,应根据职工的工作性质和服务对象,分别记入"支付给职工以及为职工支付的现金"和"购建固定资产、无形资产和其他长期资产支付的现金"项目。

本项目可以根据"库存现金""银行存款""应付职工薪酬"等账户记录分析填列。

【例4-4】某企业本期发生的应付职工薪酬480 000元,"应付职工薪酬"账户的期初余额为60 000元,期末余额为100 000元。假设在企业的应付职工薪酬中,无应由"在建工程"和"无形资产"等项目负担的部分。试计算"支付给职工以及为职工支付的现金"。

支付给职工以及为职工支付的现金$= 480\,000 + (60\,000 - 100\,000) = 440\,000$(元)

其中,期末"应付职工薪酬"账户的增加表明本期有一部分工资项目未付现。

6."支付的各项税费"项目

本项目反映企业本期应缴纳的各项税费,包括本期发生并缴纳,以及本期支付以前各期发生的税费和预交的各项税费。上述各项税费包括所得税、增值税、消费税、印花税、房产税、车船使用税、土地增值税、教育费附加和矿产资源税等,不包括本期退回的增值税、所得税。

本项目可以根据"应交税费""库存现金""银行存款"及"税金及附加"等账户分析填列。

【例4-5】某企业在本期的"应交税费"账户中"销项税额"的贷方发生额为210 000元,"进项税额"的借方发生额为170 000元,"已交税额"的借方发生额为40 000元,"应交所得税"的借方发生额为200 000元,"应交城市建设维护税"的借方发生额为30 000元,"教育费附加"的借方发生额为8 000元,其他项目略。试计算"支付的各项税费"。

支付的各项税费＝40 000+200 000+30 000+8 000=278 000（元）

7. "支付其他与经营活动有关的现金"项目

本项目反映企业除上述各项目外，支付的其他与经营活动有关的现金，如经营租赁支付的现金、支付厂部办公费、差旅费、业务招待费、保险费、广告费、罚款支出等。金额较大的项目应当单独列示。本项目可以根据"管理费用""销售费用""营业外支出""库存现金"和"银行存款"等账户分析填列。

（二）投资活动产生的现金流量各项目的计算与填列

1. "收回投资收到的现金"项目

本项目反映企业出售、转让或到期收回除现金等价物以外的交易性金融资产、债权投资、其他债权投资、其他权益工具投资、长期股权投资、投资性房地产等投资收回的现金，但不包括债权投资收到的利息，以及处置子公司及其他营业单位收到的现金净额。收到债权投资的利息在"取得投资收益收到的现金"项目中反映。对于处置子公司及其他营业单位收到的现金净额应单独设置项目反映。

本项目可以根据"交易性金融资产""债权投资""其他债权投资""其他权益工具投资""长期股权投资""投资性房地产"及"库存现金"和"银行存款"等账户分析填列。

【例4-6】 甲公司将持有的M公司股份出售，甲公司对该投资项目采用权益法核算，收到转让价款350 000元。在转让日，该项长期股权投资的账面余额为320 000元，其中，成本260 000元，损益调整（借方）60 000元。另外，本期甲公司的一项债权性投资到期，共收回现金520 000元，本金500 000元，最后一期的利息为20 000元。试计算"收回投资收到的现金"。

收回投资收到的现金＝350 000+500 000＝850 000（元）

2. "取得投资收益收到的现金"项目

本项目反映企业因股权性投资而分得的现金股利，以及因债权性投资而取得的现金利息收入。本项目提及的投资收益主要是强调在持有期间所获得的投资收益，同时必须有现金流入量。本项目可以根据"应收股利""应收利息""投资收益"和"银行存款"等账户分析填列。

3. "处置固定资产、无形资产和其他长期资产收回的现金净额"项目

本项目反映企业处置固定资产、无形资产和其他长期资产所取得的现金，扣除为处置这些资产而发生的现金支出后的净额。由于自然灾害等原因所造成的固定资产等长期资产报废、毁损而收到的保险赔款收入也在本项目中反映。如果处置固定资产、无形资产和其他长期资产所收回的现金净额为负数，则应在"支付其他与投资活动有关的现金"项目中反映。

本项目可以根据"固定资产清理""无形资产""库存现金"和"银行存款"等账户分析填列。

【例4-7】 某企业将一台不需用的设备出售，该设备原价100 000元，已提折旧60 000

元,未计提减值准备。出售得款56 000元,发生的拆卸费用为2 500元,有关款项均通过银行办理结算。试计算"处置固定资产、无形资产和其他长期资产收回的现金净额"。

处置固定资产、无形资产和其他长期资产收回的现金净额＝56 000－2 500＝53 500(元)

4."处置子公司及其他营业单位收到的现金净额"项目

本项目反映企业处置子公司及其他营业单位所取得的现金减去相关处置费用,以及子公司及其他营业单位持有的现金和现金等价物后的净额。本项目可以根据"长期股权投资""库存现金"和"银行存款"等账户分析填列。

5."收到其他与投资活动有关的现金"项目

本项目反映企业除上述各项目外,收到的其他与投资活动有关的现金。如果其他与投资活动有关的现金金额较大,应该单独列项反映。

6."购建固定资产、无形资产和其他长期资产所支付的现金"项目

本项目反映企业购买、建造固定资产、取得无形资产和其他长期资产所支付的现金,包括购买机器设备所支付的现金,在建工程支付的现金,支付在建工程和无形资产项目发生的职工薪酬,但不包括为购建固定资产、无形资产和其他长期资产而发生的借款利息资本化部分,以及融资租入固定资产所支付的租赁费。支付借款利息费用属于筹资活动的现金流量,在"分配股利、利润或偿付利息支付的现金"项目反映,支付的融资租赁费在"支付其他与筹资活动有关的现金"项目反映。另外,关于企业购买固定资产支付的可以抵扣的增值税是否计入本项目,理论界还有不同的看法。本书认为无论"增值税"是否允许抵扣,都是伴随企业购买固定资产这一活动而发生的,与企业的投资活动有着必然的关联,列入本项目能够更好地反映企业投资活动现金流量的规模。因此,本书认为购买固定资产发生的增值税支出,应计入本项目的现金流量。

本项目可以根据"固定资产""应交税费""无形资产""在建工程""工程物资"和"银行存款"等账户分析填列。

7."投资支付的现金"项目

本项目反映企业进行权益性投资和债权性投资所支付的现金,包括企业取得的除现金等价物以外的交易性金融资产、债权投资、其他债权投资、其他权益工具投资、长期股权投资、投资性房地产而支付的现金,以及支付的佣金、手续费等交易费用。在企业购买债券的价款中含有债券利息的,以及溢价或折价购入的,均按实际支付的金额反映。

企业购买股票和债券时,在实际支付的价款中包含的已宣告但尚未领取的现金股利或已到付息期但尚未领取的债券利息,应该在"支付其他与投资活动有关的现金"项目中反映;收回购买股票或债券时支付的已宣告但尚未领取的现金股利或已到付息期但尚未领取的债券利息,应该在"收到其他与投资活动有关的现金"项目中反映。

本项目可以根据"交易性金融资产""债权投资""其他债权投资""其他权益工具投资""投资性房地产""长期股权投资""库存现金"和"银行存款"等账户分析填列。

8. "取得子公司及其他营业单位支付的现金净额"项目

本项目反映企业取得子公司及其他营业单位购买出价中以现金支付的部分,减去子公司或其他营业单位持有的现金和现金等价物后的净额。本项目可以根据"长期股权投资""库存现金"和"银行存款"等账户分析填列。

9. "支付其他与投资活动有关的现金"项目

本项目反映企业除上述各项目外,支付的其他与投资活动有关的现金。例如企业购买股票和债券时,在实际支付的价款中包含的已宣告但尚未领取的现金股利或已到付息期但尚未领取的债券利息,应该在本项目中反映。如果其他与投资活动有关的现金金额较大,应该单独列项反映。

(三) 筹资活动产生的现金流量各项目的计算与填列

1. "吸收投资收到的现金"项目

本项目反映企业收到投资人投入的现金,包括以发行股票或发行债券等方式筹集资金实际收到的款项,即发行收入减去发行时直接支付的佣金等发行费用后的净额。以发行股票、债券等方式筹集资金,而由企业另行支付的审计、咨询等费用不在本项目中反映,在"支付其他与筹资活动有关的现金"项目中反映。

本项目可以根据"实收资本(股本)""其他权益工具""资本公积""应付债券""库存现金"和"银行存款"等账户分析填列。

【例4-8】某公司经批准对外公开发行股票1 000 000股,每股面值1元,发行价格2.5元/股,代理发行的证券公司按发行收入的1%扣除佣金等费用。另外,该公司在发行股票之前支付的咨询、审计费用20 000元。试计算"吸收投资收到的现金"。

吸收投资收到的现金=1 000 000×2.5×(1-1%)=2 475 000(元)

咨询、审计费用20 000元在"支付其他与投资活动有关的现金"项目反映。

2. "取得借款收到的现金"项目

本项目反映企业举借各种短期、长期借款所收到的现金。本项目可以根据"短期借款""长期借款"和"银行存款"等账户分析填列。

3. "收到其他与筹资活动有关的现金"项目

本项目反映企业除上述各项目外,收到的其他与筹资活动有关的现金。如果其他与筹资活动有关的现金金额比较大,也可以单独列示。

4. "偿还债务支付的现金"项目

本项目反映企业偿还债务本金支付的现金,包括偿还金融企业的借款本金和偿还的债券本金等。企业偿还的借款利息、债券利息,在"分配股利、利润或偿付利息所支付的现金"项目反映。本项目可以根据"短期借款""长期借款""应付债券"和"银行存款"等账户分析填列。

5. "分配股利、利润或偿付利息支付的现金"项目

本项目反映企业实际支付的现金股利、支付给其他投资单位的利润以及支付的借

款利息、债券利息。不同用途的借款,其利息的列支渠道不同,如在建工程、财务费用等,但计算现金流量时均在本项目中反映。本项目可以根据"应付股利""应付利润""长期借款""利润分配""财务费用""在建工程""研发支出""库存现金"和"银行存款"等账户分析填列。

6."支付其他与筹资活动有关的现金"项目

本项目反映企业除上述各项目外,支付的其他与筹资活动有关的现金,如企业发行股票、债券等方式筹集资金而由企业直接支付的审计、咨询费用等,融资租赁所支付的现金、以分期付款方式购建固定资产以后各期支付的现金等。如果其他与筹资活动有关的现金金额比较大,也可以单独列示。

(四)"汇率变动对现金及现金等价物的影响"项目的列报

"汇率变动对现金及现金等价物的影响"项目反映企业的外币现金流量及境外子公司的现金流量折算为记账本位币时,按现金流量发生日的即期汇率或按照系统合理的方法确定的、与现金流量发生日即期汇率近似的汇率折算的记账本位币金额,与"现金及现金等价物净增加额"中外币现金净增加额按期末(资产负债表日)汇率折算的记账本位币金额之间的差额。

汇率变动对现金的影响额应当作调节项目,在现金流量表中单独列报。

三、现金流量表编制方法之二:工作底稿法

(一)工作底稿法的含义

所谓工作底稿法,是指在编制现金流量表时,以工作底稿为手段,以资产负债表和利润表数据为基础,根据现金流量表各类现金流量项目逐项展开分析,并结合有关原始经济业务编制调整分录,从而计算得出现金流量表的每一项目金额,最终完成现金流量表编制的一种方法。

(二)工作底稿法的原理

工作底稿法的核心内容是以资产负债表和利润表的数据为基础,通过编制调整分录最终计算现金流量表的各项目。企业报告期的现金流入量和现金流出量最终都要反映在资产负债表中,但现金流量具体产生的原因多反映在利润表中,而且利润表和资产负债表是依据权责发生制计算的结果,所以需要编制调整分录,以还原各类在收付实现制下的现金流量。现根据现金流量表中的几个主要项目的计算过程,来说明工作底稿法的原理。

1.销售商品、提供劳务收到的现金

本项目是反映企业因为销售商品、提供劳务活动收到的现金,而反映这一类活动总量可以在利润表中的"营业收入"项目中得到数据。因此,我们可以编制基本调整分录:

借：经营活动产生的现金流量——销售商品、提供劳务收到的现金
　　贷：营业收入

基本调整分录是将原来企业报告期发生的各项涉及现金的交易或事项按照现金流量表中各类现金流量项目进行调整,凡是原业务涉及"库存现金"或"银行存款"的,均按照现金流量表各项目进行调整。然后,再结合其他业务活动进行分析、调整。例如,按照准则要求,该类现金流量包括销售活动代收的销项税额(本期发生额),则该笔调整分录可改为：

借：经营活动产生的现金流量——销售商品、提供劳务收到的现金
　　贷：营业收入
　　　　应交税费——应交增值税(销项税额)

当然,如果报告期的"应收票据""应收账款"等项目增加(可根据资产负债表的有关数据计算),则表明,报告期的营业收入有赊销部分,即没有现金流入,则应调整出去。其调整分录为：

借：应收票据、应收账款
　　贷：经营活动产生的现金流量——销售商品、提供劳务收到的现金

如果期末资产负债表中"应收账款""应收票据"为减少额,则表明企业在报告期收回了上期的应收货款,而这部分货款没有在本期的"营业收入"中反映,需要调整反映,调整分录为：

借：经营活动产生的现金流量——销售商品、提供劳务收到的现金
　　贷：应收票据、应收账款

以上调整分录可以在一起编制调整分录,即：

借：经营活动产生的现金流量——销售商品、提供劳务收到的现金
　　　应收票据、应收账款(或贷方)
　　贷：营业收入
　　　　应交税费——应交增值税(销项税额)

2.购买商品、接受劳务支付的现金

本项目反映企业在报告期购买商品、接受劳务支出的现金。企业购买的商品如果当期销售出去反映在利润表的"营业成本"项目中,没有销售的商品则形成期末库存,反映在资产负债表期末的"存货"项目中,编制的基本调整分录为：

借：营业成本
　　　存货
　　贷：经营活动产生的现金流量——购买商品、接受劳务支付的现金

考虑本项目现金流量同样包括支付的进项增值税,借方可以增加"应交税费——应交增值税(进项税额)"的本期发生额。当然,如果本期购买的存货没有付现,会导致资产负债表中的"应付账款"或"应付票据"余额增加,应该编制调整分录：

借：经营活动产生的现金流量——购买商品、提供劳务支付的现金
　　贷：应付票据、应付账款

如果,在期末资产负债表中"应付票据""应付账款"的期末余额为减少数,则说明本期偿还了上期购货未付款,是本期的现金流出,应补充调整。调整分录为:

借:应付票据、应付账款
　　贷:经营活动产生的现金流量——购买商品、提供劳务支付的现金

合并调整分录可以写成:

借:营业成本
　　存货
借:应交税费——应交增值税(进项税额)
　　贷:经营活动产生的现金流量——购买商品、接受劳务支付的现金
　　　　应付票据、应付账款(或借方)

对于制造业企业,存货增加的原因较复杂,如,计入存货的生产车间工人及车间管理人员的工资费用,无论是否付现,都计入当期的存货中去了,导致存货增加,但人工费不属于本项目的现金流量,因此,需要在分析资产负债表"应付职工薪酬"项目时编制调整分录:

借:经营活动产生的现金流量——购买商品、接受劳务支付的现金(人工费增加的存货)
　　贷:应付职工薪酬
借:应付职工薪酬
　　贷:经营活动产生的现金流量——支付给职工以及为职工支付的现金

之所以要将"应付职工薪酬"账户编制借、贷两个方向,是因为当期工资结算、发放后,该账户没有余额,通过借、贷方调整可以反映企业原本的业务过程,使得调整分录更加清晰。至于未付现导致存货增加的折旧费等项目,同样需要在分析有关项目时进行调整,在此不一一描述。

3.支付其他与经营活动有关的现金

本项目是现金流量各项目中比较繁杂的一项,它包括支付其他与经营活动有关的现金,如经营租赁支付的现金、支付厂部办公费、差旅费、业务招待费、保险费、广告费、罚款支出等。这些支出的发生大多都记入"管理费用"和"销售费用"等账户,因此,可以根据利润表中的管理费用和销售费用项目编制基本调整分录。

借:管理费用、销售费用
　　贷:经营活动产生的现金流量——支付其他与经营活动有关的现金

利润表中的"管理费用"和"销售费用"项目有未付现的部分,如计入管理费用和销售费用的折旧费,就必须再调整。

借:经营活动产生的现金流量——支付其他与经营活动有关的现金
　　贷:累计折旧

同样,管理费用、销售费用存在管理人员和专设销售机构人员的工资费用,不属于本项目,属于"支付给职工以及为职工支付的现金"项目,所以,应该继续调整。

借：经营活动产生的现金流量——支付其他与经营活动有关的现金
　　贷：应付职工薪酬
借：应付职工薪酬
　　贷：经营活动产生的现金流量——支付给职工以及为职工支付的现金

这两笔分录，一笔是冲减"支付其他与经营活动有关的现金"，一笔是增加"支付给职工以及为职工支付的现金"。

其余涉及本项目的现金收支调整项目，可以结合利润表、资产负债表有关项目的变化和相应的账户记录进行调整，不再一一列举。将调整分录中本项目借、贷方记录汇总，最终计算本项目实际的现金流量。

各项目有关调整分录的编制方法，将在本章第三节结合案例作详细介绍。

（三）工作底稿法的步骤

工作底稿法需要将报告期的利润表、资产负债表数据，以及报告期有关账户记录综合展开分析，其编制难度是相当大的，调整分录的编制往往存有遗漏，因此，必须注意方法步骤。工作底稿法编制现金流量表一般分以下五个步骤：

第一步，开设工作底稿，将利润表及资产负债表的数据过到工作底稿中。

第二步，以利润表数据中"营业收入"为开头，以现金流量表各项目为核心，根据资产负债表有关项目的期初、期末余额变化以及有关账户记录，编制调整分录。注意，调整分录只是为编制现金流量表服务，与报告期账簿记录无关。

第三步，将所有调整分录记录的各项内容，过到工作底稿中相对应的项目中。

第四步，核对工作底稿中各调整分录的内容并进行计算，其结果应当与利润表的发生额和资产负债表项目的期末余额相一致。

第五步，对工作底稿中有关现金流量各项目进行计算，将结果过入正式的现金流量表中。

工作底稿格式见本章表4-4。

四、现金流量表附注的填列方法

无论是采用分析填列法还是工作底稿法，或其他方法编制现金流量表，其附注部分，都需要另行分析、计算填列。

现金流量表附注共分为三个部分：第一部分是"将净利润调节为经营活动的现金流量"；第二部分是"不涉及现金收支的重大投资和筹资活动"；第三部分是"现金及现金等价物净变动情况"等项目。按照现金流量表准则规定，企业应当采用间接法在现金流量表附注中披露将净利润调节为经营活动现金流量信息。

（一）将净利润调节为经营活动现金流量

将净利润调节为经营活动现金流量，即采用间接法披露经营活动的现金流量信息，是经营活动现金流量的另一种报告方式。

第四章 现金流量表的编制

1. 间接法的基本原理

间接法是以利润表中的"净利润"为起算点,调整不涉及经营活动的净利润项目、不涉及现金的净利润项目、与经营活动有关的非现金流动资产的变动、与经营活动有关的流动负债的变动等,计算出经营活动现金流量的净额。因此,间接法就是将在权责发生制基础上计算确定的净利润转换为以现金制(收付实现制)为基础,剔除投资、筹资活动的影响,计算得出经营活动产生的现金流量净额。采用间接法时,需要调整的项目可以归纳为以下四个方面:

(1)未发生现金流量的经营活动收入、费用项目。

经营活动发生的收入和费用,依据权责发生制的原则,均已计入当期的净利润,但是,这些收入和费用有些却是没有现金流入和现金支出的。这些未形成现金流量的项目应当予以调整,前者应当从净利润中扣除,后者则应当加回。收入主要表现在"应收账款"等账户中,费用主要是计提的资产减值准备、计提的固定资产折旧和无形资产、长期待摊费用摊销等项目中。

(2)涉及投资、筹资活动的净利润项目。

净利润包括了投资活动和筹资活动产生的损益,这些项目不论是否收到或支出现金都与经营活动产生的现金流量无关,应当予以调整。投资或筹资活动产生的收益应当扣除,产生的费用或损失应当加回。这些项目包括:处置固定资产、无形资产和其他长期资产形成的净收益或净损失、投资收益或损失、财务费用中属于投资或筹资活动的部分、计入当期损益的金融资产、金融负债的公允价值变动损益等。

(3)与经营活动有关的非现金流动资产变动项目。

企业在日常的经营活动中,有些非现金流动资产项目发生增减变动,在利润表上并没有反映。例如,购入存货未销售(期末存货的增加)、前期应收账项收回(应收款项的减少)等,前者会导致本期经营活动现金流出,后者会导致本期经营活动现金流入,但它们在利润表中均没有反映。因此,根据利润表的净利润来计算经营活动的现金流量净额时,应该分别作减项或加项,反之则正相反。例如,当期存货减少,意味着利润表中"营业成本"项目有一部分存货属于上期购入,本期没有现金流出;应收款项增加意味着本期"营业收入"中有一部分没有现金流入,但这些项目在计算当期净利润时却不加以区分,因此,在计算现金流量净额时应当加存货的减少,减应收款项的增加。

(4)与经营活动有关的流动负债变动项目。

与经营活动有关的流动负债项目主要是指经营性应付项目,包括应付票据、应付账款、预收账款、应付职工薪酬、应交税费、其他应付款等项目中与经营活动有关的部分。企业在日常经营活动中,同样会有些流动负债项目发生增减变化,在利润表中没有反映。例如,本期支付前期应付账款,期末应付账款减少,是现金流出,但利润表不会反映,所以应该作为现金流出量调整;期末应付账款增加,意味着本期购入存货未付现,但存货的增加已经作为现金流出量调整,因此,对于应付账款的增加应作增加调整。同理,其他应付款也应作同样的增减调整。需要注意的是,上述调整必须是与经营活动有关的应付款项。

间接法的调整内容和调整方向也可以用下列公式表示：

经营活动产生的现金流量净额＝净利润-没有现金流入的收益+没有现金支出的费用和损失-不涉及经营活动的收益+不涉及经营活动的费用和损失±与经营活动有关的非现金流动资产增减变动数±与经营活动有关的流动负债增减变动数

2.间接法下具体项目的填列

（1）"资产减值准备"项目：本项目指的是企业依据会计准则计提的各项准备金，是利润的减项，但是没有相应的现金流出，因此，作加回调整。本项目可以根据"资产减值损失""信用减值损失"账户分析填列。

（2）"固定资产折旧、油气资产折耗、生产性生物资产折旧"项目：本项目包括本期计提的固定资产折旧、油气资产折耗和生物性资产折旧等。以固定资产折旧为例，企业计提的折旧费，有的计入管理费用，有的计入制造费用。计入管理费用的部分在计算利润时作减项，没有现金流出，应该加回；计入制造费用的部分，也就是计入了存货。当期销售的部分，通过营业成本抵减了利润，没有销售的部分增加期末存货库存（存货增加作现金流出量调整），但都没有现金流出。因此，计提的折旧费无论是计入管理费用还是计入制造费用等，都应作加回调整。本项目可以根据"累计折旧""累计折耗""生产性生物资产折旧"等账户分析填列。

（3）"无形资产摊销""长期待摊费用摊销"项目：企业无形资产的摊销和长期待摊费用的摊销可以根据具体情况分别计入管理费用、制造费用等账户，是本期未付现的项目，应该作加回调整。理由可以比照固定资产折旧费的处理。本项目可以根据"累计摊销""长期待摊费用"等账户分析填列。

（4）"处置固定资产、无形资产和其他长期资产的损失"项目：本项目反映企业处置的固定资产、无形资产和其他长期资产的损益，该损益属于投资活动产生的损益，不属于经营活动产生的损益，但企业计算净利润时已将其包括在内，因此必须进行调整。如果是净收益，作调减处理；如果是净损失，作调增处理。本项目可以根据"资产处置收益""营业外收入"和"营业外支出"账户分析填列。

（5）"固定资产报废损失"项目：企业发生的固定资产报废损失属于投资活动产生的损失，不属于经营活动产生的损失。所以，在以净利润为起算点计算经营活动产生的现金流量时应该作加回调整，如果是净收益，应作调减处理。本项目可以根据"营业外收入"和"营业外支出"账户分析填列。

（6）"公允价值变动损失"项目：企业发生的公允价值变动损益，通常与企业投资活动有关，而且不影响企业当期的现金流量。因此，当期发生的公允价值变动收益应当作调减处理，当期发生的公允价值变动损失应当作调增处理。本项目可以根据"公允价值变动损益"账户分析填列。

（7）"财务费用"项目：企业发生的财务费用主要是利息费用，因利息支出属于筹资活动产生的现金流量，不属于经营活动产生的现金流量。所以，在以净利润为起算点计算经营活动产生的现金流量时应该作加回调整。当然，在财务费用中属于经营活动范畴的费用则不需调整。本项目可以根据"财务费用"账户分析填列。

(8)"投资损失"项目：企业发生的投资损益属于投资活动产生的损益，与经营活动产生的损益无关，所以，在以净利润为起算点计算经营活动产生的现金流量时应该作加回或扣除调整，是投资收益的应当调减，是投资损失的应当加回。本项目可以根据利润表中的"投资收益"项目分析填列。

(9)"递延所得税资产减少"项目：企业发生的递延所得税资产减少，增加本期所得税费用，减少当期净利润，但当期缴纳的所得税支出并没有因此而增加，因此必须作加回调整；递延所得税资产增加则作相反的调整。本项目可以根据"递延所得税资产"账户分析填列。

(10)"递延所得税负债增加"项目：企业发生的递延所得税负债增加，增加本期所得税费用，减少当期净利润，但当期缴纳的所得税支出并没有因此而增加，因此必须作加回调整；递延所得税负债增加则作相反的调整。本项目可以根据"递延所得税负债"账户分析填列。

(11)"存货的减少"项目：企业期末存货比期初存货减少，说明在本期耗用或出售的存货中有一部分是上期购入的存货，这部分存货本期并没有现金流出，但计算净利润时，通过"营业成本"已经作减项扣除，因此，在以净利润为起算点计算经营活动产生的现金流量时应该作加回调整。如果期末存货余额大于期初存货余额，说明本期购入的存货除了被耗用或出售外还有剩余，因此，增加的存货应理解为当期现金流出，作调减处理。至于存货增加未付现的部分，会在其他项目中予以调整。其他特殊原因增减的存货，如接受投资增加的存货，抵债收到的存货，在建工程领用的存货等等，需要——分析，并剔除这些因素的影响。具体的调整方法是，上述因素导致存货期末库存增加的要扣除，导致期末库存减少的要加回。本项目可以根据资产负债表中"存货"项目的期初、期末余额结合当期有关账户记录分析填列。

(12)"经营性应收项目的减少"项目：经营性应收项目包括应收票据、应收账款、预付账款、长期应收款和其他应收款中与经营活动有关的部分。经营性应收项目的减少，一般表明本期收回上期应收款项，是现金的流入量，而当期计算净利润时并没有计算在内，故在以净利润为起算点计算经营活动产生的现金流量时应该作增加调整；如果经营性应收项目增加，则说明在本期销售收入中存在赊销，没有现金流入，故应该作调减处理。本项目可以根据相关应收项目账户分析填列。

(13)"经营性应付项目的增加"项目：经营性应付项目包括应付票据、应付账款、预收账款、应付职工薪酬、应交税费、长期应付款和其他应付款中与经营活动有关的部分。经营性应付项目的增加，表明企业在进行相关的经营活动时，并没有相应的现金流出，例如赊购存货。因此，经营性应付项目的增加应当作现金未流出的调整，即作增加调整；如果经营性应付项目减少，则表明本期偿付了上一期的购货款，是现金的流出，而在计算本期利润时并没有反映，故应作现金流出的调整，即作调减处理。本项目可以根据相关的应付项目账户分析填列。

将净利润调节后计算的经营活动产生的现金流量净额，应当与现金流量表正表中"经营活动产生的现金流量净额"项目的数额相等。

(二) 不涉及现金收支的重大投资和筹资活动

不涉及现金收支的重大投资和筹资活动,反映企业在一定期间内影响资产或负债,但当期没有现金流量的重大投资和筹资项目的信息。这些投资或筹资活动,虽然在本期不产生现金流量,但对企业未来的现金流量有着重大的影响,故应该在现金流量表附注中披露。

现金流量表准则规定,企业应该在附注中披露的项目包括:债务转为资本;1年内到期的可转换公司债券;融资租入固定资产。上述项目可以根据"实收资本(股本)""应付债券""长期应付款"等账户分析填列。

(三) 现金及现金等价物净变动情况

现金及现金等价物净变动情况,可以通过现金和现金等价物期末、期初的差额进行反映,以检验用直接法编制的现金流量表正表中的现金流量净额计算是否正确。这部分内容可以根据资产负债表有关项目及相关账户记录内容分析填列。

第三节 现金流量表编制实例

一、资料

具体资料详见本书第二章第三节有关内容。

二、采用分析填列法编制现金流量表

(一) 经营活动产生的现金流量各项目

1. "销售商品、提供劳务收到的现金"项目

本项目根据"营业收入""应收票据""应收账款"和"预收款项"等报表项目及相关账户记录分析填列。

销售商品、提供劳务收到的现金 = 7 000 000(营业收入)+(120 000−74 000)(应收票据)+(234 000−451 350)(应收账款)−2 000(贴现息)+(334 000−34 000)(预收账款)−58 000(债务重组)−24 150(计提坏账)+(320 000+800 000)(销项税额)
= 7 000 000−217 350+46 000−2 000+300 000−58 000−24 150+1 120 000 = 8 164 500(元)

2. "收到的税费返还"项目

本项目根据"应交税费"和"营业外收入"账户分析填列。本案例没有发生此类现金流量。

3. "收到其他与经营活动有关的现金"项目

本项目根据"库存现金"和"银行存款"账户分析填列。本案例没有发生此类现金流量。

4. "购买商品、接受劳务支付的现金"项目

本项目根据"营业成本""存货""应付票据及应付账款""预付款项"等报表项目及相关账户记录分析填列。

购买商品、接受劳务支付的现金＝4 600 000（营业成本）+（2 381 000－4 370 000）（存货）+（800 000-886 000）（应付票据）+（560 000-460 000）（应付账款）+（150 000－150 000）（预付账款）+（418 776－68 376－8 000－6 400）（进项税额不含固定资产、工程物资、抵债）－50 000（接受捐赠存货）－40 000（抵债存货）+20 000（管理部门耗用存货）+40 000（工程耗用存货）－300 000（工资）－120 000（社会保险费）－40 000（折旧费）

＝4 600 000－1 989 000－86 000+100 000+336 000－50 000－40 000+20 000+40 000－300 000－120 000－40 000＝2 471 000（元）

5. "支付给职工以及为职工支付的现金"项目

本项目根据"应付职工薪酬""库存现金"和"银行存款"等账户分析填列。

支付给职工以及为职工支付的现金＝600 000－100 000（工程人员）+240 000－40 000（工程人员）＝700 000元

6. "支付的各项税费"项目

本项目根据"应交税费""管理费用"等账户分析填列。

支付的各项税费＝95 250+432 925＝528 175（元）

上述税费包括应交所得税、应交增值税(已交税额)和教育费附加等。

7. "支付其他与经营活动有关的现金"项目

本项目内容比较杂，除了上述各项现金流出外，其他与经营活动有关的现金支出均在本项目中反映。本项目主要根据"管理费用""销售费用""营业外支出"和"库存现金""银行存款"等账户分析填列。

支付其他与经营活动有关的现金＝434 000+191 000－20000（未付现的材料费）－（110 000+90 000+44 000+36 000）（管理部门及专设销售机构的人工费）－200 000（无形资产摊销）－（30 000+15 000）（折旧费）＝80 000（元）

或者：支付其他与经营活动有关的现金＝30 000（车间修理费）+50 000（广告费）＝80 000（元）

● （二）投资活动产生的现金流量各项目

8. "收回投资收到的现金"项目

本项目根据"交易性金融资产""债权投资""其他债权投资""长期股权投资""其他权益工具投资""投资性房地产"等账户分析填列。

收回投资收到的现金＝42 000（元）

9．"取得投资收益收到的现金"项目

本项目根据"应收股利""应收利息""投资收益"和"银行存款"等账户分析填列。本案例没有发生此类现金流量。

10．"处置固定资产、无形资产和其他长期资产收回的现金净额"项目

本项目根据"固定资产清理""无形资产""库存现金"和"银行存款"等账户分析填列。本案例没有发生此类现金流量。

11．"处置子公司及其他营业单位收到的现金净额"项目

本项目可以根据"长期股权投资""库存现金"和"银行存款"等账户分析填列。本案例没有发生此类现金流量。

12．"收到其他与投资活动有关的现金"项目

本项目可以根据"库存现金"和"银行存款"等账户分析填列。本案例没有发生此类现金流量。

13．"购建固定资产、无形资产和其他长期资产支付的现金"项目

本项目可以根据"固定资产""应交税费""在建工程""工程物资""无形资产"和"银行存款"等账户分析填列。

购建固定资产、无形资产和其他长期资产所支付的现金＝498 726（购买固定资产）＋58 000（购买工程物资）＋（100 000＋40 000）（工程人员人工费）＝696 726（元）

本项目如果依据资产负债表的有关数据计算，同样需要依据账户记录进行调整，但较为复杂。

购建固定资产、无形资产和其他长期资产所支付的现金＝（2 525 350－2 200 000）＋（340 000－180 000）＋（300 000－500 000）＋（68 376＋8 000）（固定资产等项目发生的进项税额）＋（300 000－250 000）（固定资产净值转入清理减少的固定资产期末余额）－40 000（工程领用的原材料）＋85 000（本期计提的折旧费）＋50 000（本期计提的固定资产减值）＋200 000（无形资产摊销）－10 000（利息费用）＝696 726（元）

14．"投资支付的现金"项目

本项目根据"交易性金融资产""债权投资""其他债权投资""长期股权投资""其他权益工具投资""投资性房地产"和"库存现金""银行存款"等账户分析填列。

投资支付的现金＝130 000（元）

15．"取得子公司及其他营业单位支付的现金净额"项目

本项目根据"长期股权投资""库存现金"和"银行存款"等账户分析填列。本案例没有此类现金流量。

16．"支付其他与投资活动有关的现金"项目

本项目根据"库存现金""银行存款"等账户分析填列。

支付其他与投资活动有关的现金＝1 700（元）

注意将本项目与"处置固定资产、无形资产和其他长期资产收回的现金净额"项目对比。

（三）筹资活动产生的现金流量各项目

17."吸收投资收到的现金"项目

本项目根据"实收资本（股本）""其他权益工具""资本公积""应付债券""库存现金"和"银行存款"等账户分析填列。本案例没有此类现金流量。

18."取得借款收到的现金"项目

本项目根据"短期借款""长期借款"和"银行存款"等账户分析填列。

取得借款收到的现金＝1 000 000（元）

19."收到其他与筹资活动有关的现金"项目

本项目可以根据"库存现金"和"银行存款"等账户分析填列。本案例没有此类现金流量。

20."偿还债务支付的现金"项目

本项目根据"短期借款""长期借款""应付债券"和"银行存款"等账户分析填列。

偿还债务支付的现金＝500 000（元）

21."分配股利、利润或偿付利息支付的现金"项目

在实际工作中，借款利息列支渠道较为复杂，因此，本项目可以根据"应付股利""应付利润""长期借款""财务费用""在建工程""研发支出""库存现金"和"银行存款"等账户分析填列。

分配股利、利润或偿付利息支付的现金＝40 000（元）

22."支付其他与筹资活动有关的现金"项目

本项目可以根据"库存现金"和"银行存款"账户分析填列。本案例没有此类现金流量。

根据以上各项目计算结果，填入现金流量表各栏目中，并计算各类现金流量合计数，完成报表（见表4-3）。

表 4-3 现金流量表   会企 03 表

编制单位：金达股份有限公司   2018 年度   单位：元

项　目	本期金额	上期金额
一、经营活动产生的现金流量		略
销售商品、提供劳务收到的现金	8 164 500	
收到的税费返还	0	
收到其他与经营活动有关的现金	0	
经营活动现金流入小计	8 164 500	
购买商品、接受劳务支付的现金	2 471 000	
支付给职工以及为职工支付的现金	700 000	
支付的各项税费	528 175	
支付其他与经营活动有关的现金	80 000	
经营活动现金流出小计	3 779 175	
经营活动产生的现金流量净额	4 385 325	
二、投资活动产生的现金流量		
收回投资收到的现金	42 000	
取得投资收益收到的现金	0	
处置固定资产、无形资产和其他长期资产收回的现金净额	0	
处置子公司及其他营业单位收到的现金净额	0	
收到其他与投资活动有关的现金	0	
投资活动现金流入小计	42 000	
购建固定资产、无形资产和其他长期资产支付的现金	696 726	
投资支付的现金	130 000	
取得子公司及其他营业单位支付的现金净额	0	
支付其他与投资活动有关的现金	1 700	
投资活动现金流出小计	828 426	
投资活动产生的现金流量净额	-786 426	
三、筹资活动产生的现金流量		
吸收投资收到的现金	0	
取得借款收到的现金	1 000 000	
收到其他与筹资活动有关的现金	0	
筹资活动现金流入小计	1 000 000	
偿还债务支付的现金	500 000	
分配股利、利润或偿付利息支付的现金	40 000	
支付其他与筹资活动有关的现金	0	
筹资活动现金流出小计	540 000	
筹资活动产生的现金流量净额	460 000	
四、汇率变动对现金及现金等价物的影响	0	
五、现金及现金等价物净增加额	4 058 899	
加：期初现金及现金等价物余额	803 000	
六、期末现金及现金等价物余额	4 861 899	

三、采用工作底稿法编制现金流量表

● （一）开设工作底稿，并将资产负债表、利润表数据过入工作底稿（见表4-4）

表 4-4 现金流量表工作底稿

单位：元

项目	年初数	调整分录 借方	调整分录 贷方	期末数
一、资产负债表项目				
借方项目：				
货币资金	803 000	4 058 899（29）		4 861 899
交易性金融资产	60 000	20 000（7）	30 000（12）	50 000
应收票据	120 000		46 000（13）	74 000
应收账款	234 000	217 350（13）		451 350
预付款项	150 000			150 000
存货	4 370 000	40 000（13）	1 989 000（14）	2 381 000
			40 000（17）	
债权投资	100 000			100 000
长期股权投资	70 000			70 000
其他权益工具投资	200 000	190 000（15）		390 000
固定资产	2 200 000	325 350（16）		2 525 350
在建工程	180 000	160 000（17）		340 000
无形资产	500 000		200 000（18）	300 000
递延所得税资产	15 000	3 537.5（19）		18 537.5
借方项目合计				
贷方项目：				
短期借款	1 000 000	300 000（20）		700 000
交易性金融负债	300 000			300 000
应付票据	800 000		86 000（21）	886 000
应付账款	560 000	100 000（21）		460 000
预收款项	34 000		300 000（13）	334 000
应付职工薪酬		840 000（22）	840 000（22）	
应交税费	30 000	6 400（13）	1 120 000（23）	645 974
		497 626（23）		
其他应付款	245 000		30 000（28）	275 000
长期借款	1 200 000		800 000（24）	2 000 000
应付债券	200 000			200 000
递延所得税负债			20 000（25）	20 000
股本	4 000 000			4 000 000
资本公积	233 000			233 000
其他综合收益		15 000（26）	60 000（15）	45 000
盈余公积	180 000		124 316.25（28）	304 316.25
未分配利润	220 000	154 316.25（28）	1 243 162.5（27）	1 308 846.25
贷方项目合计				

续表4-4

二、利润表项目			
营业收入	7 000 000		7 000 000（1）
营业成本	4 600 000	4 600 000（2）	
税金及附加	10 000	10 000（3）	
销售费用	191 000	191 000（4）	
管理费用	434 000	434 000（4）	
财务费用	32 000	32 000（5）	
资产减值损失	50 000	50 000（6）	
信用减值损失	24 150	24 150（6）	
公允价值变动收益	20 000		20 000（7）
投资收益	12 000		12 000（8）
营业外收入	50 000		50 000（9）
营业外支出	63 300	11 600（13） 51 700（16）	
所得税费用	434 387.5	434 387.5（11）	
净利润	1 243 162.5	1 243 162.5（27）	
三、现金流量表项目			
(一)经营活动产生的现金流量			
销售商品、提供劳务收到的现金		7 000 000（1）68 650（13） 1 120 000（23）	24 150（6）	8 164 500
收到的税费返还				
收到其他与经营活动有关的现金				
经营活动现金流入小计				8 164 500
购买商品、接受劳务支付的现金		50 000（9） 1 969 000（14） 40 000（16） 420 000（22）	4 600 000（2） 14 000（21） 336 000（23）	2 471 000
支付给职工以及为职工支付的现金		140 000（22）	840 000（22）	700 000
支付的各项税费		20 000（25）	10 000（3） 434 387.5（11）3 537.5（19） 85 250（23） 15 000（26）	528 175
支付其他与经营活动有关的现金		20 000（14） 45 000（16） 200 000（18） 280 000（22）	625 000（4）	80 000
经营活动现金流出小计				3 779 175
经营活动产生的现金流量净额				4 385 325
(二)投资活动产生的现金流量				
收回投资收到的现金		12 000（8） 30 000（12）		42 000

续表4-4

项目				
取得投资收益收到的现金				
处置固定资产、无形资产和其他长期资产收回的现金净额				
处置子公司及其他营业单位收到的现金净额				
收到其他与投资活动有关的现金				
投资活动现金流入小计				42 000
购建固定资产、无形资产和其他长期资产支付的现金			50 000（6） 460 350（16） 110 000（17） 76 376（23）	696 726
投资支付的现金			130 000（15）	130 000
取得子公司及其他营业单位支付的现金净额				
支付其他与投资活动有关的现金			1 700（16）	1 700
投资活动现金流出小计				828 426
投资活动产生的现金流量净额				-786 426
(三)筹资活动产生的现金流量				
吸收投资收到的现金				
取得借款收到的现金		1 000 000（24）		1 000 000
收到其他与筹资活动有关的现金				
筹资活动现金流入小计				1 000 000
偿还债务支付的现金			300 000（20） 200 000（24）	500 000
分配股利、利润或偿付利息支付的现金		2 000（13）	32 000（5） 10 000（17）	40 000
支付其他与筹资活动有关的现金				
筹资活动现金流出小计				540 000
筹资活动产生的现金流量净额				460 000
(四)现金及现金等价物净增加额			4 058 899（29）	

● **(二)对当期业务进行分析并编制调整分录**

首先,调整利润表项目：

1.调整营业收入

　　借:经营活动产生的现金流量——销售商品、提供劳务收到的现金　7 000 000
　　　　贷:营业收入　　　　　　　　　　　　　　　　　　　　　　　　7 000 000

2.调整营业成本

借：营业成本　　　　　　　　　　　　　　　　　　　　　　　4 600 000
　　贷：经营活动产生的现金流量——购买商品、接受劳务支付的现金　4 600 000

3.调整税金及附加

借：税金及附加　　　　　　　　　　　　　　　　　　　　　　　10 000
　　贷：经营活动产生的现金流量——支付的各项税费　　　　　　　10 000

4.调整销售费用、管理费用

借：销售费用　　　　　　　　　　　　　　　　　　　　　　　　191 000
　　管理费用　　　　　　　　　　　　　　　　　　　　　　　　434 000
　　贷：经营活动产生的现金流量——支付其他与经营活动有关的现金　625 000

5.调整财务费用

借：财务费用　　　　　　　　　　　　　　　　　　　　　　　　32 000
　　贷：筹资活动产生的现金流量——分配股利、利润或偿付利息支付的现金　32 000

6.调整资产减值损失及信用减值损失

借：资产减值损失　　　　　　　　　　　　　　　　　　　　　　50 000
　　信用减值损失　　　　　　　　　　　　　　　　　　　　　　24 150
　　贷：经营活动产生的现金流量——销售商品、提供劳务收到的现金　24 150
　　　　投资活动产生的现金流量——购建固定资产、无形资产和其他长期资产支付的现金　50 000

7.调整公允价值变动损益

借：交易性金融资产　　　　　　　　　　　　　　　　　　　　　20 000
　　贷：公允价值变动损益　　　　　　　　　　　　　　　　　　20 000

8.调整投资收益

借：投资活动产生的现金流量——收回投资收到的现金　　　　　　12 000
　　贷：投资收益　　　　　　　　　　　　　　　　　　　　　　12 000

9.调整营业外收入

借：经营活动产生的现金流量——购买商品、接受劳务供应收到的现金　50 000
　　贷：营业外收入　　　　　　　　　　　　　　　　　　　　　50 000

10.调整营业外支出

本项目分别在第13笔应收账款项目和第16笔固定资产项目调整。

11.调整所得税费用

借：所得税费用　　　　　　　　　　　　　　　　　　　　　　　434 387.5
　　贷：经营活动产生的现金流量——支付的各项税费　　　　　　　434 387.5

其次，调整资产负债表项目：

12.调整交易性金融资产

借：投资活动产生的现金流量——收回投资收到的现金　　　30 000
　　贷：交易性金融资产　　　　　　　　30 000

如果将本笔调整分录与第7、8笔调整分录合并，则比较好理解交易性金融资产变动带来的现金流量变化。合并调整分录如下：

借：投资活动产生的现金流量——收回投资收到的现金　　　42 000
　　贷：交易性金融资产　　　　　　　　　　　　　　　　10 000
　　　　公允价值变动损益　　　　　　　　　　　　　　　20 000
　　　　投资收益　　　　　　　　　　　　　　　　　　　12 000

13.调整应收票据、应收账款、预收账款

借：应收账款　　　　　　　　　　　　　　　　　　　　217 350
　　筹资活动产生的现金流量——分配股利、利润或偿付利息支付的现金　2 000
　　经营活动产生的现金流量——销售商品、提供劳务收到的现金　68 650
　　营业外支出　　　　　　　　　　　　　　　　　　　　11 600
　　存货　　　　　　　　　　　　　　　　　　　　　　　40 000
　　应交税费　　　　　　　　　　　　　　　　　　　　　 6 400
　　贷：预收账款　　　　　　　　　　　　　　　　　　 300 000
　　　　应收票据　　　　　　　　　　　　　　　　　　　46 000

其中，2 000元为应收票据贴现时少收的现金，在第5笔调整分录时已经计入"分配股利、利润或偿付利息支付的现金"，此处予以冲减；"营业外支出""存货"和"应交税费"是抵偿应收账款项目，这里予以调整冲销。

14.调整存货

借：经营活动产生的现金流量——支付其他与经营活动有关的现金　20 000
　　经营活动产生的现金流量——购买商品、接受劳务支付的现金　1 969 000
　　贷：存货　　　　　　　　　　　　　　　　　　　　1 989 000

其中，20 000元是管理部门领用的原材料，在调整分录第6笔计入"支付其他与经营活动有关的现金"，未付现，予以调整。

15.调整其他权益工具投资

借：其他权益工具投资　　　　　　　　　　　　　　　　190 000
　　贷：投资活动产生的现金流量——投资支付的现金　　　130 000
　　　　其他综合收益　　　　　　　　　　　　　　　　　60 000

16.调整固定资产

借：固定资产　　　　　　　　　　　　　　　　　　　　325 350
　　营业外支出　　　　　　　　　　　　　　　　　　　　51 700
　　经营活动产生的现金流量——支付其他与经营活动有关的现金　45 000
　　经营活动产生的现金流量——购买商品、接受劳务供应支付的现金　40 000

　　　　贷：投资活动产生的现金流量——购建固定资产、无形资产和其他长期资产支付
的现金   460 350
　　　　　　投资活动产生的现金流量——支付其他与投资活动有关的现金   1 700
　　其中，45 000是管理部门和专设销售机构的折旧费，40 000是生产部门的折旧费，均未付现，予以调整。1 700是固定资产清理过程发生的现金流量。

17. 调整在建工程（含工程物资）
　　借：在建工程   160 000
　　　　贷：投资活动产生的现金流量——购建固定资产、无形资产和其他长期资产支付
的现金   110 000
　　　　　　筹资活动产生的现金流量——分配股利、利润或偿付利息支付的现金   10 000
　　　　　　存货   40 000
　　其中，40 000元系在建工程领用存货。

18. 调整无形资产
　　借：经营活动产生的现金流量——支付其他与经营活动有关的现金   200 000
　　　　贷：无形资产   200 000

19. 调整递延所得税资产
　　借：递延所得税资产   3 537.5
　　　　贷：经营活动产生的现金流量——支付的各项税费   3 537.5

20. 调整短期借款
　　借：短期借款   300 000
　　　　贷：筹资活动产生的现金流量——偿还债务支付的现金   300 000

21. 调整应付票据及应付账款
　　借：应付账款   100 000
　　　　贷：经营活动产生的现金流量——购买商品、接受劳务支付的现金   14 000
　　　　　　应付票据   86 000

22. 调整应付职工薪酬
　　借：应付职工薪酬   840 000
　　　　贷：经营活动产生的现金流量——支付给职工以及为职工支付的现金   840 000
　　借：经营活动产生的现金流量——支付其他与经营活动有关的现金   280 000
　　　　　　——购买商品、接受劳务支付的现金   420 000
　　　　　　——支付给职工以及为职工支付的现金   140 000
　　　　贷：应付职工薪酬   840 000
　　其中，140 000元为在建工程人员人工费，已经在第16、17笔调整分录中调整。

23. 调整应交税费
　　借：经营活动产生的现金流量——销售商品、提供劳务收到的现金   1 120 000
　　　　贷：应交税费   1 120 000

借：应交税费 497 626
  贷：经营活动产生的现金流量——购买商品、接受劳务支付的现金 336 000
    投资活动产生的现金流量——购建固定资产、无形资产和其他长期资产支付的现金 76 376
    经营活动产生的现金流量——支付的各项税费 85 250

此项目应根据应交税费账户借贷方发生额分析后，编制调整分录，并注意与第3、11、19笔调整分录结合分析。

24. 调整长期负债

借：筹资活动产生的现金流量——取得借款收到的现金 1 000 000
  贷：长期借款 800 000
    筹资活动产生的现金流量——偿还债务支付的现金 200 000

25. 调整递延所得税负债

借：经营活动产生的现金流量——支付的各项税费 20 000
  贷：递延所得税负债 20 000

26. 调整其他综合收益

借：其他综合收益 15 000
  贷：经营活动产生的现金流量——支付的各项税费 15 000

其中，"其他综合收益"净增加额为45 000元，部分内容已在第15笔调整分录中调整。

27. 结转净利润

借：净利润 1 243 162.5
  贷：未分配利润 1 243 162.5

28. 提取盈余公积、分配股利

借：未分配利润 154 316.25
  贷：盈余公积 124 316.25
    其他应付款（应付股利） 30 000

29. 调整现金净变化

借：货币资金 4 058 899
  贷：现金净增加额 4 058 899

四、现金流量表附注的编制

现金流量表附注共有三方面内容：将净利润调节为经营活动现金流量；不涉及现金收支的重大投资和筹资活动；现金及现金等价物净变动情况。核心内容是第一项，现依据间接法编制该公司现金流量表附注，见表4-5。

表 4-5 现金流量表附注

2018年度 单位：元

补充资料	本期金额	上期金额（略）
1. 将净利润调节为经营活动现金流量		
净利润	1 243 162.5	
加：资产减值准备	74 150	
固定资产折旧、油气资产折耗、生产性生物资产折旧	85 000	
无形资产摊销	200 000	
长期待摊费用摊销		
处置固定资产、无形资产和其他长期资产的损失(收益以"-"号填列)		
固定资产报废损失(收益以"-"号填列)	51 700	
公允价值变动损失(收益以"-"号填列)	-20 000	
财务费用(收益以"-"号填列)	30 000	
投资损失(收益以"-"号填列)	-12 000	
递延所得税资产减少(增加以"-"号填列)	-3 537.5	
递延所得税负债增加(减少以"-"号填列)	20 000	
存货的减少(增加以"-"号填列)	2 039 000①	
经营性应收项目的减少(增加以"-"号填列)	-253 500②	
经营性应付项目的增加(减少以"-"号填列)	984 750③	
其他	-53 400④	
经营活动产生的现金流量净额	4 385 325	
2. 不涉及现金收支的重大投资和筹资活动		
债务转为资本		
1年内到期的可转换公司债券		
融资租入固定资产		
3. 现金及现金等价物净变动情况		
现金的期末余额		
减：现金的期初余额		
加：现金等价物的期末余额		
减：现金等价物的期初余额		
现金及现金等价物净增加额		

存货的减少=（4 370 000－2 381 000）－40 000（工程领用）+50 000（接受捐赠存货未付现）+40 000（债务重组收到的存货，没有现金流出）=2 039 000（元）

应收款项的减少=（120 000－74 000）（应收票据）+（234 000－451350）（应收账款）－58 000（债务重组未收现的应收账款减少）－24 150（计提的坏账）=－253 500（元）

应付款项的增加=（886 000－800 000）（应付票据）+（460 000－560 000）（应付账款）+（334 000－34 000）+（645 974－30 000）+76 376（固定资产、工程物资产生的进项税额，与经营活动无关）+6 400（债务重组形成的进项税额，没有现金流量）=984 750（元）

其他=－50 000（接受捐赠增加的利润，没有现金流量）+11 600（债务重组形成的营业外支出，没有现金流量）－15 000（其他综合收益对所得税的影响，其实也是对前面递延所得税负债的调整）=－53 400（元）

第四章 现金流量表的编制

思考题

1. 什么是现金流量表？它有哪些作用？
2. 企业的现金流量如何进行分类？
3. 现金流量表编制工作底稿法分哪几个步骤？
4. 什么是现金流量表报告的间接法？

练 习 题

一、单项选择题

1. A公司于2018年购买商品支付500万元（含增值税），支付2017年接受劳务的未付款项50万元，2018年发生的购货退回15万元，假设不考虑其他条件，A公司2018年度现金流量表"购买商品、接受劳务支付的现金"项目中应填列（　　）万元。
   A. 535　　　　　B. 465　　　　　C. 435　　　　　D. 500

2. 在下列经济业务所产生的现金流量中，属于"经营活动产生的现金流量"的是（　　）。
   A. 变卖固定资产所产生的现金流量
   B. 取得债券利息收入所产生的现金流量
   C. 支付经营租赁费用所产生的现金流量
   D. 支付融资租赁费用所产生的现金流量

3. 在下列项目中，符合现金流量表中"现金"的是（　　）。
   A. 从购入日开始计算，3个月内到期的国债
   B. 准备随时变现的股票投资
   C. 不能随时用于支付的存款
   D. 期限2个月的商业汇票

4. 在下列事项中，不影响现金流量的是（　　）。
   A. 收回原已确认的坏账　　　　B. 接受现金捐赠
   C. 预提产品保修费用　　　　　D. 支付在建工程人员工资

5. 在现金流量表中，属于"支付的各项税费"所反映的税金不包括（　　）。
   A. 教育费附加　　B. 土地使用税　　C. 印花税　　　D. 耕地占用税

6. 在下列经济事项中，将使企业经营活动的现金流量发生变化的是（　　）。
   A. 支付罚款　　B. 无形资产摊销　　C. 赊销商品　　D. 支付借款利息

7. 在下列经济业务所产生的现金流量中,属于"投资活动产生的现金流量"的是( )。
   A. 发行债券产生的现金流量
   B. 变卖固定资产所产生的现金流量
   C. 支付经营租赁费用所产生的现金流量
   D. 支付融资租赁费用所产生的现金流量

8. 在下列各项中,属于工业企业现金流量表"经营活动产生的现金流量"的是( )。
   A. 收到的现金股利   B. 支付的银行借款利息
   C. 收到的设备处置价款   D. 支付的经营租赁租金

9. 在下列各项中,不属于现金流量表"筹资活动产生的现金流量"的是( )。
   A. 取得借款收到的现金
   B. 吸收投资收到的现金
   C. 处置固定资产收回的现金净额
   D. 分配股利、利润或偿付利息支付的现金

10. 在下列属于现金流量表补充资料中,将净利润调节为经营活动产生现金流量净额调减项目是( )。
    A. 本期计提的折旧费   B. 投资收益
    C. 递延所得税减少   D. 经营性应付项目的增加

二、多项选择题

1. 有关会计准则规定,现金流量的报告披露方法有两种,分别是( )。
   A. 分析填列法   B. 工作底稿法   C. 直接法   D. 间接法

2. 下列属于投资活动产生的现金流量有( )。
   A. 购买股票支付的现金   B. 购买固定资产支付的现金
   C. 购买工程物资支付的现金   D. 工程人员的工资

3. 在现金流量表中经营活动现金流量"收到的税费返还"反映的税金返还有( )。
   A. 增值税   B. 消费税
   C. 教育费附加返还款   D. 所得税

4. "偿还债务所支付的现金"项目应反映( )。
   A. 偿还借款本金   B. 偿还借款利息
   C. 偿还债券利息   D. 偿还债券本金

5. "支付给职工以及为职工支付的现金"项目中反映的有( )。
   A. 支付给职工的奖金   B. 支付给职工的津贴
   C. 支付给退休人员的费用   D. 支付给在建工程人员的工资

6. 在下列各项中,属于筹资活动产生的现金流量的有(　　)。
   A. 支付的现金股利　　　　　　　B. 取得短期借款
   C. 增发股票收到的现金　　　　　D. 偿还公司债券支付的现金

7. 在下列各项中,属于工业企业现金流量表"筹资活动产生的现金流量"的有(　　)。
   A. 吸收投资收到的现金　　　　　B. 分配利润支付的现金
   C. 取得借款收到的现金　　　　　D. 投资收到的现金股利

8. 在下列各项中,属于现金流量表"经营活动产生的现金流量"报表项目的有(　　)。
   A. 收到的税费返还　　　　　　　B. 偿还债务支付的现金
   C. 销售商品、提供劳务收到的现金　D. 支付给职工以及为职工支付的现金

9. 在下列各项中,应作为现金流量表中"经营活动产生的现金流量"的有(　　)。
   A. 销售商品收到的现金　　　　　B. 取得短期借款收到的现金
   C. 采购原材料支付的增值税　　　D. 取得长期股权投资支付的手续费

10. 在下列属于现金流量表附注中,将净利润调节为经营活动产生现金流量净额调增项目有(　　)。
    A. 无形资产摊销　　　　　　　　B. 存货的增加
    C. 递延所得税负债的增加　　　　D. 经营性应收项目的减少

三、判断题

1. 现金流量表所称的"现金"一般包括现金等价物。(　　)
2. 通过现金流量表可以更好地分析企业利润的质量。(　　)
3. 投资活动产生的现金流量主要是企业报告期对外投资产生的现金流入量、流出量。(　　)
4. 企业购置的固定资产是其从事生产经营活动的物质基础,因此购置固定资产支付的资金应在现金流量表"经营活动产生的现金流量"项目列示。(　　)
5. 现金流量表中"销售商品、提供劳务收到的现金"项目,反映本企业自营销售商品或提供劳务收到的现金,不包括委托代销商品收到的现金。(　　)
6. "购买商品、接受劳务支付的现金"项目,反映企业本期购买商品、接受劳务实际支付的现金(包括增值税进项税额),本期支付前期购买商品、接受劳务的未付款项和本期预付款项,不在该项目中反映。(　　)
7. 企业以现金支付给职工的工资、奖金、各种津贴和补贴等职工薪酬均应反映在"支付给职工以及为职工支付的现金"项目中。(　　)
8. 企业购入两个月到期的国债,会减少企业投资活动产生的现金流量。(　　)
9. 如果根据资产负债表"应收账款"项目计算"销售商品、提供劳务收到的现金"时,应从期末"应收账款"项目扣除本期计提的坏账准备金。(　　)

10. 本期支付的借款利息，无论是资本化还是费用化，都记入"分配股利、利润或偿付利息支付的现金"项目。　　　　　　　　　　　　　　　　　　（　　）

四、业务题

1. 某企业为增值税一般纳税企业，本年度发生的有关经济业务如下：

（1）销售商品，销售收入100 000元，增值税税额16 000元，款项已收存银行。

（2）以银行存款偿还长期借款50 000元，短期借款10 000元，利息1 000元。

（3）购进原材料，原材料价款20 000元，增值税税额3 200元；购进生产所需设备，买价70 000元，增值税税额11 200元，材料和设备均已验收入库。

（4）报废固定资产净损失19 700元，其所报废固定资产原价为200 000元，累计折旧为180 000元，支付清理费用500元，收到残值收入800元。

（5）本期用银行存款支付现金股利30 000元。

上述全部款项均用银行存款支付。

要求：计算下列项目的金额。

（1）销售商品、提供劳务收到的现金。

（2）购买商品、接受劳务支付的现金。

（3）购建固定资产等支付的现金。

（4）偿还债务支付的现金。

（5）分配股利、利润或偿付利息支付的现金。

（6）处置固定资产、无形资产及其他长期资产收到的现金净额。

2. 某企业2018年有关资料如下：

（1）购买A公司股票100 000股，支付价款180 000元、佣金手续费等2 000元。

（2）委托有关证券交易机构发行股票，发行收入900 000元，支付各项发行费用10 000元。

（3）自行发行债券，发行收入600 000元，直接支付的审计咨询等费用5 000元。

（4）2018年11月1日购买B公司2017年1月1日发行的4年期债券700 000元，另支付附加费用7 000元。

（5）为了控制C公司，使其成为本企业稳定的合作伙伴，企业曾于2017年4月购入该公司的普通股股票600 000元，2018年6月因故以580 000元的价格出售该股票，另以20 000元支付手续费。

（6）A公司发放现金股利，每股0.5元，本企业已收到上述股利现金；每10股送1股股票股利。

（7）宣告分配并支付现金股利70 000元。

（8）用银行存款偿还应付账款230 000元，偿还到期短期借款本金60 000元、利息5 000元，偿还已到期的长期借款本金120 000元、利息36 000元。

（9）企业欲减资因而用银行存款收购发行在外的股票10 000股，每股的收购价2.5元。

要求： 根据上述资料，计算下列现金流量表项目。

(1) 吸收投资收到的现金。

(2) 收回投资收到的现金。

(3) 取得投资收益收到的现金。

(4) 投资支付的现金。

(5) 偿还债务支付的现金。

(6) 分配股利、利润或偿付债务利息支付的现金。

3. 资料：

甲公司2018年度有关资料如下：营业利润198 000元；营业外收入6 000元；营业外支出3 000元，其中：支付的赞助费1 000元。当年的折旧费4 000元，财务费用1 000元（均为借款利息支出）；对乙公司的长期股权投资按乙公司当年的净利润和投资比例确认的投资收益为2 000元；资产负债表"应收账款"项目的年初数为45 000元、年末数为72 000元，2018年确认的坏账为400元，以前年度确认的坏账2018年又重新收回的为600元，2017年和2018年均按应收账款余额的10%计提坏账准备（假定税法认可的坏账计提比例为10%）。甲、乙公司的所得税税率均为25%。"应付职工薪酬"项目的年初数为3 000元，年末数为7 000元，其中：2018年计提的在建工程人员福利费1 000元。"存货"项目的年初数为100 000元，年末数为120 000元，2018年在建工程曾领用生产用材料20 000元（不考虑增值税）。假定其他有关流动资产、流动负债项目的年初、年末数据没有变动，其他资料略。

要求： 根据上述资料甲公司的利润总额、应纳税所得额、所得税费用、净利润，并填列现金流量表附注的各项目。（注：所有计算项目必须另行列出计算过程）

4. 华兴股份有限公司（本题下称华兴公司）为增值税一般纳税人，适用的增值税税率为16%，2018年度与编制现金流量有关的业务资料如下：

(1) 部分账户年初、年末余额或本年发生额见表4-6、表4-7：

表4-6　资产、负债类账户余额表

单位：万元

资产类账户名称	年初余额	年末余额	负债类账户名称	年初余额	年末余额
应收票据	80	75	应付票据	25	36
应收账款	300	360	应付账款	150	158
坏账准备	20（贷方）	35（贷方）	预收账款	60	75
预付账款		22	应付职工薪酬	28	29
存货	250	290			

表4-7　损益类账户余额表

单位：万元

损益类账户名称	借方发生额	贷方发生额	损益类账户名称	借方发生额	贷方发生额
主营业务收入		1 000	财务费用	27	
主营业务成本	700		投资收益		57
销售费用	65		营业外支出	34	
管理费用	160				

(2)其他有关资料如下：

①"应交税费——应交增值税"账户本年的进项税额为110万元，销项税额为170万元，缴纳增值税66万元。

②生产成本包含工资及保险费80万元，制造费用包含工资及保险费12万元、折旧费70万元。

③销售费用及管理费用包含工资及保险费40万元、计提坏账准备15万元、折旧费60万元、房产税和印花税9万元以及用现金支付的其他费用101万元。

④在工资及保险费中，无在建工程人员的工资及保险费。

⑤本年支付所得税45万元，支付城建税4.62万元，支付教育费附加1.98万元。

⑥本年出售股票取得价款115万元，其中收回成本100万元，取得投资收益15万元；债券到期收回价款214万元，其中收回本金200万元，利息14万元；对胜利公司投资收到现金股利28万元。

⑦在营业外支出中包括出售固定资产发生的净损失24万元（出售固定资产的原价200万元、累计折旧168万元，支付的清理费用20万元，收到的价款28万元），捐赠支出10万元。

⑧本年购入不需安装的固定资产并支付现金120万元，支付工程出包款90万元。

⑨本年购入股票145万元，购入债券38万元，向丁公司投资支付现金50万元。

⑩本年借入短期借款400万元，支付利息20万元；借入长期借款（工程借款）200万元，支付长期借款利息12万元，其中利息资本化金额5万元，计入财务费用7万元；归还短期借款200万元。除上述事项外，假定中兴公司未发生其他交易或事项。

要求：根据上述资料，计算现金流量表的部分项目。

(1)销售商品、提供劳务收到的现金。

(2)购买商品、接受劳务支付的现金。

(3)支付给职工以及为职工支付的现金。

(4)支付的各项税费。

(5)支付的其他与经营活动有关的现金。

(6)收回投资收到的现金。

(7)取得投资收益收到的现金。

(8)处置固定资产、无形资产和其他长期资产收回的现金净额。

(9)购建固定资产、无形资产和其他长期资产支付的现金。

(10)投资支付的现金。

(11)借款收到的现金。

(12)偿还债务支付的现金。

(13)分配股利、利润和偿付利息支付的现金。

第五章

所有者权益变动表的编制

本章知识结构图

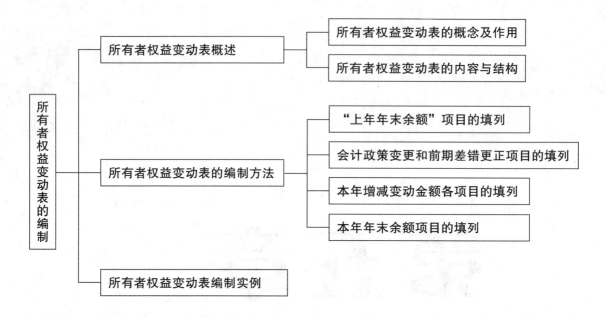

学习目标	通过本章的学习，学生应该了解并掌握： 1. 所有者权益变动表的基本原理及其作用； 2. 所有者权益变动表中各项目的含义； 3. 所有者权益变动表的编制方法。

第一节 所有者权益变动表概述

一、所有者权益变动表的概念及作用

（一）所有者权益变动表的概念

所有者权益变动表是反映构成所有者权益各组成部分当期增减变动情况的报表。

所有者权益变动表能全面反映在报告期内所有者权益变动的情况，不仅包括所有者权益总量的增减变动，还包括所有者权益增减变动的重要结构性信息，特别是要反映直接计入所有者权益的利得和损失的增减变动情况，让报表使用者准确理解所有者权益增减变动的根源。从这个意义上说，所有者权益变动表与资产负债表、利润表三者的同时列报以及相关项目的钩稽关系，应该能够向报表使用者提供比较全面的企业财务状况及其变动信息。

（二）所有者权益变动表的作用

编制所有者权益变动表的主要目的是动态反映企业报告期所有者权益的增减变动情况，使财务报表使用者能够更好地了解企业所有者权益变动情况的原因，从而对企业所有者权益变动的实质有充分认识。

1. 体现了综合收益的理念

所有者权益变动表把企业所有者权益的增加分成了"综合收益总额"和"投资者投入和减少资本"两部分，突出了企业综合收益的理念。同时，综合收益总额又通过纵列反映其构成是由"其他综合收益"与"留存收益（盈余公积、未分配利润）"两部分组成，进一步揭示所有者权益增加的根源。

2. 揭示了所有者权益变动的原因

所有者权益变动表全面地体现了各项交易和事项导致的所有者权益增减变动的来源和去向，以及所有者权益各组成部分增减变动的结构性信息，有利于报表使用者全面地了解企业所有者权益项目的变化情况。

3. 简化了财务报表资料

以前的财务报表需要通过"利润分配表"来单独说明净利润及其分配情况，而引入所有者权益变动表以后，利润分配作为所有者权益变动的组成部分不需要单独设表列示，直接通过所有者权益的变动就可以知道利润的来源和去向。

二、所有者权益变动表的内容与结构

在所有者权益变动表上，企业至少应当单独列示反映下列信息的项目：综合收益总额，在合并所有者权益变动表中还应单独列示归属于母公司所有者的综合收益总额和归属于少数股东的综合收益总额；会计政策变更和前期差错更正的累积影响金额；所有者投入资本和向所有者分配利润等；按照规定提取的盈余公积；所有者权益各组成部分的期初和期末余额及其调节情况。

所有者权益变动表以矩阵的形式列示：一方面（纵列），列示导致所有者权益变动的交易或事项，即所有者权益变动的来源对在一定时期内所有者权益的变动情况进行全面反映；另一方面（横列），按照所有者权益的各组成部分（即实收资本、资本公积、其他综合收益、盈余公积、未分配利润）列示交易或事项对所有者权益各部分的影响。

所有者权益变动表的格式见表5-1。

第二节 所有者权益变动表的编制方法

一、"上年年末余额"项目的填列

"上年年末余额"项目,反映在企业上年资产负债表中的实收资本(或股本)、资本公积、其他综合收益、盈余公积、未分配利润的年末余额,分别根据有关项目的上年年末余额填列。如果在所有者权益变动表中的项目名称、内容有变化,则应根据规定对上期所有者权益变动表相关项目的内容、金额进行调整,按照调整后的金额填入本期所有者权益变动表的"上年年末余额"栏。

二、"会计政策变更"和"前期差错更正"项目的填列

1. "会计政策变更"项目

"会计政策变更"项目,反映企业采用追溯调整法处理会计政策变更对所有者权益的累积影响金额。追溯调整法,是指对某项交易或事项变更会计政策时,如同该交易或事项在初次发生时就开始采取变更后的会计政策,并以此对财务报表相关项目进行调整的方法。该项目应根据"盈余公积""利润分配——未分配利润"等账户的发生额分析填列。

2. "前期差错更正"项目

"前期差错更正"项目,反映企业采用追溯重述法处理会计差错更正对所有者权益的累积影响金额。追溯重述法,是指在发现前期差错时,视同该项前期差错从未发生过,从而对财务报表的相关项目进行更正的方法。在追溯重述法下,需要调整财务报表最早期间的留存收益的期初余额,影响的项目主要涉及"盈余公积""利润分配——未分配利润"项目。填列时,要根据"盈余公积"和"利润分配——未分配利润"账户的发生额分析填列。

三、"本年增减变动金额"各项目的填列

1. "综合收益总额"项目

"综合收益总额"项目,反映净利润和其他综合收益扣除所得税影响后的净额相加后的合计金额。分别对应列在"未分配利润"栏,根据"本年利润"账户的发生额分析填列;"其他综合收益"栏,根据"其他综合收益"账户的发生额分析填列。

2. "所有者投入和减少资本"项目

"所有者投入和减少资本"项目,反映企业当年所有者投入和减少的资本,包括实收资本和资本溢价,并对应列在"实收资本(或股本)"和"资本公积"栏。根据

"实收资本（或股本）"和"资本公积"账户的发生额分析填列。

3."利润分配"各项目

"利润分配"各项目，反映当年对所有者（或股东）分配的利润（或股利）金额和按照规定提取的盈余公积金额等，并对应列在"未分配利润"和"盈余公积"栏，根据"利润分配"有关明细账户的发生额分析填列。

4."所有者权益内部结转"各项目

"所有者权益内部结转"各项目，反映不影响当年所有者权益总额的所有者权益各组成部分之间当年的增减变动，包括资本公积转增资本（或股本）、盈余公积转增资本（或股本）、盈余公积弥补亏损等项金额，根据"盈余公积"和"资本公积"账户的发生额分析填列。

四、"本年年末余额"项目的填列

"本年年末余额"项目，反映报告期期末所有者权益各组成部分的金额。本项目的金额是在前面各项目的基础上计算而得，且与资产负债表中所有者权益各项目的金额保持一致。

第三节 所有者权益变动表编制实例

一、资料

具体资料见本书第二章、第三章有关内容。

二、编制所有者权益变动表

依据前文所述所有者权益变动表各项目填列方法，金达股份有限公司2018年度所有者权益变动表"本年金额"各项目数据具体计算填列如下：

1."上年年末余额"项目。该项目可依据该公司2017年度资产负债表年末相关数据直接填列到各列中。

2."本年年初余额"项目。由于该公司2018年度未发生"会计政策变更"和"前期差错更正"事项，故，该行各列数据可以直接抄录上年年末余额。如果"会计政策变更"及"前期差错更正"存在具体事项，则将其发生额填列在本行"未分配利润"列中。

3."本年增减变动净额"项目。该项目依据所属"综合收益总额""所有者投入和减少""利润分配""所有者权益内部结转"等项目发生额合计填列。具体各项目应依据"本年利润""其他综合收益""实收资本（或股本）""利润分配""资本公积""盈余公积"等账户本期发生额分析填列。如，"其他综合收益"本期发生净额为45 000元，"未分配利润"中本年实现净利润为1 243 162.5元，合计为1 288 262.5元；本年提取盈余公积124 316.25元，分别列入"盈余公积"和"未分配利润"项目增加或减少；本年向投资者分配利润30 000元，则列入"未分配利润"减少；"所有者权益内部结转"项目，本年未发生所有者权益内部结转事项，故，无需填列。如果有结转，则反映各相应的栏目中。

4. "本年年末余额"项目。该项目依据各行数据计算填入相关各列，该行合计与"所有者权益合计"列计算结果必须保持一致。同时，该行各列数据也应当与本年度资产负债表各项年末数保持一致。

见表5-1。

思考题

1. 什么是所有者权益变动表？它有哪些作用？
2. 所有者权益变动表主要披露哪些信息？

第五章 所有者权益变动表的编制

表 5-1 所有者权益变动表

编制单位：金达股份有限公司　　　2018年度　　　会企04表　　　单位：元

项目	本年金额							上年金额
	实收资本（或股本）	其他权益工具（优先股/永续债/其他）	资本公积	减：库存股	其他综合收益	盈余公积	未分配利润	所有者权益合计
一、上年末余额	4 000 000		233 000			180 000	220 000	4 633 000
加：会计政策变更								
前期差错更正								
二、本年年初余额	4 000 000		233 000			180 000	220 000	4 633 000
三、本年增减变动金额（减少以"－"号填列）					45 000	124 316.25	1 088 846.25	1 258 162.50
（一）综合收益总额					45 000		1 243 162.51	1 288 162.50
（二）所有者投入和减少资本								
1. 所有者投入资本								
2. 其他权益工具持有者投入资本								
3. 股份支付计入所有者权益的金额								
4. 其他								
（三）利润分配						124 316.25	−154 316.25	−30 000
1. 提取盈余公积						124 316.25	−124 316.25	
2. 对所有者（或股东）的分配							−30 000	−30 000
3. 其他								
（四）所有者权益内部结转								
1. 资本公积转增资本（或股本）								
2. 盈余公积转增资本（或股本）								
3. 盈余公积弥补亏损								
4. 其他								
四、本年末余额	4 000 000		233 000		45 000	304 316.25	1 308 846.25	5 891 162.50

（上年金额各栏略）

103

练习题

一、单项选择题

1. （　　）是反映构成企业所有者权益的各组成部分当期增减变动情况的报表。
   A. 资产负债表　　　　　　　　　　B. 利润表
   C. 现金流量表　　　　　　　　　　D. 所有者权益变动表

2. 下列可使企业所有者权益增加的是（　　）。
   A. 以资本公积转增股本　　　　　　B. 回购本企业发行在外的股票
   C. 盈余公积弥补亏损　　　　　　　D. 溢价发行股票

3. 某企业年初的所有者权益总额为160万元，当年以其中的资本公积转增资本50万元。当年实现净利润300万元，提取盈余公积30万元，向投资者分配利润20万元。该企业年末所有者权益总额为（　　）万元。
   A. 360　　　　　　B. 410　　　　　　C. 440　　　　　　D. 460

4. 下列说法正确的是（　　）。
   A. 所有者权益变动表能够提供所有者权益增减变动的结构性信息，但不能提供让报表使用者理解所有者权益增减变动的根源
   B. 企业当年向股东分配股利的信息，不能通过其编制的所有者权益变动表予以反映
   C. 所有者权益变动表"未分配利润"栏目的本年年末余额与本年资产负债表"未分配利润"项目的年末余额不等
   D. 所有者权益变动表能够反映所有者权益各组成部分当期的增减变动情况，有助于报表使用者理解所有者权益增减变动的原因

5. 关于所有者权益变动表的编制，下列说法不正确的是（　　）。
   A. "综合收益总额"项目是反映企业当年实现的净利润和其他综合收益的合计
   B. "所有者投入资本"项目，反映企业当年所有者投入的资本，包括实收资本和资本溢价
   C. "股份支付计入所有者权益的金额"项目，反映企业处于等待期的现金结算的股份支付当年计入资本公积的金额
   D. "所有者权益内部结转"项目，反映不影响当年所有者权益总额的所有者权益各组成部分之间当年的增减变动

二、多项选择题

1. 在下列各项中，不会引起所有者权益总额发生变动的有（　　）。
   A. 用盈余公积弥补亏损　　　　　　B. 用盈余公积发放现金股利
   C. 宣告分配现金股利　　　　　　　D. 实际发放股票股利

2. 在下列项目中，能同时引起负债和所有者权益发生变动的有（　　）。
   A. 企业发放股票股利　　　　　　　B. 企业宣告分配利润
   C. 以盈余公积派发现金股利　　　　D. 转销无法支付的应付账款

3. 在下列各项中，属于所有者权益变动表单独列示的项目有（　　）。
   A. 提取盈余公积　　　　　　　　　B. 其他综合收益
   C. 当年实现的净利润　　　　　　　D. 资本公积转增资本

4. 下列属于其他综合收益的有（　　）。
   A. 可供出售金融资产公允价值发生变动的金额
   B. 采用公允价值模式计量的投资性房地产确认的公允价值变动损益
   C. 自用房地产转为采用公允价值模式计量的投资性房地产的，转换日公允价值大于原账面价值的差额
   D. 长期股权投资采用权益法核算，因被投资企业所有者权益发生变动，投资企业根据持股比例确认的金额

5. 在下列各项中，不在所有者权益变动表中单独填列的有（　　）。
   A. 提取盈余公积　　　　　　　　　B. 公允价值变动收益
   C. 其他综合收益　　　　　　　　　D. 稀释每股收益

三、判断题

1. 所有者投入的资本不在所有者权益变动表中单独填列。（　　）
2. 所有者权益变动表各项目均需填列"本年金额"和"上年金额"两栏。（　　）
3. 企业的净利润及其分配情况作为所有者权益变动的组成部分，不需要单独编制利润分配表列示。（　　）
4. 通过所有者权益变动表，既可以为报表使用者提供所有者权益总量增减变动的信息，也能为其提供所有者权益增减变动的结构性信息。（　　）
5. 所有者权益变动表"未分配利润"栏目的本年年末余额应当与本年资产负债表"未分配利润"项目的年末余额相等。（　　）

第六章

>>>>>> 财务报表附注

第六章 财务报表附注

本章知识结构图

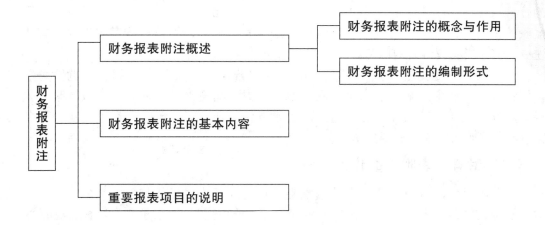

学习目标

通过本章的学习，学生应该了解并掌握：
1. 财务报表附注的概念及其作用；
2. 财务报表附注的内容构成；
3. 财务报表附注的编制形式。

第一节 财务报表附注概述

一、财务报表附注的概念与作用

（一）财务报表附注的概念

根据《企业会计准则——财务报表列报》的说明，附注是对资产负债表、利润表、现金流量表和所有者权益变动表等报表中列示项目的文字描述或明细资料，以及对未能在这些报表中列示项目的说明。附注应当披露财务报表编制基础，相关信息应当与资产负债表、利润表、现金流量表和所有者权益变动表等报表中列示的项目相互参照。

由于财务报表本身是会计确认和计量的产物，其特征是格式固定，以数字和货币计量单位为主要表述手段，这就注定其所揭示的信息具有一定的局限性。报表附注是对在资产负债表、利润表、现金流量表和所有者权益变动表等报表中列示项目的文字描述或明细资料,以及对未能在这些报表中列示项目的说明等。比如,在资产负债表中的存货只是一个年末余额,至于存货各项目构成就无从得知,而这方面信息对于财务报表的使用者了解企业的资产质量流动性是很有必要的,所以这就需要在财务报表附注中提供存货构成方面的信息。

财务报表附注是财务报表不可或缺的组成部分,报表使用者了解企业的财务状况、经营成果和现金流量,应当全面阅读附注。附注与资产负债表、利润表、现金流量表、所有者权益变动表等报表具有同等的重要性。所以说,附注是企业财务报表的补充说明,是财务报表的重要组成部分。

● **(二)财务报表附注的作用**

在新经济时代,以历史成本为计量基础的财务报表模式正面临着很大的挑战,人们对于那些定性的、不确定的以及非财务的信息的披露要求越来越高,不拘一格的报表附注将会起到越来越重要的作用。

财务报表附注披露的作用可以体现在以下两个方面:

一是附注信息披露能够弥补现行财务报表信息披露的不足,进一步满足信息使用者的需要。

随着市场经济的深入发展,特别是现代股份制企业和证券市场的日趋成熟,信息使用者对会计信息披露提出了更高更严的要求。他们不仅要求披露财务信息,还要求更多地披露非财务信息,如经营战略信息;不仅要求披露确定信息,还要求披露不确定的信息;不仅要求披露历史信息,还要求适度地披露未来信息,如财务预测报告,等等。被纳入财务报表的会计信息只能是货币化的信息,对企业未来决策具有重要意义的非货币化会计信息却无法反映,如知识产权、新产品研究与开发、企业管理层的业务素质、管理能力、公司的组织机构设置、公司的生产能力、未来发展设想、新产品开发能力、市场营销能力、市场占有率的预测、盈利预测、人力资源价值等,而这些信息往往是报表使用者判断企业盈利能力和发展前景所必需的。财务报表附注信息则能够更好地满足会计信息需求变化的要求。

二是财务报表附注能够增强信息使用者对财务报表信息的理解,提高财务报表信息的价值。

财务报表提供的会计信息具有较强的专业性,所以阅读和理解它需要一定的会计基础知识,不懂会计知识的人阅读和理解它就有一定的困难。财务报表附注可以通过文字、图表等多种方式对财务报表的信息进行解释,将一个个抽象的数据分解成若干的具体项目,并说明产生各项目的会计方法等。这样,不仅会计人员能够深刻理解,而且非会计专业的管理人员也能明白,从而进一步提高了表内信息的价值,便于会计信息使用者正确、合理地选择所需的会计信息。例如固定资产作为一个报表项目,只能反映企业在过去的时间内对固定资产的投资规模,无法反映其分布构成。通过财务报表附注可以将各类固定资产包括房屋、建筑物、机器设备、运输设备及工程器具等原始价值分别反映,确定各类固定资产占全部固定资产的比重及各类固定资产间的比例,判断投资结构的合理性。财务报表附注可以在很大程度上帮助报表的使用者正确理解财务报表,合理获得有用的会计信息。

二、财务报表附注的编制形式

财务报表附注有多种编制形式,常见的有以下几种:

1.尾注说明

财务报表附注的主要编制形式,适用于说明内容较多的项目。

2.脚注说明

位于财务报表的下端财务报表附注说明。例如,对已贴现的商业承兑汇票和已包括在固定资产原价内的融资租入的固定资产原价等进行说明。

3.备抵与附加账户

在财务报表中单独列示,能够为财务报表使用者提供更多有意义的信息,主要是针对坏账准备等账户设置的。

4.补充说明

有些无法列入财务报表主体的详细数据、分析资料,可用单独的补充报表进行说明。例如,可利用补充报表的形式来揭示关联方的关系和交易等内容。

5.括弧说明

常用于为财务报表主体提供补充信息,比起其他财务报表附注说明形式,这种形式更直观,不易被人忽视,但它包含的信息内容过短、过少。

第二节 财务报表附注的基本内容

根据《企业会计准则——财务报表列报》的规定,财务报表附注应当按照一定的结构进行系统合理的排列和分类,有顺序地披露信息。

1.财务报表附注一般应当按照下列顺序披露

(1)企业的基本情况。

①企业注册地、组织形式和总部地址。

②企业的业务性质和主要经营活动。

③母公司以及集团最终母公司的名称。

④财务报告的批准报出者和财务报告批准报出日,或者以签字人及其签字日期为准。

⑤营业期限有限的企业,还应当披露有关其营业期限的信息。

(2) 财务报表的编制基础。

(3) 遵循企业会计准则的声明。

企业应当声明编制的财务报表符合企业会计准则的要求,真实、完整地反映了企业的财务状况、经营成果和现金流量等有关信息。

(4) 重要会计政策和会计估计。

重要会计政策的说明,包括财务报表项目的计量基础和在运用会计政策过程中所做的重要判断等。重要会计估计的说明,包括可能导致下一个会计期间内资产、负债账面价值重大调整的会计估计的确定依据等。

企业应当披露采用的重要会计政策和会计估计,并结合企业的具体实际,披露其重要会计政策的确定依据和财务报表项目的计量基础及其会计估计所采用的关键假设和不确定因素。

(5) 会计政策和会计估计变更以及差错更正的说明。

企业应当按照《企业会计准则第28号——会计政策、会计估计变更和差错更正》的规定,披露会计政策和会计估计变更以及差错更正的情况。

(6) 报表重要项目的说明。

企业应当按照资产负债表、利润表、现金流量表、所有者权益变动表及其项目列示的顺序,对报表重要项目的说明采用文字和数字描述相结合的方式进行披露。报表重要项目的明细金额合计,应当与报表项目的金额相衔接。

企业应当在附注中披露费用按照性质分类的利润表补充资料,可将费用分为耗用的原材料、职工薪酬费用、折旧费用、摊销费用等。

(7) 或有和承诺事项、资产负债表日后非调整事项、关联方关系及其交易等需要说明的事项。

(8) 有助于财务报表使用者评价企业管理资本的目标、政策及程序的信息。

2. 企业应当在附注中披露下列关于其他综合收益各项目的信息

(1) 其他综合收益各项目及其所得税影响;

(2) 其他综合收益各项目原计入其他综合收益、当期转出计入当期损益的金额;

(3) 其他综合收益各项目的期初和期末余额及其调节情况。

3. 企业应当在附注中披露终止经营的收入、费用、利润总额、所得税费用和净利润以及归属于母公司所有者的终止经营利润

终止经营是指在满足下列条件之一的、已被企业处置或被企业划归为持有代售的、在经营和编制财务报表时能够单独区分的组成部分:

(1) 该组成部分代表一项独立的主要业务或一个主要经营地区。

(2) 该组成部分是拟对一项独立的主要业务或一个主要经营地区进行处置计划的一部分。

(3) 该组成部分是仅仅为了再出售而取得的子公司。

同时满足下列条件的企业组成部分（或非流动资产，下同）应当确认为持有待售：该组成部分必须在其当前状况下仅根据出售此类组成部分的惯常条款即可立即出售；企业已经就处置该组成部分作出决议，如按规定需得到股东批准的，应当已经取得股东大会或相应权力机构的批准；企业已经与受让方签订了不可撤销的转让协议；该项转让将在1年内完成。

4.企业应当在附注中披露在资产负债表日后、财务报告批准报出日前提议或宣布发放的股利总额和每股股利金额（或向投资者分配的利润总额）

第三节 重要报表项目的说明

企业应当尽可能以列表形式披露重要报表项目的构成或当期增减变动情况。

对重要报表项目的明细说明，应当按照资产负债表、利润表、现金流量表、所有者权益变动表的顺序以及报表项目列示的顺序进行披露，应当以文字和数字描述相结合的方式进行披露，并与报表项目相互参照。

资产减值准备明细表、分部报表、现金流量表补充资料应当在附注中单独披露，不作为报表附表。

重要报表项目说明的编制格式：

1.货币资金

货币资金见表6-1：

表6-1　货币资金

单位：元

项目	期末余额	年初余额
库存现金		
银行存款		
其他货币资金		
合计		

2.应收款项

（1）说明坏账的确认标准，以及坏账准备的计提方法和计提比例，并说明下列事项：

①以前年度已全额计提坏账准备，或计提坏账准备的比例较大的，但在本年度又全额或部分收回的，或通过重组等其他方式收回的，应说明其原因，原估计计提比例的理由，以及原估计计提比例的合理性；

②本年度实际冲销的应收款项及其理由，其中：实际冲销的关联交易产生的应收款项应单独披露。

（2）应收账款、预付账款、其他应收款分别计提的坏账准备，见表6-2：

表6-2　坏账准备

单位：元

账龄	期末余额			年初余额		
	金额	比例（%）	坏账准备	金额	比例（%）	坏账准备
1年以内						
1-2年						
2-3年						
3年以上						
合计						

3. 交易性金融资产（不含衍生金融资产）

交易性金融资产（不含衍生金融资产），见表6-3：

表6-3　交易性金融资产

单位：元

项目	期末余额	年初余额
1. 交易性债券投资		
2. 交易性权益工具投资		
3. 其他交易性金融资产		
4. 指定为以公允价值计量且其变动计入当期损益的金融资产		
合　计		

4. 存货

存货，见表6-4：

（1）本期存货跌价准备计提和转回的原因。

（2）用于担保的存货的账面价值。

（3）存货的具体构成。

表6-4　存货

单位：元

存货种类	期末账面价值	年初账面价值
1. 原材料		
2. 在产品		
3. 库存商品		
4. 包装物及低值易耗品		
……		
合计		

（4）消耗性生物资产。

①消耗性生物资产的类别、实物数量和账面价值，见表6-5：

表6-5　耗性生物资产的类别、实物数量和账面价值

单位：元

类别	实物数量	期初余额	本期增加额	本期减少额	期末余额
1.					
2.					
3.					
……					
合　计					
其中：用于担保的					

②消耗性生物资产跌价准备的计提情况，见表6-6：

表6-6 消耗性生物资产跌价准备的计提情况

单位：元

项目	年初余额	本期增加额	本期减少额	期末余额
消耗性生物资产跌价准备				

（5）当期预计损失的原因和金额，见表6-7：

表6-7 当期预计损失的原因和金额

单位：元

合同		合同总金额	当期预计损失	原因
固定造价合同	1.			
	2.			
	3.			
	……			
	小计			
成本加成合同	1.			
	2.			
	3.			
	……			
	小计			

5.其他流动资产

其他流动资产，见表6-8：

表6-8 其他流动资产

单位：元

项目	期末账面价值	年初账面价值
1.		
2.		
3.		
4.		
……		
合 计		

6.债权投资

债权投资，见表6-9：

表6-9 债权投资

单位：元

项目	期末余额	年初余额
1.		
2.		
……		
减：债权投资减值准备		
合 计		

7.其他债权投资

其他债权投资，见表6-10：

表 6-10 其他债权投资

单位：元

项目	期末余额	年初余额
1.		
2.		
3.		
合　计		

8.投资性房地产

（1）采用成本模式进行后续计量的投资性房地产的期初和期末原价、累计折旧（或累计摊销）以及投资性房地产减值准备累计金额，见表6-11：

表 6-11 投资性房地产成本模式

单位：元

项目	年初余额	本期增加额		本期减少额		期末余额
		购置	自用房地产或存货转换为投资性房地产	处置	投资性房地产转换为自用房地产	
一、原价合计						
其中：房屋、建筑物						
土地使用权						
二、累计折旧或累计摊销合计						
其中：房屋、建筑物						
土地使用权						
三、投资性房地产减值准备累计金额合计						
其中：房屋、建筑物						
土地使用权						
四、投资性房地产账面价值合计						
其中：房屋、建筑物						
土地使用权						

（2）采用公允价值模式进行后续计量的投资性房地产其账面价值的增减变动情况，同时，说明公允价值的取得依据和方法，以及计入当期损益的金额，见表6-12：

表 6-12 投资性房地产公允价值模式

单位：元

项目	年初余额	本期增加额		本期减少额		期末余额
		购置	自用房地产或存货转换为投资性房地产	处置	投资性房地产转换为自用房地产	
一、原价						
其中：房屋、建筑物						
土地使用权						
二、公允价值变动						
其中：房屋、建筑物						
土地使用权						
三、投资性房地产账面价值合计						
其中：房屋、建筑物						
土地使用权						

（3）说明房地产转换的理由，以及因房地产转换而计入当期损益或所有者权益的金额。

（4）说明当期处置投资性房地产的方式，以及因此产生的处置净损益。

9.长期股权投资

（1）投资企业对被投资单位具有重大影响以上的，应披露被投资单位清单及其主要财务信息，见表6-13：

表6-13　长期股权投资

单位：元

被投资单位名称	注册地	业务性质	本企业持股比例	本企业在被投资单位表决权比例	期末资产总额	期末负债总额	本期营业收入总额	当期净利润
……								

（2）如果被投资单位由于所在国家或地区及其他方面的影响，其向投资企业转移资金的能力受到限制，应披露该受限制的具体情况、原因、期限等。

（3）按照权益法核算的长期股权投资，在对被投资单位的长期权益减记至零以后，如果仍存在账外备查登记的额外损失，应披露该额外损失的累计金额及当期未予确认的金额。

（4）如果投资合同或协议中约定，对于被投资单位发生的亏损，投资企业除了已投入资本及其他实质上构成投资的权益外，还应承担其他弥补义务的，应披露合同或协议中约定条款的内容，以及基于被投资单位目前生产经营情况估计或能承担该部分义务的情况。

10.长期应收款

长期应收款，见表6-14：

表6-14　长期应收款

单位：元

项目	年初余额		本期增加额		本期减少额		期末余额	
	应收金额	未实现融资收益	应收金额	未实现融资收益	应收金额	未实现融资收益	应收金额	未实现融资收益
1.								
2.								
3.								
……								
合计								

11.固定资产

（1）固定资产的种类、使用寿命、预计净残值和折旧率，见表6-15：

表 6-15 固定资产的种类、使用寿命、预计净残值和折旧率

单位： 元

固定资产的种类	使用寿命	预计净残值	折旧率
1. 房屋、建筑物			
2. 机器设备			
3. 运输工具			
……			

（2）各类固定资产的期初和期末原价、累计折旧额及固定资产减值准备累计金额，见表6-16：

表 6-16 各类固定资产的期初和期末原价、累计折旧额及固定资产减值准备累计金额

单位： 元

项 目	年初余额	本期增加额	本期减少额	期末余额
一、原价合计				
其中：房屋、建筑物				
机器设备				
运输工具				
……				
二、累计折旧合计				
其中：房屋、建筑物				
机器设备				
运输工具				
……				
三、固定资产减值准备累计金额合计				
其中：房屋、建筑物				
机器设备				
运输工具				
……				
四、固定资产账面价值合计				
其中：房屋、建筑物				
机器设备				
运输工具				
……				

（3）对固定资产所有权的限制及其金额和用于债务担保的固定资产账面价值。

（4）准备处置的固定资产名称、账面价值、公允价值、预计处置费用和预计处置时间等，见表6-17：

表 6-17 准备处置的固定资产各项目

单位： 元

固定资产名称	账面价值	公允价值	预计处置费用	预计处置时间	准备采用的处置方式
1.					
2.					
……					

12. 生产性生物资产和公益性生物资产

（1）生产性生物资产和公益性生物资产的类别、实物数量和账面价值，见表6-18：

表6-18 生产性生物资产和公益性生物资产的类别、实物数量和账面价值

单位：元

项目	实物数量	期初余额	本期增加额	本期减少额	期末余额
1.生产性生物资产					
……					
2.公益性生物资产					
……					
合 计					
其中：用于担保的资产					

（2）生产性生物资产减值准备计提情况，见表6-19：

表6-19 生产性生物资产减值准备计提情况

单位：元

项目	年初余额	本期增加额	本期减少额	期末余额
生产性生物资产减值准备				
1.成熟生产性生物资产				
2.未成熟生产性生物资产				

（3）生产性生物资产计提折旧情况，应说明各类生产性生物资产的使用寿命、预计净残值和折旧率，见表6-20：

表6-20 生产性生物资产计提折旧情况

单位：元

生产性生物资产的种类	使用寿命	预计净残值	折旧率
1.			
2.			
3.			
……			

（4）天然起源生物资产的类别、取得方式和实物数量。

（5）与生物资产相关的风险情况与管理措施。

（6）生物资产增减变动信息，见表6-21：

表6-21 生物资产增减变动信息

单位：元

| 项目 | 年初账面价值 | 本期增加额 | | | | 本期减少额 | | | | | 期末账面价值 |
| | | 小计 | 其中： | | | 小计 | 其中： | | | | |
			购买	繁殖（育）	其他		出售	盘亏或死亡、毁损	折旧	计提减值（跌价）	其他	
一、种植业小计												
其中：生产性生物资产												
消耗性生物资产												
公益性生物资产												
二、畜牧养殖业小计												
其中：生产性生物资产												
消耗性生物资产												
公益性生物资产												
三、林业小计												
其中：生产性生物资产												

续表6-21

消耗性生物资产		
公益性生物资产		
四、水产业小计		
其中：生产性生物资产		
消耗性生物资产		
公益性生物资产		
五、生物资产合计		
其中：生产性生物资产		
消耗性生物资产		
公益性生物资产		

13.油气资产

（1）拥有国内和国外的油气储量年初、年末数据，见表6-22、表6-23：

表6-22 石油储量

数量单位：亿吨

石油储量	年末储量	年初储量
1.国内石油储量		
2.国外石油储量		
合计		

表6-23 天然气储量

数量单位：亿立方米

天然气储量	年末储量	年初储量
1.国内天然气储量		
2.国外天然气储量		
合计		

（2）当期在国内和国外发生的矿区权益的取得、油气勘探和油气开发各项支出的总额。

（3）油气资产的账面原价、累计折耗和减值准备累计金额，见表6-24：

表6-24 油气资产的账面原价、累计折耗和减值准备累计金额

单位：元

项目	年初余额	本期增加额	本期减少额	期末余额
一、原价合计				
1.探明矿区权益				
2.井及相关设施				
二、累计折耗合计				
1.探明矿区权益				
2.井及相关设施				
三、油气资产减值准备累计金额合计				
1.探明矿区权益				
2.井及相关设施				
四、油气资产账面价值合计				
1.探明矿区权益				
2.井及相关设施				

14. 无形资产

（1）每一类无形资产的名称（如商标权、专利权、土地使用权等）及取得方式（外购或内部开发）。

（2）每一类无形资产的使用寿命情况，对于使用寿命有限的无形资产，其使用寿命或构成使用寿命的产量等类似计量单位数量；对于使用寿命不确定的无形资产，无法预见其为企业带来经济利益期限的原因。

（3）对于使用寿命有限的无形资产，其为企业带来经济利益的方式及在此基础上确定的摊销方法。

（4）按表6-25填列当期每一类无形资产的增减变动情况。

表6-25　无形资产增减变动表

单位：元

项目	无形资产成本	当期摊销额	当期计提减值准备	累计摊销额	累计减值准备	期末账面价值
1.						
2.						
3.						
……						

当期增加无形资产见表6-26：

表6-26　当期增加的无形资产

单位：元

1.						
2.						
3.						
……						

当期减少无形资产见表6-27：

表6-27　当期减少的无形资产

单位：元

1.						
2.						
3.						
……						
合计						

（5）用于担保的无形资产的成本、累计摊销额及无形资产减值准备累计金额，涉及担保条款的主要内容，如担保期限，担保期间对该无形资产处置的限制等。

15. 开发支出

开发支出，见表6-28：

表 6-28　研发支出

单位：元

研究开发项目	年初余额	本期发生额	本期转出额		期末余额
			计入无形资产	计入当期损益	
1.					
2.					
3.					
……					
合计					

16. 商誉

商誉，见表6-29：

表 6-29　商誉

单位：元

项目	年初余额	本期增加额	计提的减值准备	期末余额
1.				
2.				
3.				
……				
合计				

17. 长期待摊费用

长期待摊费用，见表6-30：

表 6-30　长期待摊费用

单位：元

项目	年初余额	本期增加额	本期摊销额	期末余额	剩余摊销年限
1.					
2.					
3.					
……					
合计					

18. 递延所得税资产

（1）每一类暂时性差异和可抵扣亏损在列报期间确认的递延所得税资产的金额，见表6-31：

表 6-31　递延所得税资产

单位：元

暂时性差异	年初余额	期末余额	产生的递延所得税资产期初余额	当期转回金额	产生的递延所得税资产期末余额
1.					
2.					
3.					
4.					
……					
合计					
可抵扣亏损					

（2）对于可抵扣亏损的所得税影响，当期确认的递延所得税资产的金额及确认依据。因估计未来期间无法取得足够的应纳税所得额用于利用可抵扣暂时性差异的经济利益而未确认相关递延所得税资产的，应披露有关可抵扣暂时性差异的金额及到期日。

19.其他非流动资产

其他非流动资产，见表6-32：

表 6-32　其他非流动资产

单位：元

项目	期末账面价值	年初账面价值
1.		
2.		
3.		
4.		
……		
合计		

20.资产减值准备

资产减值准备，见表6-33：

表 6-33　资产减值准备

单位：元

项目	年初余额	本期计提额	本期减少额		年末余额
			转回额	转出额	
一、坏账准备合计					
其中：应收账款					
其他应收款					
长期应收款					
二、存货跌价准备合计					
其中：库存商品					
原材料					
消耗性生物资产					
三、债权投资减值准备					
四、长期股权投资减值准备					
五、固定资产减值准备合计			×		
其中：房屋、建筑物			×		
机器设备			×		
投资性房地产			×		
六、工程物资减值准备			×		
七、在建工程减值准备			×		
八、生产性生物资产减值准备			×		
九、油气资产减值准备			×		
十、无形资产减值准备			×		
其中：专利权			×		
商标权			×		
十一、商誉减值准备			×		

21.交易性金融负债（不含衍生金融负债）

交易性金融负债（不含衍生金融负债），见表6-34：

表 6-34 交易性金融负债（不含衍生金融负债）

单位：元

项目	期末余额	年初余额
1.发行的交易性债券		
2.指定为以公允价值计量且其变动计入当期损益的金融负债		
3.其他		
合计		

22.职工薪酬

应付职工薪酬，见表6-35：

表 6-35 应付职工薪酬

单位：元

项目	期初余额	本期发生额	本期支付额	期末余额
一、短期薪酬				
1.工资、奖金、津贴和补贴				
2.职工福利费				
3.社会保险费				
其中：医疗保险费				
工伤保险费				
生育保险费				
4.住房公积金				
5.工会经费和职工教育经费				
6.短期带薪缺勤				
7.短期利润分享计划				
8.非货币性福利				
9.其他短期薪酬				
二、离职后福利				
1.设定提存计划				
其中：基本养老保险				
失业保险金				
2.设定收益计划				
三、辞退福利				
合计				

23.应交税费

应交税费，见表6-36：

表 6-36 应交税费

单位：元

税费项目	期末余额	年初余额
1.增值税		
2.消费税		
3.所得税		
4.资源税		
5.教育费附加		
……		
合计		

24.预计负债

预计负债,见表6-37:

表 6-37　预计负债

单位:元

项目	期末余额	年初余额
1.		
2.		
3.		
4.		
……		
合计		

25.其他流动负债

其他流动负债,见表6-38:

表 6-38　其他流动负债

单位:元

项目	期末余额	年初余额
1.		
2.		
3.		
4.		
……		
合计		

26.应付债券

应付债券,见表6-39:

表 6-39　应付债券

单位:元

项目	年初余额	本期增加额	本期减少额	期末余额
1.				
2.				
3.				
……				
合计				

27.长期应付款

长期应付款,见表6-40:

表 6-40　长期应付款

单位:元

项目	年初余额		本期增加额		本期减少额		期末余额	
	应付金额	未确认融资费用	应付金额	未确认融资费用	应付金额	未确认融资费用	应付金额	未确认融资费用
1.								
2.								
3.								
……								
合计								

28.递延所得税负债

(1) 每一类暂时性差异在列报期间确认的递延所得税负债的金额,见表6-41:

表 6-41 每一类暂时性差异在列报期间确认的递延所得税负债的金额

单位:元

项目	暂时性差异	期初余额	期末余额	产生的递延所得税负债期初余额	当期转回金额	产生的递延所得税负债期末余额
1.						
2.						
3.						
4.						
5.						
…						
合计						

(2) 当期按照税法规定的应交所得税金额。

(3) 对与联营企业、合营企业投资相关的应纳税暂时性差异,当期未确认与其相关的递延所得税负债的,应说明理由。

29.长期应付职工薪酬

长期应付职工薪酬,见表6-42:

表 6-42 长期应付职工薪酬

单位:元

项目	期初余额	本期发生额	本期支付额	期末余额
1.长期带薪缺勤				
2.其他长期服务福利				
3.长期残疾福利				
4.长期利润分享计划				
5.长期奖金计划				
6.递延酬劳				

30.其他非流动负债

其他非流动负债,见表6-43:

表 6-43 其他非流动负债

单位:元

项目	期末余额	年初余额
1.		
2.		
3.		
4.		
……		

31.营业收入

(1) 营业收入的构成,见表6-44:

表6-44 营业收入的构成

单位:元

项目	本期发生额	上期发生额
1.主营业务收入		
2.其他业务收入		
合计		

(2) 各项合同总金额、累计已发生成本、累计已确认毛利(或亏损)、已办理结算的价款金额,见表6-45:

表6-45 各项合同总金额、累计已发生成本、累计已确认毛利(或亏损)、已办理结算的价款金额

单位:元

合同项目		总金额	累计已发生成本	累计已确认毛利(亏损以"-"号表示)	已办理结算的价款金额
固定造价合同	1.				
	2.				
	3.				
	……				
	合计				
成本加成合同	1.				
	2.				
	3.				
	……				
	合计				

(3) 分部收入。

企业在披露分部信息时,应当区分业务分部和地区分部。业务分部是指企业内可区分的、能够提供单项或一组相关产品或劳务的组成部分。

企业在确定业务分部时,主要是看作为某一分部的组成部分是否承担了不同于其他组成部分的风险和收益,并考虑下列因素:各单项产品或劳务的性质;生产过程的性质;产品或劳务的客户类型;销售产品或提供劳务的方式;生产产品或提供劳务受法律、行政法规的影响。

企业在确定地区分部时,主要是看作为某一分部的组成部分是否承担了不同于其他组成部分的风险和收益,而不单纯是以某个行政区域作为划分依据。企业确定地区分部时主要考虑下列因素:所处经济、政治环境的相似性;不同地区经营之间的关系;经营的接近程度大小;与某特定地区经营相关的特别风险;外汇管理规定;外汇风险。

地区分部,见表6-46:

表 6-46　地区分部

单位：元

项目	××地区		××地区		……	其他		抵销		合计	
	本年	上年	本年	上年		本年	上年	本年	上年	本年	上年
一、营业收入合计											
其中：											
对外交易收入											
分部间交易收入											
二、营业成本费用											
三、营业利润（亏损）合计											
四、未分摊的费用											
五、所得税											
六、净利润											
七、资产总额											
1.分部资产											
2.未分配资产											
八、负债总额											
1.分部负债											
2.未分配负债											
九、补充信息											
1.折旧和摊销费用											
2.资本性支出											
3.折旧和摊销以外的非现金费用											

业务分部，见表6-47：

表 6-47　业务分部

单位：元

项目	××业务		××业务		……	其他		抵销		合计	
	本年	上年	本年	上年		本年	上年	本年	上年	本年	上年
一、营业收入合计											
其中：											
对外交易收入											
分部间交易收入											
二、营业成本费用											
三、营业利润（亏损）合计											
四、未分摊的费用											
五、所得税											
六、净利润											
七、资产总额											
1.分部资产											
2.未分配资产											
八、负债总额											
1.分部负债											
2.未分配负债											
九、补充信息											
1.折旧和摊销费用											
2.资本性支出											
3.折旧和摊销以外的非现金费用											

32.营业成本

营业成本,见表6-48:

表6-48 营业成本

单位:元

项目	本期发生额	上期发生额
1.主营业务成本		
2.其他业务成本		
合计		

33.销售费用

销售费用,见表6-49:

表6-49 销售费用

单位:元

费用项目	本期发生额	上期发生额
1.		
2.		
3.		
……		
合计		

34.管理费用

管理费用,见表6-50:

表6-50 管理费用

单位:元

费用项目	本期发生额	上期发生额
1.		
2.		
3.		
……		
合计		

35.财务费用

财务费用,见表6-51:

表6-51 财务费用

单位:元

费用项目	本期发生额	上期发生额
1.		
2.		
3.		
……		
合计		

36.资产减值损失

(1)发生重大资产减值损失的,说明导致每项重大资产减值损失的原因和当期确认的重大资产减值损失的金额。

①发生重大减值损失的资产是单项资产的,需要说明该单项资产的性质。提供分

部报告信息的,还应披露该项资产所属的主要报告分部。

②发生重大减值损失的资产是资产组(或者资产组组合,下同)的,需要说明该资产组的基本情况、在资产组中所包括的各项资产于当期确认的减值损失金额、资产组的组成与前期相比发生变化的需要说明变化的原因以及前期和当期资产组组成情况。

(2)分摊到某资产组的商誉(或者使用寿命不确定的无形资产,下同)的账面价值占商誉账面价值总额的比例重大的,应当说明分摊到该资产组的商誉的账面价值。

商誉的全部或者部分账面价值分摊到多个资产组、且分摊到每个资产组的商誉的账面价值占商誉账面价值总额的比例不重大的,企业应当说明这一情况以及分摊到上述资产组的商誉合计金额。

37.公允价值变动净收益(净损失以"-"号填列)

公允价值变动净收益,见表6-52:

表 6-52　公允价值变动净收益

单位:元

费用项目	本期发生额	上期发生额
1.		
2.		
3.		
……		
合计		

38.投资净收益(净损失以"-"号填列)

投资净收益,见表6-53:

表 6-53　投资净收益

单位:元

费用项目	本期发生额	上期发生额
1.		
2.		
3.		
……		
合计		

39.营业外收入

营业外收入,见表6-54:

表 6-54　营业外收入

单位:元

项　目	本期发生额	上期发生额
1.处置非流动资产利得合计		
其中:处置固定资产利得		
处置无形资产利得		
2.债务重组利得		
3.非货币性资产交换利得		
4.罚款收入		
5.其他		
合计		

40.营业外支出

营业外支出，见表6-55：

表 6-55　营业外支出

单位：元

项目	本期发生额	上期发生额
1.处置非流动资产损失合计		
其中：处置固定资产损失		
处置无形资产损失		
2.债务重组损失		
3.非货币性资产交换损失		
4.罚没支出		
5.其他		
合计		

41.所得税以会计利润为基础，针对企业发生的交易或事项的会计处理与税务处理的差异进行调整后，确定应纳税所得额的具体情况，见表6-56：

表 6-56　应纳税所得额

单位：元

项目	本期发生额	上期发生额
会计利润		
加计项目合计		
减计项目合计		
应纳税所得额		

42.政府补助

（1）政府补助的种类及金额，见表6-57：

表 6-57　政府补助的种类及金额

单位：元

政府补助的种类		金额	备注
与资产相关的政府补助	1.		
	2.		
	3.		
	……		
	合计		
与收益相关的政府补助	1.		
	2.		
	3.		
	……		
	合计		
合计			

（2）计入当期损益的政府补助金额，见表6-58：

表 6-58 计入当期损益的政府补助金额

单位：元

政府补助的种类		计入当期损益的金额	尚未递延的金额	总额	备注
与资产相关的政府补助	1.				
	2.				
	3.				
	……				
	小计				
与收益相关的政府补助	1.				
	2.				
	3.				
	……				
	小计				
合计					

（3）本期返还的政府补助金额及原因，见表6-59：

表 6-59 本期返还的政府补助金额及原因

单位：元

政府补助的种类		本期返还的金额	尚需返还的金额	总额	原因
与资产相关的政府补助	1.				
	2.				
	3.				
	……				
	小计				
与收益相关的政府补助	1.				
	2.				
	3.				
	……				
	小计				
合计					

43. 利润表补充资料（费用性质法）

企业可以披露费用按照性质分类的利润表补充资料。费用按照性质分类（见表6-60），是指将费用按其性质分为耗用的原材料、职工薪酬费用、折旧费、摊销费等，而不是按照费用在企业所发挥的不同功能分类。

表 6-60 费用按照性质分类

单位：元

项目	本期发生额	上期发生额
1.耗用的原材料、低值易耗品、在产品、半成品等		
2.发生的职工薪酬费用		
3.计提的折旧（折耗）		
4.无形资产等的摊销		
5.计提的资产减值准备		
6.财务费用		
7.其他		
合计		

44.非货币性资产交换
（1）换入资产、换出资产的类别。
（2）换入资产成本的确定方式。
（3）换入资产、换出资产的公允价值及换出资产的账面价值。

45.股份支付
（1）当期授予、行权和失效的各项权益工具总额。
（2）期末发行在外的股份期权或其他权益工具行权价格的范围和合同剩余期限。
（3）当期行权的股份期权或其他权益工具以其行权日价格计算的加权平均价格。
（4）权益工具公允价值的确定方法。
（5）股份支付交易对当期财务状况和经营成果的影响。
①当期因以权益结算的股份支付而确认的费用总额。
②当期因以现金结算的股份支付而确认的费用总额。
③当期以股份支付换取的职工服务总额及其他方服务总额。

46.债务重组
（1）企业作为债务人应当说明与债务重组有关的下列信息：
①债务重组方式。
②或有应付金额。
③在债务重组中转让的非现金资产的公允价值、由债务转成的股份的公允价值和修改其他债务条件后债务的公允价值的确定方法及依据。
（2）企业作为债权人应当说明与债务重组有关的下列信息：
①债务重组方式。
②债权转为股份所导致的投资增加额及该投资占债务人股份总额的比例。
③或有应付金额。
④在债务重组中受让的非现金资产的公允价值、由债权转成的股份的公允价值和修改其他债务条件后债权的公允价值的确定方法及依据。

47.借款费用
（1）当期资本化的借款费用金额。
（2）当期用于计算确定借款费用资本化金额的资本化率。

48．外币折算
处置境外经营对外币财务报表折算差额的影响。

49.企业合并、分立
（1）对于同一控制下的企业合并，在合并当期期末，合并方应当披露：
①被合并方的基本情况，包括其名称、注册地、业务性质及其主要财务信息等；包括被合并方在合并发生的上一会计期末资产负债表日的资产总额、负债总额及合并当期期初至合并日的收入、费用、利润以及现金流量情况。
②对合并前后企业均实施最终控制方的名称。

③合并日的判断依据,即何时能够对被合并方实施控制。

④合并是支付对价的情况,包括所支付对价在合并日的账面价值、发行权益性证券的情况(数量、定价原则)以及在合并中取得被合并方的股权比例和表决权比例。

⑤被合并方在合并前采用的会计政策与合并方不一致的,应说明双方各自采用的会计政策,以及基于合并方的会计政策对被合并方相关资产、负债账面价值进行调整情况的说明。

⑥如果合并后准备将所取得的部分资产出售,应说明拟处置资产的情况及处置原因。

(2)对于非同一控制下的企业合并,在合并当期期末,作为购买方的企业应披露:

①被购买企业的基本情况,包括企业名称、注册地、业务性质及在上一会计期间资产负债表日及购买日的主要财务信息,包括各项可辨认资产、负债的账面价值及公允价值。如果被购买方在上一会计期间资产负债表日的可辨认资产、负债的公允价值无法可靠取得,应披露该事实。

②购买日的确定依据,如按照合并合同或协议条款确定控制权转移日期的,应披露相关合同、协议条款的内容。

③合并成本的构成,如支付的现金、非现金资产的类别、每一类资产在购买日的账面价值及公允价值,在合并中确认的损益。

④在合并中因合并成本大于所取得被购买方可辨认净资产公允价值的份额而确认的商誉金额,其具体计算过程。

⑤被购买方自购买日起至合并当期期末的收入、费用、净利润和现金流量等情况。

⑥因合并成本小于合并中取得的被购买方可辨认净资产公允价值而计入当期投资收益的金额。

⑦合并后已处置或准备处置被购买方的资产、负债,应说明处置理由及拟处置资产的账面价值等情况。

⑧在企业合并或协议中约定将承担被购买方或有负债的,应披露对拟承担或有负债的估计情况。

50. 租赁

(1)企业作为出租人应当说明与融资租赁有关的下列信息:

①资产负债表日后连续3个会计年度每年将收到的最低租赁收款额,以及以后年度将收到的最低租赁收款额总额,见表6-61:

表 6-61　最低租赁收款额

单位：元

剩余租赁期	最低租赁收款额
1. 1年以内	
2. 1年以上2年以内	
3. 2年以上3年以内	
4. 3年以上	
合计	

②未实现融资收益的余额。

（2）企业作为出租人对经营租赁，应当披露各类租出资产的账面价值，见表6-62：

表 6-62　经营租赁租出资产账面价值

单位：元

经营租赁租出资产类别	期末账面价值	年初账面价值
1. 机器设备		
2. 运输工具		
3.		
……		
合计		

（3）企业作为承租人应当说明与融资租赁有关的下列信息：

①各类租入固定资产的期初和期末原价、累计折旧额，见表6-63：

表 6-63　各类租入固定资产的期初和期末原价、累计折旧额

单位：元

融资租赁租入固定资产项目	年初余额	本期增加额	本期减少额	期末余额
一、原价合计				
其中：机器设备				
运输工具				
……				
二、累计折旧合计				
其中：机器设备				
运输工具				
……				
三、累计减值准备合计				
其中：机器设备				
运输工具				
……				
四、固定资产账面价值合计				
其中：机器设备				
运输工具				
……				

②资产负债表日后连续3个会计年度每年将支付的最低租赁付款额以及以后年度将支付的最低租赁付款额总额，见表6-64：

表 6-64　最低租赁付款额

单位：元

剩余租赁期	最低租赁付款额
1. 1年以内	
2. 1年以上2年以内	
3. 2年以上3年以内	
4. 3年以上	
合计	

③未确认融资费用余额。

（4）企业作为承租人对于重大的经营租赁，应当披露下列信息，见表6-65：

表 6-65　重大经营租赁披露内容

单位：元

剩余租赁期	最低租赁付款额
1. 1年以内	
2. 1年以上2年以内	
3. 2年以上3年以内	
4. 3年以上	
合计	

（5）企业作为承租人或出租人应当披露各售后租回交易以及在售后租回合同中的重要条款。

51.终止经营

终止经营，是指企业已被处置或被划归为持有待售的、在经营和编制财务报表时能够单独区分的组成部分，该组成部分代表一个独立的主要业务范围或一个主要经营地区，按照企业一项单独计划将整体或部分进行处置。仅仅为了再出售而取得的子公司也属于终止经营。同时满足下列条件的企业组成部分应当确认为持有待售：企业已经就处置该组成部分作出决议；企业已经与受让方签订了不可撤销的转让协议；该项转让将在1年内完成。

终止经营在披露利润表重要项目的明细说明时，应当披露终止经营税后利润的金额及其计算过程，包括终止经营的收入、费用、利润总额、所得税费用等，并且提供上一可比会计期间的相关比较数据，见表6-66：

表 6-66　终止经营披露项目

单位：元

项目	本期发生额	上期发生额
终止经营收入		
终止经营费用		
终止经营利润总额		
终止经营所得税		
终止经营税后利润		

52.每股收益

（1）基本每股收益和稀释每股收益分子、分母的计算过程。

（2）在列报期间不具有稀释性但在以后期间很可能具有稀释性的潜在普通股。

（3）在资产负债表日至财务报告批准报出日之间，企业发行在外的普通股或潜在普通股股数发生重大变化的情况。例如：股份发行、股份回购、潜在普通股发行、潜在普通股转换或行权等。

思考题

1. 财务报表附注的主要作用是什么？
2. 财务报表附注的编制有什么意义？
3. 财务报表附注应按照顺序披露的哪些内容？

练 习 题

一、单项选择题

1. 在下列各项中，（　　）属于对财务报表的编制基础、编制依据、编制原则和方法及主要项目等所作的解释。
   A. 管理层讨论与分析　　　　　　B. 董事会报告
   C. 财务报表附注　　　　　　　　D. 财务情况说明书

2. 在下列各项中，不需要在财务报表附注中披露的内容是（　　）。
   A. 会计政策变更的内容和理由　　B. 会计估计变更的影响数
   C. 非重大前期差错的更正方法　　D. 重大前期差错对净损益的影响金额

3. 资产负债表的附表是（　　）。
   A. 利润分配表　　　　　　　　　B. 分部报表
   C. 财务报表附注　　　　　　　　D. 应交增值税明细表

4. 在财务报表附注中对或有事项的说明不包括（　　）。
   A. 预计负债的种类、形成原因以及经济利益流出不确凿性的说明
   B. 会计政策变更的内容和原因
   C. 或有负债预计产生的财务影响，以及获得补偿的可能性
   D. 或有资产很可能会给企业带来经济利益的，其形成的原因、预计产生的财务影响

5. 财务报表附注是指除财务报表正式项目之外的资料，通常不采用（　　）的形式表示。
   A. 数字图表　　　　B. 文字　　　　C. 图表　　　　D. 文字加数字图表

二、多项选择题

1. 下列（　　）说法是错误的。
   A. 只有企业编制的财务报表全部遵循了企业会计准则，才能编制财务报表附注
   B. 在财务报表附注中，根据会计的重要性原则，对重要的报表项目应当说明其明细构成情况
   C. 财务报表附注不用详细列示固定资产的明细资料
   D. 财务报表附注并不是财务报表不可或缺的部分

2. 在下列项目中，上市公司应在其财务报表附注中披露的有（　　）。
   A. 在会计政策变更当期和各个列报前期财务报表中受影响的项目名称和调整金额
   B. 会计估计变更的原因
   C. 未决诉讼
   D. 与关联方交易的定价政策规定

3. 根据《企业会计准则》的规定，在下列项目中应当在财务报表附注中披露的有（　　）。
   A. 重要报表项目的说明　　　　B. 或有事项的说明
   C. 资金增减及周转情况的说明　　D. 财务报表的编制基础

4. 在财务报表附注中应披露的会计政策有（　　）。
   A. 所得税的处理方法　　　　　B. 借款费用的处理
   C. 存货的计量方法　　　　　　D. 长期待摊费用的摊销期限

5. 以下（　　）属于企业在财务报表附注中进行披露的或有负债。
   A. 已贴现商业承兑汇票　　　　B. 预收账款
   C. 为其他单位提供债务担保　　D. 应付账款

三、判断题

1. 坏账准备提取方法一经确定，不得随意变更；如需变更，应当在财务报表附注中予以说明。（　　）

2. 财务报表附注是对财务报表的编制基础、编制依据、编制原则和方法及主要项目所做的解释，以便于财务报表使用者理解财务报表的内容。（　　）

3. 根据《企业会计准则》的规定，企业重要的会计政策和会计估计应当在财务报表附注中披露。（　　）

4. 重大前期差错对净损益的影响金额不需要在财务报表附注中披露。（　　）

5. 很可能导致经济利益流出企业的或有负债不需要在合并财务报表附注中披露。（　　）

第七章

财务报表分析基础

本章知识结构图

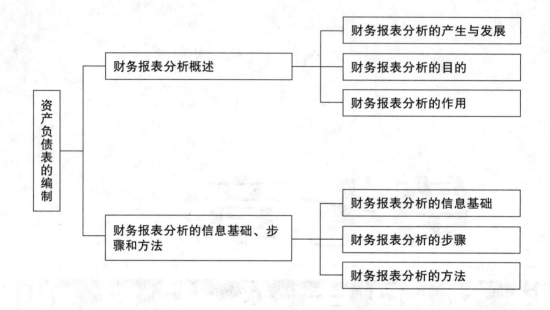

学习目标	通过本章的学习，学生应该了解并掌握： 1. 财务报表分析的目的与作用； 2. 财务报表分析的步骤； 3. 财务报表分析的基本方法。

第一节 财务报表分析概述

一、财务报表分析的产生与发展

财务报表分析始于西方银行家对贷款人的信用分析,距今已有100多年历史了。之后,财务报表分析又广泛应用于投资领域和企业内部。

(一)财务报表的信用分析

财务报表分析最早被银行家用于对贷款人的信用进行调查与分析,并借以判断、评价客户的偿债能力。1895年,当时纽约州银行协会的经理委员会采纳了一项决定:要求他们的机构贷款人提交书面的、有其签字的资产负债表。从那时起,财务报表开始被银行推荐使用。所以,信用分析又称资产负债表分析,主要是针对企业的流动资产状况、负债状况和资产周转状况等展开分析。

(二)财务报表的投资分析

随着社会经济的不断发展,尤其是资本市场的形成和不断完善,非银行机构贷款人和股权投资人的不断增加,财务报表分析便从主要为放贷银行服务,拓展到为投资者服务的更广泛的领域。投资者进行的投资分析,主要是对经营管理者受托责任履行情况的分析,内容也拓展至对企业盈利能力分析。

(三)财务报表的内部分析

财务报表分析的初始,是企业外部的利益相关者——债权人、投资人热衷于企业财务报表分析,并希望通过对财务报表分析来评价企业的偿债能力和盈利能力。随着公司制企业的诞生和进一步发展,为了加强管理,提高经营活动效率,改善盈利能力和提高偿债能力,公司经营管理者开始利用财务报表数据对企业进行全面分析,找出管理行为和报表数据的关系,以期实现通过管理来改善未来公司的财务状况和经营业绩的目的。内部分析不仅可以使用公开报表数据,还可以充分利用内部资料,如预算、计划数据、成本数据、业务活动资料等,使得资料来源更加丰富,内容更加全面。

从财务报表分析产生和发展的历程可以看出,财务报表使用者的客观需求促进了财务报表分析的发展与完善。基于财务报表分析的目的和内容存在一定差异,财务报表分析又被称为"财务报告分析""会计报表分析"和"财务分析"。本书不刻意研究、区分各名称概念的差异,缘于"财务报表"是分析的核心依据,故统称"财务报表分析"。

财务报表分析就是以财务报表和其他资料为依据,运用专门的技术和方法,对企业财务运行的结果及其形成的过程和原因进行分析,以全面、客观地评价企业财务状况和经营成果,为财务报表使用者的经济决策提供有用信息的一种分析活动。

二、财务报表分析的目的

企业编制财务报表的目的是向报表使用者提供有关的财务信息,从而为他们的经济决策提供依据。从财务报表分析发展过程可以看出,不同的利益主体通过对财务报表分析所希望达到的目的是不同的。一般而言,与企业存在经济利益关系的相关者包括投资者、债权人、经营者、政府部门、供应商、客户和企业员工等,他们由于存在利益倾向的差异,决定了在对企业进行财务报表分析时,必然有着不同的侧重点。

(一)投资者

企业的投资者对企业的财产拥有所有权。他们最关心的是投资能否增值,投资报酬或投资回报能有多大,能否满足其期望的投资收益要求;同时,企业投资者还是终极风险承担者,他们密切关注企业的财务状况。如果投资者的投资目的仅是单纯获利的话,则企业的盈利能力就是他们进行报表分析的主要目的;如果他们的投资目的不仅是眼前获利,而且包括扩大企业经营规模,避免财务风险等,那么投资者进行的财务报表分析就不仅仅是盈利能力分析,还包括企业财务状况分析,乃至企业长期可持续发展能力。

(二)债权人

同样作为企业资金的提供者,债权人与投资者关心的内容不同,债权人更多地关心企业的偿债能力,企业是否能按时支付利息以及到期归还本金。他们更关心企业的资本结构和长短期负债比例。因此,债权人并不像投资者那样关注企业的盈利能力,但对企业的偿债能力却保持高度警惕。例如,他们关注企业有多少资产可以作为偿付债务的保证,特别是企业有多少可以立即变现的资产作为偿债的保证。当然,债权人也分短期债权人和长期债权人,而企业的盈利能力能够改善未来的财务状况,增强企业的偿债能力,因此,企业的盈利能力也是债权人(尤其是长期债权人)关心的财务能力。

(三)经营者

经营者即企业的经营管理人员,他们受企业业主或股东委托,对企业业主或股东投入企业的资本负有保值、增值之责。经营者负责企业的日常经营活动,必须确保公司支付给股东与风险相适应的投资回报,并及时偿还企业的各种到期债务,使企业的各种经济资源得到充分有效的利用,为企业不断获取盈利。因此,企业的经营者必须对企业经营的各个方面,包括营运能力、盈利能力、偿债能力等信息予以全面掌握和了解,以便及时发现问题,采取对策,以改进经营、管理策略,并最终实现企业经营、发展目标。

(四)政府部门

政府使用财务报表的部门包括财政、税务、国有资产管理部门和其他相关部门等,他们通过定期了解企业的财务信息,把握和判断企业是否依法经营、依法纳税,维护正常、公平的市场秩序,有效组织和调整社会资源的合理配置,保证国家经济政策、法规和有关制度的有效执行。

（五）供应商

与企业贷款提供者情况类似，供应商在向企业提供商品或劳务后也成为企业的债权人，因此，他们必须判断企业能否支付所购商品或劳务的价款。从这一点来看，大多数供应商对企业的短期偿债能力十分关注。另一方面，有些供应商可能与企业存在着较为长久的、稳固的经济联系，在这种情况下，他们又会对企业的长期偿债能力予以额外关注。

（六）客户

客户是指企业产品的购买者。在多数情况下，企业可能成为某个客户的重要的商品或劳务供应商，此时，客户就会关心企业能否长期经营下去，能否与之建立并维持长期业务关系。因此，客户会关心企业的长期发展前景及有助于对此作出估计的盈利能力和其他财务指标。

（七）企业员工

企业员工通常与企业存在长久、持续的关系，他们关心获取的劳动报酬、工作岗位的稳定性和个人的发展空间。因此，他们不但关心企业目前的经营状况和盈利能力，而且也关心企业未来的发展前景。

三、财务报表分析的作用

财务报表所反映的是过去的事项，是对过去的总结，而财务报表分析则不仅仅是评价企业的过去，更重要的是通过分析企业的过去和现在，预测企业的未来，为利益相关者作出经济决策提供依据。

（一）财务报表分析是评价企业财务状况和经营业绩的重要依据

通过财务报表分析，可以了解企业的偿债能力、盈利能力、营运能力和现金流量状况，以合理评价经营者的经营业绩，促进管理水平的提高。

（二）财务报表分析是实现理财目标的重要手段

企业理财的根本目标是实现企业价值最大化。通过对财务报表的分析，企业管理者可以了解企业的盈利能力和资产周转情况等财务信息等财务信息，不断挖掘、改善财务能力，充分认识未被利用的人力资源和物质资源，进一步提高资产的利用效率，按照企业价值最大化的目标促进企业生产经营活动的运行。

（三）财务报表分析是实施正确投资决策的重要步骤

投资者通过财务报表分析，可以了解企业的盈利能力、营运能力和偿债能力，从而进一步分析、预测投资后的收益水平和风险程度，以作出正确的投资决策。

第二节 财务报表分析的信息基础、步骤和方法

一、财务报表分析的信息基础

财务报表分析的信息基础十分广泛,分析者收集的真实可靠的、与分析目标相关的信息均可以作为信息基础。这些信息可以是财务的,也可以是非财务的;可以是企业对外公开发布的,也可以是企业未公开的内部资料。这些信息一般包括企业财务报表、财务报表附注、审计报告、管理层的讨论与分析、股东大会和董事会发布的各项公告,如招股说明书、配股说明书、临时公告,以及企业未公开披露的内部资料,如营业收入明细资料、成本费用资料、计划与预算资料等。此外,企业所在行业的发展信息,国家宏观经济政策等,也都是财务报表分析信息基础。当然,在这些信息中,有些较难收集,例如企业的内部资料,对于外部分析者就比较难收集。因此,进行财务报表分析必须尽可能收集各方面信息,并进行核实,去伪存真。只有收集到充分、可靠的信息,才能得到科学、合理的分析结论。

(一) 财务报表

财务报表是报表分析信息的核心内容,它包括资产负债表、利润表、现金流量表、所有者权益变动表和财务报表附注。财务报表对企业报告期的财务状况、经营成果和现金流量作了结构性表述。对于上市公司,财务报表是经过注册会计师审计后公开发布的,其可靠性、有用性明显高于其他信息。非上市公司财务报表同样是经单位负责人签字、盖章的,同样具有法律效力,其可靠性、有用性也高于其他信息。

(二) 审计报告

审计报告是企业委托注册会计师,根据独立审计准则的要求,对企业对外发布的财务报表的合法性、公允性和一贯性作出的独立鉴证报告。它可以增强财务报表的可信性,是财务报表使用者判断公司会计信息真实程度的主要依据。审计报告分为标准审计报告和非标准审计报告。标准审计报告是指注册会计师出具的标准无保留意见的审计报告;非标准审计报告是指除标准审计报告以外的其他审计报告,包括带强调事项段的无保留意见的审计报告和非无保留意见的审计报告。非无保留意见的审计报告包括保留意见、否定意见和无法表示意见的审计报告。无保留意见的审计报告表明财务报表的可靠性较高,保留意见、否定意见和无法表示意见的审计报告提示报表使用者需要对企业进行仔细的价值评估。

从国内、国外的审计实践来看,由于存在被审计单位管理层共同舞弊的可能,即使注册会计师按照独立审计准则的要求执行审计业务,并尽到了应有的职业谨慎职责,出具的审计报告仍然有可能是失实的。因此,审计报告对财务报表的可信性提供的是合理保证,而不是绝对保证。

（三）管理层讨论与分析

管理层讨论与分析是证券市场信息披露制度发展的产物，是公司财务报告的重要组成部分，是传统的财务情况说明书的发展。管理层讨论与分析是向财务报表使用者传递公司信息的有效渠道，体现了管理层基于自身的角度对公司的经营政策、经营成果、市场环境所作的分析，并对公司的现状及其发展前景作出基本判断。管理层讨论与分析有助于财务报表使用者理解公司的经营策略、经营成果和财务状况等信息，了解公司的经营管理水平以及可能存在的风险和不确定因素，把握公司未来的发展方向。管理层讨论与分析是对财务报表必要和有益的补充。

（四）企业内部信息资料

企业内部信息资料是指企业未对外公开披露的各种生产经营活动的资料，如会计核算明细资料、营业收入明细资料、成本费用资料、业务活动资料、计划与预算资料等。企业财务活动受业务活动的影响和制约，财务报表提供的信息，只是对企业生产经营活动的综合概括，仅依靠企业对外公开的信息进行分析，无法满足企业改善经营管理的需要。因此，企业内部信息资料对企业管理者和企业内部分析人士显得尤其重要。当然，对于外部分析人士，获取企业内部信息资料则相当困难。

（五）行业发展信息

行业发展信息主要是指企业所处行业的相关企业、产品、技术、规模、效益等方面的信息。企业的财务特点受制于所在行业的特点，对企业财务状况的优劣进行评价，要结合所在行业的特点和横向类别进行判断。例如，流通企业的存货周转速度远比一般制造业高；房地产企业其资产负债率可能比一般行业高等。收集行业信息，要更多地收集行业标准、行业经验值、行业典型企业的财务值等。在分析时，要着重关注行业平均水平、行业先进水平以及行业发展前景等信息，以客观评价企业的行业地位，合理预测企业未来的财务状况和企业的发展趋势。

（六）宏观经济政策

宏观经济政策是指政府调节宏观经济运行的政策与措施。宏观经济政策主要着眼于经济增长、物价稳定、促进就业等目标，它包括货币政策、税收政策、财政政策和收入分配政策等。宏观经济政策的变化，最终会改变企业的财务运行过程和结果。进行财务报表分析时，要从企业的行业性质、组织形式等方面分析企业财务对宏观经济政策的敏感程度，以更加全面、客观地揭示宏观经济政策变化对企业的财务状况、经营成果及现金流量的影响。

此外，公司的各种公告、公司治理信息、市场信息等其他可以收集的信息，也都是报表分析中可加以充分利用的信息。只有充分收集、挖掘和利用这些相关信息，分析者得出的结论才能更加接近真实。

二、财务报表分析的步骤

财务报表分析是一项严谨的科学实践活动,需要正确的程序与步骤,才能达到分析者预期的目标。一般认为,财务报表分析可以分为以下5个工作步骤:

(一)明确分析目的

企业财务报表使用者角色各异,不同的信息使用者,关心的侧重点不同。在进行财务报表分析时,必须明确分析的目的是什么,即财务报表信息使用者希望通过分析报表获得哪方面的信息。是要评价企业的经营业绩,进行投资决策?还是要评估企业的财务状况,进行信贷决策?只有明确分析的目的,才能依据目标去收集相关决策需求的信息,选择正确的分析方法,进而得出正确的分析结论。

(二)收集、整理和核实分析所需的信息资料

明确分析目的,就等于为报表分析指明了工作方向,围绕这一方向,报表分析者必须有针对性地收集相关信息资料。当前所处的时代是一个信息时代,各项信息充斥耳目,报表分析者必须有一双慧眼,收集相关有用的信息,去伪存真,并进行分类整理,为下一步开展分析打下扎实的基础。

(三)进行财务报表会计分析,提高信息质量

财务报表会计分析的目的在于评价企业财务报表所提供的财务状况与经营成果等信息的真实程度。通过会计分析,一方面可以对企业的会计政策、会计方法、会计披露进行评价,揭示会计信息的质量;另一方面,通过对会计政策、会计估计变更的调整,可以修正会计数据,为报表分析奠定基础。报表分析者进行报表会计分析时,一般可以按下列具体步骤进行:①认真阅读财务报表及其附注;②比较财务报表;③解释财务报表;④修正报表信息。进行财务报表会计分析时,对于发现的由于会计原则、会计政策等原因引起的会计信息差异,应通过一定的方法加以说明或调整,解决会计信息的可比性问题。

(四)财务报表综合分析与评价

在完成上述分析基础工作后,可以对企业财务报表进行深入分析,就该企业的经营管理水平、经济运行结果、财务能力等进行评价,力求分析结论的正确性与可靠性。同时,可以依据报表资料及其他宏观政策、市场信息等资料,对企业所处的行业发展进行战略分析,预测企业未来的发展前景。

(五)提出财务分析报告

财务分析报告是财务报表分析的最后步骤,也是财务报表分析的书面报告。分析报告要对分析目的作出明确结论,评价要客观、全面、准确。对分析的主要内容,选择的分析方法、采用的分析步骤也要作出简明扼要的叙述,使分析报告阅读者能了解整个分析过程。

三、财务报表分析的方法

财务报表分析方法多种多样,一般概括起来有:比较分析法、比率分析法、趋势分析法、因素分析法和图形分析法。在实际工作中,应根据分析主体的具体目的和掌握资料的多寡等实际情况选择适当的分析方法。

(一)比较分析法

比较分析法是将两个相关的财务指标进行对比,从数量上确定其差异,并进行差异分析的一种方法。它是财务报表分析的最基本方法之一。按照对比对象的不同,比较分析法有以下3种形式:

1.实际指标与计划(预算)指标比较

通过该项比较,可以评价企业计划(预算)制订水平和执行力度,分析计划(预算)完成或未完成的原因。

2.实际指标与上期指标比较

通过该项比较,可以评价企业报告期与上期相比,有关指标的变动情况,分析企业生产经营活动的发展趋势和管理工作改进的情况。该项对比也可以与历史先进水平或特定时期指标比较。

3.实际指标与同行业指标比较

通过该项比较,可以评价企业与同行企业之间业存在的差异,分析本企业在经营管理中存在的问题,促使企业向先进单位学习,推动本企业经营管理水平不断提高。

运用比较分析法时应当注意以下几方面问题:一是要注意指标的同质性,只有性质相同的指标才具有可比性,不同类型的企业相关指标往往不具有可比性;二是要注意指标的范围要一致,即用来比较的指标范围、口径应当是一致的,否则会失去比较的意义;三是时间要注意协调一致,即用来比较的指标涵盖的会计期间是相等的。

(二)比率分析法

比率分析法是把两个相关联的财务指标进行对比,计算出比率以此分析企业财务活动的一种方法。它也是财务报表分析的最基本方法之一。按照分析的目的和要求的不同,比率分析法一般有以下3种:

1.构成比率

构成比率也称结构比率,是将某项财务指标的某个组成部分与该财务指标的总体进行对比,计算出部分占总体的比率,也就是通常所说的比重,它反映了部分与总体的关系。通过构成比率,可以分析在总体中各个部分所占比重是否合理,是否符合经济运行规律。例如,将企业的流动负债与非流动负债和负债总额相比,分别计算各自所占比率,可以分析企业负债结构是否合理,债务偿还安排是否妥当等。

2.效率比率

效率比率是在某项经济活动中所费与所得的比率。一般而言,投入与产出之比均为效率比率，其中，最常见的就是与利润有关的比率，如营业利润率、成本费用利润率、资本利润率、投资利润率等。通过效率比率可以进行得失比较，考核经营成果，评价经济效益。

3.相关比率

相关比率是将两个相互联系但又不相同的财务指标进行对比而计算出的比率。通过相关比率，可以了解在经济活动中各相关指标之间存在的内在关联，分析其相互作用关系和作用大小，并据此认识客观经济活动规律，以确保企业的经营活动能顺利进行。例如，用流动资产与流动负债相比计算的流动比率，就能反映企业的短期偿债能力，控制企业的短期债务风险。

比率分析法的优点是运用广泛，方法简单。但在运用这一方法时，应当注意以下几点：一是要注意相关指标间的关联性，即计算比率的分子与分母必须具有相关性，把不相关的指标进行对比是没有意义的；二是要注意对比指标的口径要统一，计算比率的分子、分母必须在计算时间、范围等方面保持口径一致；三是要注意衡量标准的科学性。例如，通过相关比率计算出本企业的相关指标，该指标是否恰当，是否合理则需要一个衡量标准。这个标准可以是计划指标（预算指标）、历史标准、行业平均值、公认标准等。只有与科学、合理的标准比较，才能对本企业相关比率作出客观评价。

● **（三）趋势分析法**

趋势分析法是将连续几年或几个时期的财务报表指标进行对比，运用指数或完成率法计算，确定在分析期内各有关财务指标的变动情况和趋势的一种财务分析方法。采用这种分析方法可以分析引起变化的主要原因，变动的性质，并预测企业未来的发展前景。趋势分析法根据对比指标的期间不同，可以分为定比趋势分析和环比趋势分析。

1.定比趋势分析

该种分析方法是将连续若干时期财务报表的某项指标与一固定时期（基期）指标进行对比，借以反映某一指标在一定时期内与固定时期（基期）相比，上升或下降的变动趋势。

2.环比趋势分析

该种分析方法是将连续几年内的财务报表某项指标依次将本期与上一期进行对比，形成一系列的比值，借以反映某项财务指标在一段时期内逐年变化的趋势。

需要注意的是，无论是定比趋势分析还是环比趋势分析，都运用了比较和比率的形式，所以，它们在本质上是比较分析法和比率分析法的一种扩展。

● **（四）因素分析法**

因素分析法是根据分析指标与其影响因素之间的关系，按照一定的程序和方法，计算各因素对分析指标差异影响程度的一种技术方法。因素分析法根据计算差异具体方法的不同，可以分为连环替代法和差额计算法两种。

1. 连环替代法

连环替代法是因素分析法的基本形式,它是将由多个因素构成的分析指标分解成各个具体因素,然后,按照一定的顺序依次替换某一因素,其他因素保持不变,据以计算各个因素变动对分析指标影响程度的一种方法。

2. 差额计算法

差额计算法是直接利用分析指标各因素的计划(预算)与实际的差异,按顺序计算,确定各因素变动对分析指标的影响程度。它是从连环替代法简化而来的一种分析方法。

【例7-1】假设某企业与A产品有关的产量、材料单耗和材料单价及材料总成本资料见表7-1。

表7-1　A产品直接材料成本资料表

项目	单位	上年数	本年数	差异
产品产量	台	400	410	+10
材料单耗	千克	40	38	-2
材料单价	元	30	34	+4
材料总成本	元	480 000	529 720	+49 720

采用连环替代法计算产品产量、产量单耗、材料单价三因素对材料总成本变动的影响。

上年材料总成本:400×40×30=480 000(元)

第一次替代:410×40×30=492 000(元)

第二次替代:410×38×30=467 400(元)

第三次替代:410×38×34=529 720(元)

产品产量增加使材料总成本增加:492 000-480 000=12 000(元)

材料单耗节约使材料总成本节约:467 400-492 000=-24 600(元)

材料单价上升使材料总成本增加:529 720-467 400=62 320(元)

因产量、单耗、单价3个因素变化对材料总成本影响为:

12 000+(-24 600)+62 320=+49 720(元)

此结果正好与材料总成本的总差异相等。

如果用差额计算法计算,其过程如下:

产品产量增加使材料总成本增加:(410-400)×40×30=12 000(元)

材料单耗节约使材料总成本节约:410×(38-40)×30=-24 600(元)

材料价格上升使材料总成本增加:410×38×(34-30)=62 320(元)

因产量、单耗、单价3个因素变化对材料总成本影响为:

12 000+(-24 600)+62 320=49 720(元)

两种方法的计算结果一致。可见,差额计算法是连环替代法的简化形式。

从上例可以看出,在计算某项因素变动的影响程度时,是以其他因素不变为前提条件的,同时还假定变动过的因素在分析下一个因素变动时,不再还原回去,依次直至最后一个因素。因此,采用连环替代法,必须依照经济活动的客观规律和各个因素之间的相互依存关系,合理安排各因素的替代顺序。替代顺序一经确定,不应随便变更。因为同一因素替代的顺序不同,对综合指标的影响程度也不同,但所有构成因素综合影响结果是不变的。

替代顺序确定的一般原则是:

(1)先数量指标,后质量指标。如果既有数量因素又有质量因素,应当先计算数量因素变动的影响,后计算质量因素变动的影响。

(2)先实物量指标,后价值量指标。如果既有实物量因素又有价值量因素,应当先计算实物量因素变动的影响,后计算价值量因素变动的影响。

(3)先主要指标,后次要指标。如果有几个数量因素或质量因素,还应该区分主要因素和次要因素,先计算主要因素变动的影响,后计算次要因素变动的影响。

(五)图形分析法

图形分析法是指将企业相关财务指标以某种图形的方式揭示出来,以直观地反映企业的财务活动过程和结果。严格地说,图形分析法不是一种独立的财务报表分析方法,它是将比较分析法、比率分析法和趋势分析法等方法分析的结果用图形表达出来。由于该方法表达形式直观、形象,因而广受使用者欢迎。例如,反映上市公司的股票价格走势图——K线图,就是最常见的一种图形分析法。常见图形分析法依照图形的形式可以有柱形图、折线图、饼图等,并可以通过Excel来制作完成。

1.柱形图(如图7-1所示)

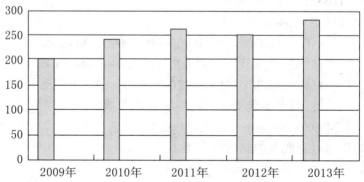

图7-1 甲公司近5年营业收入变动趋势柱形图(单位:万元)

2.折线图(如图7-2所示)

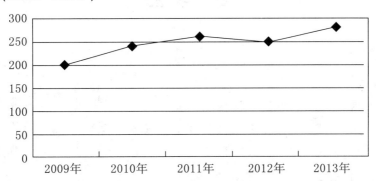

图7-2　甲公司近5年营业收入变动趋势折线图（单位：万元）

3.饼图(如图7-3所示)

A产品总成本780元，其中：直接材料340元，直接人工280元，制造费用160元。

图7-3　某企业A产品单位成本构成饼图（单位：元）

在实际工作中,图形分析法还有其他诸多表现形式,如面积图、雷达图等,在此不一一介绍。

思考题

1. 简述财务报表分析的发展过程。
2. 不同的报表使用者对财务报表分析有怎样的目的？
3. 构成财务报表分析的信息基础有哪些？
4. 财务报表分析的方法有哪些？

练 习 题

一、单项选择题

1. 财务报表分析开始于（　　）。
   A. 投资者　　　　B. 银行家　　　　C. 企业管理者　　　　D. 政府机构

2. 从投资者的角度，（　　）是其分析财务报表的主要目的。
   A. 偿债能力　　　B. 获利能力　　　C. 营运能力　　　　D. 发展能力

3. 从债权人的角度，（　　）是其分析财务报表的主要目的。
   A. 偿债能力　　　B. 获利能力　　　C. 营运能力　　　　D. 发展能力

4. 相对而言，投资者、债权人、企业员工都比较关注的财务能力是（　　）。
   A. 资本结构　　　B. 营运能力　　　C. 偿债能力　　　　D. 获利能力

5. 分析财务报表的首要步骤是（　　）。
   A. 收集相关分析信息　　　　　　　B. 明确分析目标
   C. 选择分析方法　　　　　　　　　D. 提出分析报告

6. 运用比较分析法时，应注意指标的（　　）。
   A. 同质性　　　　B. 有用性　　　　C. 相关性　　　　　D. 重要性

7. 运用比率分析法时，应注意指标的（　　）。
   A. 同质性　　　　B. 有用性　　　　C. 相关性　　　　　D. 重要性

8. 下列不易取得的财务报表分析信息是（　　）。
   A. 财务报表附注　　　　　　　　　B. 行业发展信息
   C. 企业内部资料　　　　　　　　　D. 宏观经济政策

二、多项选择题

1. 对财务报表分析结果关注的人员包括（　　）。
   A. 投资者　　　　B. 债权人　　　　C. 供应商　　　　　D. 企业客户

2. 构成财务报表分析信息基础的资料包括（　　）。
   A. 财务报表　　　B. 审计报告　　　C. 行业信息　　　　D. 市场信息

3. 财务报表分析方法包括（　　）。
   A. 比较分析法　　B. 比率分析法　　C. 工作底稿法　　　D. 图形分析法

4. 趋势分析法可以有（　　）几种。
   A. 结构趋势分析　　　　　　　　　B. 相关趋势分析
   C. 定比趋势分析　　　　　　　　　D. 环比趋势分析

5. 因素分析法包括（　　）。
   A. 连环替代法　　B. 差额计算法　　C. 比较分析法　　D. 比率分析法
6. 图形分析法包括（　　）。
   A. 柱形图　　B. 折线图　　C. 饼图　　D. 雷达图
7. 作为比较分析法的比较对象可以是（　　）。
   A. 计划指标　　B. 上期指标　　C. 历史指标　　D. 竞争对手指标
8. 财务报表分析的步骤一般包括（　　）。
   A. 明确分析目的　　　　　　　　B. 收集、整理并核实分析所需的信息资料
   C. 进行财务报表会计分析　　　　D. 提出财务分析报告

三、判断题

1. 财务报表分析是从企业管理层需求开始的。（　　）
2. 编制财务报表主要是对过去的总结，而分析财务报表主要是对未来的预测。（　　）
3. 长期债权人也非常关心企业的盈利能力分析。（　　）
4. 审计报告是财务报表分析重要的信息基础，因此，它是各类企业报表分析时必须收集的基础信息。（　　）
5. 收集有用的信息，是财务报表分析的首要的工作。（　　）
6. 比较分析法是把两个相关联的财务指标进行对比，计算出比率，并据以分析企业财务活动的一种方法。（　　）
7. 趋势分析法本质上是比较分析法和比率分析法的扩展。（　　）
8. 差额计算法实质是简化的连环替代法。（　　）
9. 运用因素分析法时，指标替代的顺序是先质量指标，后数量指标。（　　）
10. 图形分析法不是一种独立的报表分析方法。（　　）

第八章

财务报表项目分析

第八章 财务报表项目分析

本章知识结构图

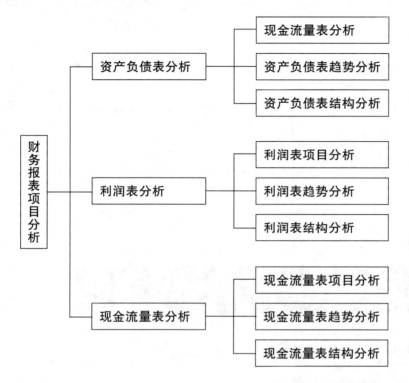

学习目标	通过本章的学习，学生应了解并掌握： 1. 资产、负债、所有者权益的主要项目、结构及其变动趋势的分析方法； 2. 利润表主要项目、利润结构及变动趋势分析方法； 3. 现金流量表主要项目、类别、结构及变动趋势分析方法；

通过前面相关章节的介绍，我们已经掌握所有财务报表的编制方法，全面、系统地了解了财务报表的结构、内容及内部逻辑关系。事实上，包括财务报表附注在内的所有报表既相互独立，向报表使用者传递关于企业财务状况不同方面的信息；又密切关联，相互之间存在必然的逻辑关系，互相呼应，共同向报表使用者表达着不同视角下的财务信息。财务报表作为企业对外发布经营过程及其结果的信息载体，能够全面、系统地揭示企业的财务状况、经营成果和现金流量等信息。当然，在很多时候也能做到"一叶落而知天下秋"，即重点关注财务报表的某些项目，也能分析出企业财务状况和经营形势的很多"小秘密"。

本章所述财务报表项目分析主要是对财务报表的主要项目、项目变动及趋势、结构及结构变动进行总体分析。本章将结合案例,通过对制造业上市公司的年度财务报表主要项目展开分析,以利于读者对财务报表项目的内容及所包含在数据背后的经济信息有更深刻的了解。

财务报表项目分析是在对有关财务报表基础知识学习的基础之上,通过对资产负债表的主要项目、总额、结构及趋势的变动进行分析,以期全面了解企业的财务状况;通过对利润表的主要项目、利润结构及利润变动趋势进行分析,了解企业的经营成果及利润质量;通过对现金流量表的主要项目、类别、结构及项目变动进行分析,了解企业现金流量项目的构成、质量及变动趋势。通过对企业财务报表项目进行分析进而对企业的财务状况、经营成果、现金流量及所有者权益变动情况有总体上的把握。

第一节 资产负债表分析

一、资产负债表分析概述

(一)资产负债表分析的意义

资产负债表是反映企业在某一特定日期(月末、季末、年末)财务状况的财务报表。它反映的是企业资产、负债、所有者权益(股东权益)在特定时点的总体规模与结构。资产负债表作为企业财务报表体系中的主要报表之一,对于不同的报表使用者了解、分析和评价企业的财务状况具有重要意义。

1.通过分析可以了解企业拥有或控制的资源及其分布与结构

资产负债表左边列示特定日期的资产总额及其构成信息。它表明企业在特定时点所拥有的资产总量有多少,是什么,即企业有多少资产,流动资产、非流动资产,包括长期股权投资、固定资产、无形资产等各占多大比例,反映企业的资产配置状况。

2.通过分析可以了解企业资本来源的构成及长期偿债能力

资产负债表右边列示企业在特定日期的债务资本及股东权益资本两种不同性质资金的来源及构成。同时债务资本与股东权益资本的比例及全部债务资本与全部资产的比例,反映了企业的长期偿债能力及财务风险。

3.通过分析可以了解企业在特定时点的财务实力及短期偿债能力

企业的短期偿债能力主要反映在资产或负债的流动性上,即资产转换成现金或负债到期清偿所需的时间。资产转换成现金越快,其流动性越强;负债的到期日越短,其流动性越强。将流动资产或其中一部分与流动负债进行比较,可以计算出反映企业短期偿债能力的流动比率、速动比率、现金比率等指标。

4.通过分析可以预测企业未来财务状况的发展趋势

通过对连续数期资产负债表的相关项目进行比较，就可以了解企业财务状况的变动趋势，预测企业未来财务状况的发展趋势，从而为报表使用者的决策提供预见性参考信息。

（二）资产负债表分析的局限性

资产负债表分析虽然有上述应用意义，但因为编制方法及内容受会计准则及会计惯例影响，具有一定的局限性。资产负债表分析的局限性主要体现在以下几个方面：

1.资产项目计价方法不统一

在资产负债表中的资产项目一般以历史成本为基础报告，但实际资产项目的计价，由于受会计准则的约束，可能采用不同的方法，使得资产负债表内的合计数缺乏一致的计价基础，从而影响会计信息的相关性。特别是在资产的公允价值与其账面价值相差较大的情况下，根据资产负债表进行分析，对企业的偿债能力和获利能力的评估也将受到影响。

2.部分有价值的经济资源未能在资产负债表中列示

由于会计处理的货币计量假设，使得在资产负债表中难免遗漏许多无法以货币计量的重要经济资源和义务的信息，如企业优秀的人力资源、优越的市场地位等是企业极具价值的资源，而环境治理、节能减排等社会责任则是企业所承担的义务，但因无法客观地以货币加以计量，所以都不能在资产负债表中加以表达，使得资产负债表传递的信息受到限制。

3.资产负债表内的信息包含了许多报表编制者的主观判断和估计

在资产负债表中的部分项目的计价，需要依据主观的判断和估计。例如坏账准备、固定资产折旧、无形资产摊销等，分别基于对坏账百分比、固定资产使用年限及无形资产摊销期限等因素的估计；诸如预计负债等需根据未确定事项进行判断和估计。估计的数据难免存在主观因素，从而影响信息的可靠性。

4.正确理解资产负债表的信息必须依靠使用者的判断

资产负债表的信息有助于评价和预测企业的偿债能力和经营管理绩效。然而，这些信息并不是通过报表直接披露的，而是需要报表使用者根据自己的判断进行评价，不同使用者的理解能力不一样，可能导致不同的使用者根据相同的报表信息得出不同的评价结论。所以，要有效利用资产负债表披露的信息，不仅需要报表信息披露的充分与规范，而且还要提升报表使用者自身的理解能力。

（三）资产负债表分析的思路

资产负债表分析，首先是对在资产负债表中的资产、负债、所有者权益的主要项目进行了解、分析；其次是根据连续数期资产负债表的数据进行比较分析和趋势分析；再次是根据在资产负债表中资产、负债及所有者权益项目的金额及相互关系，分析其资产结构和资本结构以及资产负债表右边资金筹集与左边资产投放安排的情况。

资产负债表项目分析主要了解各具体项目所反映的主要内容与经济内涵。趋势分析主要是对企业在连续会计期间的资产负债表中相同项目的数据变动情况进行计算，比较差异，进而作出趋势分析。结构分析主要分析资产负债表中资产结构的合理性、资本结构的安全性及不同资金来源与资金投放之间的关系，进而对其偿债能力和获利能力进行总体上的把握。

二、资产负债表项目分析

资产负债表包含资产、负债及所有者权益三大要素，每个要素分别列示按一定规律排列的报表项目，每个报表项目体现着不同的财务内涵。因此，对资产负债表项目进行分析首先要了解报表项目的经济含义，进而全面具体分析其财务状况。

(一) 资产类项目分析

1. 流动资产项目分析

流动资产是指可以在1年以内或长于1年的一个营业周期内变现或耗用的资产，包括货币资金、交易性金融资产、应收及预付款项、存货等。

（1）货币资金。货币资金是企业在生产过程中处于货币形态的资产，包括库存现金、银行存款、其他货币资金等内容。货币资金是在企业资产中流动性最强同时也是获利能力最弱的资产。特定时期企业置存过多的货币资金则意味着企业具有较强的支付、预防及投资能力，但同时会导致资金闲置而丧失某些收益。企业应根据自身的实际情况（企业规模、行业特点、资金筹集能力等）确定合理的货币资金规模。

（2）交易性金融资产。交易性金融资产主要是指企业为了在近期内出售而持有的金融资产，包括股票、债券、基金、权证投资等。交易性金融资产实质上是货币资金的一种转换形式，可将企业暂时闲置的部分货币资金投资于交易性金融资产以获取适当的收益，在货币资金缺乏时转换为货币资金以保持其流动性。由于交易性金融资产集流动性与收益性特征于一身，同时其采用公允价值模式计量，在分析时应综合考虑其种类、规模及风险等因素。

（3）应收及预付款项。企业的应收及预付款项主要包括应收票据、应收账款、预付账款、其他应收款等。它是企业在特定时点的短期债权，其数额大小、滞存时间长短反映企业对该部分资产的管理能力。

以扩大销售、减少存货为目的进行的赊销会增大企业的应收款项，应收款项的增加会导致资金占用、坏账损失及收账费用、管理费用的增加等一系列问题产生。因此，企业应综合权衡赊销带来的销售增加与随之而增加的成本。而对于应收账款项目来说，分析其变现性的强弱是对其质量分析的关键。主要包括：对应收账款的账龄进行分析；对债务人的构成进行分析；对形成债权的内部经手人构成进行分析；对债权的周转情况进行分析；对坏账准备政策进行分析等。

预付账款是企业为购买商品、材料等向供货单位预先支付的款项。这部分资金被对方无偿占用，使企业丧失其短期收益。企业预付账款数额的多少应结合商品的特殊性、购货环境、企业战略等来确定，一般尽量控制其数额。

（4）存货。存货是指企业在日常活动中持有以备出售的产成品、商品、处在生产过程中的在产品、在生产过程或提供服务过程中耗用的材料或物料等，包括各类材料、商品、在产品、半成品、产成品以及包装物、低值易耗品、委托代销商品等。在企业的流动资产中，一般存货占较大比重，其管理的好坏直接影响企业的资产营运和获利水平。传统企业存货管理一般要求保持适当的存货水平以满足企业正常的生产经营的持续，但存货的存在必然占用企业资源，从而带来机会成本、储存成本、管理成本的上升。在分析企业存货占用资金多少时应综合考虑企业的性质、所处行业的市场环境及企业与其供应商、销售商的联系等因素来确定。一般在保持企业自身正常生产经营需要的前提下，尽量减少存货资金的占用。

在分析企业特定时点存货规模时还应考虑存货的质量、存货计价方式对存货金额的影响以及不同存货结构资金占用的影响。例如在制造业企业，原材料、在产品应该占较大比重，产成品的比重应相对较小些比较合理。分析时如出现异常，应结合财务报表附注来查明原因。对存货质量的分析可以从其物理质量、时效状况、品种构成进行分析，还可对其市场价格变动趋势、产品毛利率走势、跌价准备的计提以及周转率的高低等诸多方面展开分析。

2.非流动资产项目分析

非流动资产是指除流动资产以外的资产，主要包括债权投资、其他债权投资、投资性房地产、长期股权投资、固定资产、在建工程、无形资产、开发支出等项目。企业在该部分资产上的资金投放主要目的是为了获取收益。下面主要介绍一般制造业企业常见的长期股权投资、固定资产及无形资产等非流动资产项目的分析。

（1）长期股权投资。长期股权投资是指企业准备长期持有的权益性投资，包括企业持有的对其子公司、合营企业、联营企业的权益性投资。企业进行长期股权投资的主要目的是为了保持对被投资企业的控制权或为获取稳定收益。

长期股权投资分析首先分析其规模，掌握企业对被投资企业的实际控制权的大小，根据投资目的了解投资是否合理；其次分析其收益能力，长期股权投资的一个根本目的在于获取高收益，同时分散企业的经营风险。通过对长期股权投资分析，还可以了解、分析企业的战略布局。

（2）固定资产。固定资产是指同时具有以下特征的有形资产：一是为生产商品、提供劳务、出租或经营管理而持有的；二是使用寿命超过一个会计年度。固定资产的持有目的是为了生产商品、提供劳务、出租或经营管理的需要，而非像商品一样是为了对外出售。企业持有固定资产是在生产经营过程中必不可少的物质条件。企业持有固定资产的数量及质量是企业综合实力及获取未来收益的保障，但固定资产占用资金过多会导致企业的资金流动性和变现能力受到影响。

固定资产分析首先分析其规模及结构是否合理，这要结合企业的规模、企业所处的行业及企业发展的不同阶段来确定。在一般情况下，企业的规模较大，固定资产的规模相应较大。对制造业企业而言，固定资产在非流动资产及总资产中，一般占较大比例，显示企业可以利用足够的固定资产为企业赚取收益的能力。当然，这还要结合在企业中生产使用固定资产与非生产使用固定资产的比重，以及固定资产使用效率等。处于快速发展阶段的制造业企业在固定资产投资方面可能有较大的投入，在企业稳定发展时期，固定资产投资一般不会有太明显的增加或减少。另外，列示在资产负债表中的固定资产金额也会受到企业针对固定资产会计政策选择的影响。企业固定资产折旧方法的选择、预计使用寿命、预计净残值的确定以及固定资产减值准备的计提等，都会给固定资产账面价值带来较大的影响。因此，在分析固定资产项目时不仅要从企业固定资产规模、投资收益、内部管理等方面进行分析，还要从企业发展战略等方面进行综合分析。

固定资产质量分析主要从以下方面考虑：固定资产的确定方式、固定资产分布于配置的合理性、固定资产规模、固定资产原值的年内变化、固定资产的变现分析、固定资产盈利性分析、固定资产的周转性分析等。

（3）无形资产。无形资产是指企业拥有或控制的没有实物形态的可辨认非货币性资产，包括专利权、非专利技术、商标权、著作权、土地使用权等。这些资产具有不具有实物形态、属于非货币性资产、可能给企业带来经济利益但具有较大的不确定性等特点。所以在分析无形资产项目时要结合企业自身特点、行业性质、无形资产会计政策选择以及企业发展战略选择等进行分析。无形资产虽然没有实物形态，但在知识经济时代，技术发展日新月异，无形资产对企业的影响越来越大，拥有较高价值的无形资产可能会使企业在短时间内得以迅速发展。但对于传统企业，无形资产在总体资产中的安排一般不宜过大，以减少其对企业不确定的影响。也有部分企业基于长远发展，在技术及研发方面有较大的投入，反映在财务报表中的无形资产金额可能会较大。

（二）负债类项目分析

负债是由于企业过去的交易或事项形成的、预期会导致经济利益流出企业的现时义务。负债按其偿还期限的长短分为流动负债和非流动负债。负债作为企业两大不同性质资金来源之一，一方面能扩大企业规模，增加收益，但同时也会增加企业财务风险，可能使企业陷入偿还债务困境。因此，企业应在防范风险的基础之上适度负债，以使企业获得稳健发展。

1.流动负债项目分析

流动负债是指偿还期在1年之内的债务，主要包括短期借款、交易性金融负债、应付及预收款项、应付职工薪酬、应交税费等。流动负债的比重越高，意味着企业短期内的偿债压力越大，财务风险越高。但同时由于流动负债的融资成本相对较低，短期内对流动负债的使用可使企业获得较好的资金使用效果。企业应结合流动资产的投放组合及非流动负债的筹措，合理安排流动负债的额度及比例结构。

（1）短期借款。短期借款是指企业向银行或其他金融结构借入的，期限在1年以内（含1年）的各种借款，通常是为了满足正常生产经营的需要，主要有生产周转借款、临时借款、结算借款等。短期借款的筹措往往是为了解决流动资金问题，其最大的风险在于短期内需要偿还。如果短期借款到期不能及时偿还，直接的结果就是企业破产。所以企业的经营者应该结合流动资产的投放安排，时刻关注短期借款的规模，关注企业短期偿债水平是否稳健，是否需要准备现金偿还短期债务。对于暂时不用的短期借款应提前偿还，以减少利息支出。

（2）应付及预收账款。应付款项是指企业购买商品或接受劳务尚未支付的款项，主要包括应付票据、应付账款等。由于赊购的存在，导致应付款项的出现是正常的现象。应付款项的存在，使得企业可以在短期内"免费"使用该部分资金（相当于自然融资行为），但应付款项并非越多、时间越长越好。应付款项的付款递延期实际上是供货单位给予企业的一种信用，企业应适度利用，不能失信于对方，并且常见的赊购同时伴随着现金折扣政策的配合。如果企业现金充裕能在现金折扣期内偿付，将获得较好的利益；相反，失去折扣可能产生较高的成本。另外，企业如果长时间存有较多应付款项会加大企业的财务风险，短期的集中偿付或者资金周转出现困难等都可能使企业陷入困境。

预收账款是指企业按照合同预先收取购货单位的款项。当企业的产品市场销路较好时，企业会预收购货方货款，延迟供货，以短期获得该部分资金的"免费"使用，这对企业来说是一件有利的事情。但是，预收账款并不能确认为当期收入，并不等于企业业绩的增长。有时预收账款可能预示着企业未来业绩的增长，有时却并非如此，因此在分析时要加以辨别。

（3）应付职工薪酬。应付职工薪酬是指企业根据有关规定应付给职工的工资、职工福利、社会保险费、住房公积金、工会经费、职工教育经费、非货币性福利、辞退福利等各种薪酬。由于各类法律法规的保障，在正常情况下，企业不会拖欠职工薪酬。企业如果出现经常拖欠职工薪酬或应付职工薪酬金额较大的情况，则意味着企业可能出现现金短缺、信誉出现问题或偿债能力出现严重危机，应引起特别重视。

（4）应交税费。应交税费是指企业按照税法规定计算应缴纳的各种税费，包括增值税、消费税、所得税、资源税、土地增值税、城市维护建设税、房产税、土地使用税、车船使用税、教育费附加、矿产资源补偿费等。应交税费是企业对国家、对社会的一种义务，具有很强的约束力，企业一般需按照规定的时间缴纳。如果应交税费金额过大，则可能说明企业在税收筹划方面存在一定问题，也可能是企业现金周转出现问题无法及时偿付到期税费，应该结合财务报表附注进一步了解并分析其拖欠原因。

2.非流动负债项目分析

非流动负债是指偿还期在1年以上的各种债务，主要包括长期借款、应付债券、长期应付款及预计负债等。

（1）长期借款。长期借款是指企业向银行或其他金融机构借入的偿还期限在1年以上（不含1年）的各种借款。企业长期借款的举借一般与其固定资产投资或者对外股权投资的需要相适应，但长期借款的使用，在借款合同中一般事先有明确约定，使用上有较多的限制。在分析长期借款时，应关注企业长期借款的数额大小、增减变动，以及长期借款是否按照借款合同的约定使用、归还等问题。

（2）应付债券。应付债券是反映企业发行的偿还期限在1年以上的债券。企业债券在发行时由于债券票面利率与市场利率的不同可能出现平价、溢价、折价发行的情况，均以实际收到的款项入账。企业通过发行债券筹集长期资金，主要是为了非流动资产投放，分析时应注意应付债券金额的大小、偿还时间的长短、增减变动，以及通过发行债券筹集资金是否按照原先设计使用、偿还等问题。

（3）长期应付款。长期应付款是指企业除长期借款和应付债券以外的其他各种长期应付款项，包括应付融资租入固定资产的租赁费以及以分期付款方式购入固定资产、无形资产、存货等发生的应付款项等。相对于前面几种非流动负债筹资方式，长期应付款方式筹资风险较小。

（4）预计负债。预计负债是指对符合一定确认条件的或有事项进行确认的负债。常见的或有事项主要包括：未决诉讼或仲裁、债务担保、产品质量保证、承诺、亏损合同、重组义务、环境污染整治等。这些或有事项是由于过去的交易或事项形成的，其结果由未来某些事项的发生或不发生来决定的不确定事项。基于谨慎性考虑，企业应该合理估计预计负债的发生趋势及其金额的大小，从而来判断可能由此而给企业未来带来的现金流出及偿债能力的影响。一般预计负债越大，企业未来现金流出量也就越大，企业的偿债能力减弱。

●（三）所有者权益类项目分析

所有者权益是指企业资产扣除负债后由所有者享有的剩余权益。它表明在一定会计期间的任何时点，企业对预期净经济利益的拥有和控制，是企业生存和发展的基础，也是维护债权人权益的基本保证。在资产负债表中，所有者权益按照稳定性程度分为实收资本（或股本）、资本公积、盈余公积和未分配利润。

1. 实收资本（或股本）

实收资本（或股本）是指企业接受投资者投入的、形成企业的法定资本的价值。除非企业出现增资、减资等情况，实收资本（或股本）在企业正常经营期间一般不会发生变动，也无须偿还本息，可供企业长期使用。实收资本（或股本）的变动将会影响企业原有投资者对企业的原始所有权和控制权，进而会对企业的偿债能力、获利能力等产生重大影响。

2. 资本公积

资本公积是指企业收到投资者超出其在企业注册资本（或股本）中所占份额的投资，以及直接计入所有者权益的利得或损失等，主要包括资本（或股本）溢价及其他资本公积。资本公积是一种准资本，应看作企业储备资本加强管理。一般情况下只能按照法定程序转增资本，而不能作为投资利润或股利进行分配。

3. 盈余公积

盈余公积是指企业按照一定比例从税后利润（净利润）中提取的资本积累，包括法定盈余公积金和任意盈余公积金。提取的目的是为了增强企业自我发展和承受风险的能力。同时，也是向投资者分配利润或分配股利的一种限制。盈余公积的用途主要有弥补亏损、转增资本及分配股利，但都有严格的规定。比如强制性地按照净利润的10%提取法定盈余公积；提取的法定盈余公积累计额达到注册资本的50%时可不再提取；公司的法定盈余公积不足以弥补以前年度亏损的，依照规定在提取法定盈余公积金之前，应当先用当年利润弥补亏损；法定盈余公积转为资本时，留存的盈余公积不少于转增前注册资本的25%等。

4. 未分配利润

未分配利润是指企业留存以后年度进行分配的结存利润，是所有者权益的一个组成部分。未分配利润作为企业以前年度利润的积累，企业在使用上具有较大的自主权，可用于分配股利或利润、转增股本、弥补亏损等，受法律、法规限制较少。

盈余公积和未分配利润统称为留存收益。企业当期净利润的增加会增加留存收益；反之，亏损会导致留存收益的下降。一般来说，如果企业的留存收益不断增加可能说明企业的盈利能力较强，有较好的积累，同时也使企业的偿债能力得到进一步的增强；相反，企业的留存收益不断减少，则可能说明企业经营不善，盈利能力较差，削弱了企业的积累和分配的可能，同时也使得企业的偿债能力恶化。

三、资产负债表趋势分析

资产负债表趋势分析主要是指利用企业连续数期的资产负债表数据，对其中某些重点项目金额及要素总额，采用相对数及绝对数的形式分析其增减变动及变动幅度，分析企业连续数期资产、负债、所有者权益及其中的一些重点项目增减变动的趋势及变动的原因，借以全面掌握企业的财务状况及其发展趋势，为报表信息使用者的决策提供服务。在进行趋势分析时不仅要利用资产负债表数据，更多的还要结合财务报表附注提供的其他信息对企业财务状况及趋势进行综合分析判断。

（一）资产趋势分析

资产趋势分析主要对资产负债表中的资产部分进行分析，计算流动资产及非流动资产各相关项目的增减变动及变动幅度，了解其变动的金额大小及合理性，在保持资产流动性与收益性及风险方面进行权衡。

1. 资产变动分析

资产变动分析是对相应资产项目在两个特定时点的变动金额及变动幅度进行分析，了解相关资产项目的变动情况，进而对企业资产管理方面的效率进行分析。资产变动分析也称资产水平分析。

本章以珠海格力电器股份有限公司为例（以下简称格力电器），对该公司近三年的财务报表进行分析。珠海格力电器股份有限公司证券简称"格力电器"证券代码：000651，于1996年11月18日在深圳证券交易所上市。

格力电器是一家集研发、生产、销售、服务于一体的国际化家电企业，以"掌握核心科技"为经营理念，以"打造百年企业"为发展目标，凭借卓越的产品品质、领先的技术研发、独特的营销模式引领中国制造，旗下拥有格力、TOSOT等品牌，涵括格力家用空调、中央空调、空气能热水器、TOSOT生活电器等几大品类家电产品。2017年5月，格力电器大步挺进全球500强企业阵营，位居"福布斯全球2000强"第385名，排名家用电器类全球第一位。格力电器不仅是国内行业领军企业，在全球也是行业翘楚，对其财务报表开展分析，具有典型意义。

现以格力电器2016-2017年度比较资产负债表中资产部分数据（合并报表数据）为基础，来进行资产项目变动分析，见表8-1。

表8-1 格力电器资产负债表数据（资产部分）

单位：万元

资产	2017年度	2016年度	变动额	变动百分比（%）
流动资产				
货币资金	8 881 980	5 454 567	3 427 413	62.84
交易性金融资产	0	8 418	-8 418	0
应收票据	1 487 981	5 048 057	-3 560 076	-70.52
应收账款	287 921	266 135	21 786	8.19
预付账款	84 793	159 149	-74 356	-46.72
应收利息	110 978	124 215	-13 237	-10.66
其他应收款	25 402	38 060	-12 658	-33.26
买入返售金融资产	100 000	0	100 000	-
存货	947 394	859 910	87 484	10.17
其他流动资产	168 483	55 838	112 645	201.74
流动资产合计	12 094 932	12 014 348	80 584	0.67
非流动资产				
发放贷款及垫款	787 262	644 170	143 092	22.21
可供出售金融资产	270 472	215 010	55 462	25.80
长期股权投资	9 546	9 221	325	3.52
投资性房地产	49 154	50 790	-1 636	3.22
固定资产	1543 181	1 493 928	49 253	3.30
在建工程	204 484	125 435	79 049	63.02
固定资产清理	2 201	772	1 429	185.10
无形资产	265 614	248 029	17 585	7.09
长期待摊费用	818	2 095	-1 277	-60.95
递延所得税资产	878 438	819 296	59 142	7.22
其他非流动资产	65 700	0	65 700	-
非流动资产合计	4 074 870	3 608 747	466 123	12.92
资产总计	16 169 802	15 623 095	546 707	3.50

通过对格力电器2016-2017年度比较资产负债表中资产部分项目的计算，可以看出其资产项目的变动主要包括以下方面：

（1）格力电器在2017年度总资产规模增加了546 707万元，但增长速度并不快，仅有3.5%。这其中增长的主要贡献在于非流动资产的增长，增长466 123万元，达到12.92%，流动资产仅增长80 584万元，增长0.67%。虽然非流动资产项目在2017年度增长幅度较大,但由于公司资产结构中流动资产占比重较大(2016年度为76.90%,2017年度为74.80%,见表8-7资产结构分析),导致全部资产增长幅度仅为3.5%。流动资产与非流动资产的增长幅度存在较大差异,须结合财务报表及其他有关信息作进一步分析原因。

(2)格力电器2017年度流动资产增长缓慢主要在于:货币资金项目增长较快,增加3 427 413万元,增长62.84%,存货增加87 484万元,增长10.17%;应收账款增加21 786万元,增长8.19%;其他流动资产增加112 645万元,增长201.74%。应收票据下降3 560 076万元,降幅达70.52%;应收利息下降13 237万元。降幅10.66%;其他应收款下降12 658万元,降幅33.26%。正是因为货币资金与应收票据项目此消彼长,抵消了流动资产总量的增长幅度。这主要是家电行业受国家经济下行影响,销售放缓所致。(2017年度格力电器营业收入较2016年度下降28.17%,见表8-9利润表变动分析)

(3)格力电器2017年度非流动资产增长较快(12.92%),增加较多(466 123万元),这其中主要在于在建工程增加79 049万元,增长63.20%;发放贷款及垫款增加143 092万元,增长22.21%;另外递延所得税资产也增加59 142万元,增长7.22%;其他非流动资产增加65 700万元。在建工程的增加主要是由于本期增加几处生产基地的建设,对扩充未来公司产能有促进作用,符合公司长期战略目标;发放贷款及垫款是在经济下行及销售放缓的不利环境下,与经销商及相关电商等销售平台合作的战略投资。总之,非流动资产的增加意味着公司在投资方面有着长远考虑,对未来投资收益的实现应该有较好的促进作用。

2.资产趋势分析

资产趋势分析是根据连续数期资产负债表中相关资产项目的变化,分析相关资产项目在连续期间的变动趋势,以及企业整体发展趋势。对企业未来获利能力及发展能力也有较好的预测作用(本例趋势分析一律以格力电器2014年报表数据为基础采用定比分析法进行分析,下同)。

现以格力电器2014-2017年度比较资产负债表中资产部分数据为基础,进行资产项目趋势分析(2014-2017年比较资产负债表资产部分数据见表8-2,趋势分析数据见表8-3)。

表8-2 格力电器比较资产负债表数据(资产部分)

单位:万元

资产	2017年度	2016年度	2015年度	2014年度
流动资产				
货币资金	8 881 980	5 454 567	3 854 168	2 894 392
交易性金融资产	0	8 418	124 611	26 346
应收票据	1 487 981	5 048 057	4 629 724	3 429 217
应收账款	287 921	266 135	184 928	147 487
预付账款	84 793	159 149	149 865	173 971
应收利息	110 978	124 215	72 956	71 087
其他应收款	25 402	38 060	34 642	29 036
买入返售金融资产	100 000	0	0	0

续表8-2

存货	947 394	859 910	1 312 273	1 723 504
其他流动资产	168 483	55 838	10 085	13 724
流动资产合计	12 094 932	12 014 348	10 373 252	8 508 765
非流动资产				
发放贷款及垫款	787 262	644 170	456 546	208 890
可供出售金融资产	270 472	215 010	80 593	55 491
长期股权投资	9 546	9 221	9 757	2 816
投资性房地产	49 154	50 790	50 306	20 801
固定资产	1 543 181	1 493 928	1 403 414	1 270 039
在建工程	204 484	125 435	186 168	230 432
固定资产清理	2 201	772	629	11
无形资产	265 614	248 029	237 018	163 527
长期待摊费用	818	2 095	4 267	4 809
递延所得税资产	878 438	819 296	568 261	291 109
其他非流动资产	65 700	0	0	0
非流动资产合计	4 074 870	3 608 747	2 996 958	2 247 925
资产总计	16 169 802	15 623 095	13 370 210	10 756 690

表8-3 格力电器资产负债表趋势分析（资产部分）

资产	2017年度	2016年度	2015年度	2014年度
流动资产				
货币资金	306.87	188.45	133.16	100
交易性金融资产	0	31.94	472.98	100
应收票据	43.39	147.21	135.01	100
应收账款	195.22	180.45	125.39	100
预付账款	48.74	91.48	86.14	100
应收利息	156.12	174.74	102.63	100
其他应收款	87.48	131.08	119.25	100
存货	54.97	49.89	76.14	100
其他流动资产	1 227.65	406.86	73.48	100
流动资产合计	142.15	141.20	121.91	100
非流动资产				
发放贷款及垫款	376.88	308.38	218.56	100
可供出售金融资产	487.42	387.47	145.24	100
长期股权投资	339.00	327.45	346.48	100
投资性房地产	236.31	244.17	241.84	100
固定资产	121.51	117.63	110.50	100
在建工程	88.74	54.43	80.79	100
固定资产清理	20 009.09	7018.18	5 718.18	100
无形资产	162.43	151.67	144.94	100
长期待摊费用	17.01	43.56	88.73	100
递延所得税资产	301.76	281.44	195.21	100
其他非流动负债	—	—	—	100
非流动资产合计	181.27	160.54	133.32	100
资产总计	150.32	145.24	124.30	100

通过对格力电器2014-2017年资产负债表中资产部分的趋势分析可以看出：

（1）格力电器总体资产规模在2014-2017年度逐年增强，但增速在2017年度有放缓趋势，相对于2014年的总体资产规模，2015年度增长24.3%，2016年度增长45.24%；2017年度增长50.32%，结合行业发展的内外部变化的环境因素，预计在未来几年公司总体资产规模的增长会趋于放缓，当然也不排除出现收缩的可能。

（2）格力电器近3年的流动资产增长与总体资产规模的增长基本保持一致，2015-2017年度相较于2014年度分别增长了21.91%、41.20%和42.15%。公司非流动资产的增长明显快于同期的总资产增长规模，2015-2017年度相较于2014年度分别增长了33.32%、60.54%和81.27%，特别是在2016、2017年度，非流动资产规模的增长相对较快，这和公司对未来投资战略的把握有关，通过对非流动资产的加大投资，以期获得未来的较好收益，也显示公司对未来增加收益的信心和对行业发展的战略判断。

（3）格力电器近3年度在流动资产的配置方面，货币资金增长较快，2015-2017年度相较于2014年分别增长了33.16%、88.45%和206.87%，增长速度远远快于同期的流动资产及总资产的增长速度。与此同时，应收票据和应收账款增长较慢（应收账款3年增长25.39%、80.45%和95.22%），甚至于应收票据在2017年度出现较大的下降（只是2014年的43.39%）（注意，分析应收账款及应收票据变化时应与营业收入增长变化相结合，以2014年度为基础，2015-2017年度营业总收入分别相当于其收入的119.91%、139.85%和100.45%，见表8-11）；而存货项目2017年底的数额只相当于公司2014年底的76.14%、49.89%和54.97%。显示公司在近几年经济下行、行业发展放缓的环境下，公司在调整销售政策及减少库存方面做出了非常大的努力，同时公司特别重视对现金的掌控，在环境发展对行业出现不利局面的情况下，公司对现金的把握往往能在关键时刻使得公司立于不败之地，是为"现金为王"。对公司流动资产中的其他流动资产项目（2015-2017年该项目金额分别是2014年的73.48%、406.86%和1 227.65%），由于近3年变化较大，而且金额也较大，对流动资产总体有较大影响，须结合财务报告附注进一步了解并分析（主要为公司购买的"次级债券"）。

（4）格力电器在非流动资产方面近3年的增长快于同期总体资产规模，其中几个项目都有较快增长：发放贷款及垫款2015-2017年分别是2014年的218.56%、308.38%和377.86%；可供出售金融资产2015-2017年分别是2014年的145.24%、387.47%和487.42%；固定资产2015-2017年分别是2014年的110.50%、117.63%和121.51%；无形资产2015-2017年分别是2014年的144.94%、151.67%和162.43%；递延所得税资产2015-2017年分别是2014年的195.21%、281.44%和301.76%。显示公司对未来投资及获利能力和发展能力的较好预期。

（二）负债及所有者权益趋势分析

负债及所有者权益趋势分析主要是对资产负债表中负债及所有者权益部分的增减变动及变动趋势展开分析。分析负债与所有者权益合计数变动及其合理性、流动负债与非流动负债的结构及流动负债变动与流动资产变动的关系等。

1.负债及所有者权益变动分析

负债及所有者权益变动分析是对相应的负债及所有者权益项目在两个特定时点变

动金额及变动幅度进行分析，了解相关项目的变动情况及变动原因。

现以格力电器2016-2017年资产负债表中负债及所有者权益部分数据为基础，来进行权益项目变动分析，见表8-4。

表8-4 格力电器比较资产负债表（负债及所有者权益部分）

单位：元

负债及所有者权益	2017年度	2016年度	变动额	变动百分比（%）
流动负债				
短期借款	627 666	357 877	269 789	75.39
向中央银行借款	800	1 746	-946	-54.18
吸收存款及同业存放	56 661	80 651	-23 990	-29.75
交易性金融负债	118 903	21 570	97 333	451.24
应付票据	742 764	688 196	54 568	7.93
应付账款	2 479 427	2 678 495	-199 068	-7.43
预收款项	761 960	642 772	119 188	18.54
卖出回购金融资产款	0	58 600	-58 600	—
应付职工薪酬	169 728	155 050	14 678	9.47
应交税费	297 780	830 887	-533 107	-64.16
应付利息	4 839	3 618	1 221	33.75
应付股利	71	71	0	0
其他应付款	260 760	254 638	6 112	2.40
1年内到期的非流动负债	240 375	206 149	34 226	16.60
其他流动负债	5 500 785	4 858 531	642 254	13.22
流动负债合计	11 262 518	10 838 852	423 666	3.91
非流动负债				
长期借款	0	225 897	-225 897	-100
长期应付职工薪酬	12 752	10 672	2 080	19.49
递延收益	13 457	8 844	4 613	52.16
递延所得税负债	24 414	25 685	-1 271	-4.95
非流动负债合计	50 623	271 098	-220 475	-81.33
负债合计	11 313 141	11 109 950	203 191	1.83
所有者权益				
实收资本	601 573	300 787	300 786	100
资本公积	18 595	319 127	-300 532	-94.17
其他综合收益	-12 493	1 775	-14 268	-803.83
盈余公积	349 967	295 809	54 158	18.31
一般风险准备	20 776	13 636	7 140	52.36
未分配利润	3 773 719	3 484 132	289 587	8.31
归属于母公司所有者权益合计	4 752 138	4 415 265	336 873	7.63
少数股东权益	104 523	97 880	6 643	6.79
所有者权益合计	4 856 661	4 513 145	343 516	7.61
负债及所有者权益总计	16 169 802	15 623 095	546 707	3.50

通过对格力电器2016-2017年资产负债表中负债及所有者权益项目变动情况，可以分析其变动主要表现在以下几个方面：

（1）格力电器2017年底负债总额增加203 191万元，增幅1.83%；所有者权益总额增加343 516万元，增长7.61%。从增幅来看，所有者权益资金无论在增加量还是资金幅度方面均快于负债。最终使得公司2017年的资本结构在资产负债表中出现一定程度的下降（由2016年的71.11%降为2017年的69.96%。见表8-8：格力电器资本结构分析表），对企业降低债务风险，提升企业偿债能力有较好帮助。

（2）格力电器2017年负债的增加主要来源于流动负债的增加（在2017年增加的负债总额203 191万元中，流动负债增加423 666万元，非流动负债减少220 475万元）。所以应该重点分析流动负债增加项目，其中短期借款增加较快，达到269 789万元，增加75.39%；交易性金融负债增加97 333万元，增长451.24%；预收款项增加119 188万元，增长18.54%。对这些项目金额变动较大的项目应通过报表附注重点关注其变动原因。

（3）结合格力电器2017年度流动负债的变动（增加423 666万元，增长3.91%）、流动资产的变动（增加80 583万元，增长0.67%），可以看出，流动负债的增长明显快于流动资产的增长，意味着公司可能将一部分短期资金用于长期投资，最终使得公司短期偿债能力受到影响，也将加大公司投资风险。

（4）格力电器2017年度非流动负债下降过快（减少220 475万元，下降81.33%），其中，长期借款清零，是何道理？应该结合报表附注了解具体原因进行进一步分析。

（5）格力电器2017年度所有者权益合计数增加343 516万元，增长7.61%，主要得益于实收资本的增加（增加300 786万元，增长100%）、未分配利润的增加（增加289 587万元，增长8.31%）和盈余公积的增长（增加54 185万元，增长18.31%），这主要是由于本年盈利较好带来的盈余积累以及资本公积转增资本（减少300 532万元，减少94.17%）所致，属于企业的内生增长，意味着公司未来有较好的发展能力。

2. 负债及所有者权益趋势分析

负债及所有者权益趋势分析是根据连续数期资产负债表中相关负债及所有者权益项目的变化，来分析相关项目在连续期间的变动及趋势，以及企业全部资金筹集来源趋势，并据此对企业未来偿债能力及营运能力发展趋势进行预测。

现以格力电器2014-2017年资产负债表中的负债及所有者权益部分数据为基础，进行权益项目趋势分析，见表8-5、表8-6。

表8-5　格力电器比较资产负债表（负债及所有者权益部分）

单位：万元

负债及所有者权益	2017年度	2016年度	2015年度	2014年度
流动负债				
短期借款	627 666	357 877	331 697	352 064
向中央银行借款	800	1 746	3 741	0
吸收存款及同业存放	56 661	80 651	54 227	8 108
交易性金融负债	118 903	21 570	0	0
应付票据	742 764	688 196	823 021	798 358
应付账款	2 479 427	2 678 495	2 743 450	2 266 501
预收款项	761 960	642 772	1 198 643	1 663 011
卖出回购金融资产款	0	58 600	18 600	35 000
应付职工薪酬	169 728	155 050	164 016	135 767

续表8-5

应交税费	297 780	830 887	615 749	252 210
应付利息	4 839	3 618	2 548	2 020
应付股利	71	71	71	71
其他应付款	260 760	254 638	479 378	544 161
1年内到期的非流动负债	240 375	206 149	92 345	251 376
其他流动负债	5 500 785	4 858 531	3 091 637	1 574 388
流动负债合计	11 262 518	10 838 852	9 649 121	7 883 036
非流动负债				
长期借款	0	225 897	137 535	98 446
递延所得税负债	24 414	25 685	32 894	16 041
其他非流动负债	0	0	3 992	1 147
非流动负债合计	50 623	271 098	174 421	115 634
负债合计	11 313 141	11 109 950	9 823 543	7 998 670
所有者权益				
实收资本	601 573	300 787	300 787	300 787
资本公积	18 595	319 127	317 611	318 718
盈余公积	349 967	295 809	295 809	295 809
一般风险准备	20 776	13 636	4 711	759
未分配利润	3 773 719	3 484 132	2 539 556	1 757 228
归属于母公司所有者权益合计	4 752 138	4 415 265	3 458 281	2 674 313
少数股东权益	104 523	97 880	88 387	88 307
所有者权益合计	4 856 661	4 513 145	3 546 668	2 758 020
负债及所有者权益总计	16 169 802	15 623 095	13 370 210	10 756 690

表8-6 格力电器资产负债表趋势分析（负债及所有者权益部分）

负债及所有者权益	2017年度	2016年度	2015年度	2014年度
流动负债				
短期借款	178.28	101.65	94.21	100
向中央银行借款	—	—	—	0
吸收存款及同业存放	698.83	994.71	668.81	100
交易性金融负债	—	—	—	0
应付票据	93.03	86.20	103.09	100
应付账款	109.39	118.18	121.04	100
预收款项	45.82	38.65	72.08	100
卖出回购金融资产款	0	167.43	53.14	100
应付职工薪酬	125.01	114.20	120.81	100
应交税费	118.07	329.44	244.14	100
应付利息	239.55	179.11	126.14	100
应付股利	100	100	100	100
其他应付款	47.92	46.79	88.09	100
1年内到期的非流动负债	95.62	82.01	36.74	100
其他流动负债	349.39	308.60	196.37	100
流动负债合计	142.87	137.50	122.40	100
非流动负债				
长期借款	0	229.46	139.71	100
递延所得税负债	152.20	160.12	205.06	100
其他非流动负债	0	0	348.04	100

续表8-6

非流动负债合计	43.78	234.44	150.84	100
负债合计	141.44	138.90	122.81	100
所有者权益				
实收资本	200	100	100	100
资本公积	5.83	100.12	99.65	100
盈余公积	118.31	100	100	100
一般风险准备	2 737.29	1 796.57	620.69	100
未分配利润	214.75	198.27	144.52	100
归属于母公司所有者权益合计	177.70	165.10	129.31	100
少数股东权益	118.36	110.84	100.09	100
所有者权益合计	176.09	163.64	128.59	100
负债及所有者权益总计	150.32	145.24	124.30	100

通过对格力电器2014—2017年资产负债表中负债及所有者权益部分相关项目的变化趋势可以看出：

（1）格力电器近3年总资本一直持续增长，2015年、2016年增长较快，分别为2014年的124.30%和145.24%。2017年增长趋势放缓，仅为2014年的150.32%，相较于2016年仅增长3.5%（见表8-4，格力电器比较资产负债表：负债及所有者权益部分），预计公司未来几年规模增长趋势会趋于放缓，而更注重增长质量。为此，在进行相关分析时必须同时分析公司利润数量和质量的变化以及公司现金流量的数量和结构变化等。

（2）格力电器近3年总资本的增长方面，来自负债资金和所有者权益资金的增长相对比较均衡。总体而言通过以内部利润留存方式筹措的所有者权益资金占较大比率，也显示公司在资本规模增长放缓的情况下，通过公司内部的合理运营，特别是对内部成本的有效管理，使得公司盈利能力持续增强，而这种增长恰恰是公司长远发展所需要的。

（3）格力电器近3年流动负债的增长基本和总体负债的增长保持一致，而且非流动负债的增长经历2015年、2016年的快速增长（分别为2014年的150.84%和233.44%）之后，于2017年出现较大幅度的减少，对于公司调整债务结构、增强偿债能力和降低财务风险有一定益处。

（4）格力电器近3年所有者权益增长较快，相当于2014年所有者权益合计数的128.59%、163.64%和176.09%，显示公司较强的盈利能力和收益留存比。也意味着公司自有资本实力在不断增强，为公司未来举债和发展壮大打下较好基础。

四、资产负债表结构分析

（一）资产结构分析

1.资产结构及对企业经营的影响

资产结构是指不同项目资产在总资产中所占的比重。资产结构在一定程度上体现企业对其自身所控制资源的一种战略安排，这种安排反映了企业在未来一定时期的经营方向及战略导向。通过计算，了解企业经营资产、投资资产（对内、对外投资）及其他资产在总资产中的比例，可以大体了解企业经营风险与收益、资产流动性、财务弹性及企业盈利模式。资产结构分析也称资产垂直分析。

（1）资产结构对企业经营收益的影响。在企业的总体资产中，流动资产更多的是为了保持资产的流动性，而非获利；非流动资产主要为企业带来收益。从收益的角度看，企业应该安排较多的非流动资产来赚取更多的收益。

（2）资产结构对企业经营风险的影响。由于企业将更多的资源投放在非流动资产以获取更多收益，但较多的非流动资产（特别是固定资产）占用使得企业面临较大的经营风险。当企业未能获得市场销售预期时，将使得企业产能过剩，单位产品成本上升，利润下降。

（3）资产结构对企业资产流动性的影响。在企业总资产中如果流动资产配置比例过大，就会影响企业赚取收益的能力，但会使得企业具有非常强的流动性和变现能力，从而在经营过程中具有较大的灵活性。在流动资产中的货币资金可以使企业除了应对正常的支付及预防功能外，在遇到恰当的投资机会时可以利用充足的资金储备把握住稍纵即逝的投资机会。当然，如果对其中的应收款项、存货等流动性相对较弱的流动资产质量没能进行有效管理，则很可能不仅使企业流动资产的流动性受到影响，还会影响企业资产的整体营运能力和获利能力及偿债能力。

2. 资产结构分析

（1）流动资产结构分析。流动资产结构分析主要分析在流动资产中各项目占流动资产总额的比重。在流动资产的相关项目中，不同项目的资产具有不同的功能。分析其所占比例，能分析企业流动资产的配置及特定时期的经营战略或经营困境。如果企业的流动资产中存货占比例过大，可能是企业经营上的需要而进行的较大规模存货资产储备，也可能是企业销售不畅带来较多存货积压等。

（2）非流动资产结构分析。非流动资产结构分析主要分析在非流动资产中各项目占非流动资产总额的比重。在非流动资产项目中，不同的项目投资带来不同的投资效果。分析非流动资产的构成及其结构，能分析企业获取收益的主要来源以及企业的投资战略。对一般企业而言，非流动资产的投放主要集中在为了企业未来长远发展的固定资产、无形资产等项目，以增强企业未来获利能力和发展能力。在长期股权投资以及金融资产方面的投资则可能是特定时期的需要，而并非大多数企业的投资主要方向。

（3）流动资产与非流动资产结构分析。流动资产与非流动资产结构分析即企业资产结构分析，主要分析在企业总资产中这两大类资产的结构安排，进而分析企业在保持资产流动性与投资带来的收益之间的均衡及侧重。没有一定的资产流动性，一味专注投资收益，可能使企业在遇到投资风险时陷入困境；而为了防范经营及投资风险，置存较多的流动资产（保持流动性），也可能使企业丧失获取较好投资收益的机会。

（4）全部资产项目结构分析。全部资产项目结构分析主要分析企业的每一项资产在总资产中所占的比重，反映企业总体资源的配置及财务上的稳定性状况，进而分析企业在特定时点各相关资产的配置是否合理。

第八章 财务报表项目分析

下面以格力电器2016-2017年资产负债表数据为基础，计算其2016年、2017年资产结构并进行简要分析，见表8-7。

表8-7 格力电器资产结构分析（资产部分）

单位：万元

资产	2017年度	2016年度	结构比（%） 2017年度	结构比（%） 2016年度
流动资产				
货币资金	8 881 980	5 454 567	54.93	34.91
交易性金融资产	0	8 418	0	0.05
应收票据	1 487 981	5 048 057	9.20	32.31
应收账款	287 921	266 135	1.78	1.70
预付账款	84 793	159 149	0.52	1.02
应收利息	110 978	124 215	0.69	0.80
其他应收款	25 402	38 060	0.16	0.24
买入返售金融资产	100 000	0	0.62	0
存货	947 394	859 910	5.86	5.50
其他流动资产	168 483	55 838	1.04	0.36
流动资产合计	12 094 931	12 014 348	74.80	76.90
非流动资产				
发放贷款及垫款	787 262	644 170	4.87	4.12
可供出售金融资产	270 472	215 010	1.67	1.38
长期股权投资	9 546	9 221	0.06	0.06
投资性房地产	49 154	50 790	0.30	0.33
固定资产	1543 181	1 493 928	9.54	9.56
在建工程	204 484	125 435	1.26	0.80
固定资产清理	2 201	772	0.01	0
无形资产	265 614	248 029	1.64	1.59
长期待摊费用	818	2 095	0	0.01
递延所得税资产	878 438	819 296	5.43	5.24
其他非流动资产	65 700	0	0.41	0
非流动资产合计	4 074 870	3 608 747	25.20	23.10
资产总计	16 169 802	15 623 095	100	100

通过对格力电器2016-2017年资产结构比较分析，可以大致了解该公司近两年资产结构及其变化，具体看来主要有以下几个方面。

（1）格力电器总资产中流动资产所占比重较大，2016年占比76.90%、2017年占比74.80%；非流动资产在总资产中的所占比例相对较小（2016年为23.10%，2017年为25.20%）。

（2）在格力电器总体资产结构中，流动资产占有比重较大，在其流动资产中货币资金（2016年、2017年占比分别为34.91%、54.93%）和应收款项（应收票据和应收账款）在2016年、2017年占比分别为34.01%和10.98%，存货在2016年和2017年分别占比5.50%和5.86%。作为一家专业化的空调制造公司，其主要产品为空调制造，在家电行业整体增速下滑的情况下大环境下，公司也进入调整转型的关键年。公司对流动资产特别是货币资金的掌控能力非常强，在2017年公司销售下滑的情况下（2017年相较

2016年销售收入减少3 944 094万元,下降28.17%)取得较好的盈利能力(公司净利润率由2016年的10.18%提升到2017年的12.55%,提升2.37个百分点)。公司存货占比较低,显示公司较好的营运能力,这对促进公司盈利能力的提升也有较大的贡献。

(3)格力电器资产结构中非流动资产所占比重2017年为25.20%,比2016年的23.10%提高2.1个百分比,主要在于发放贷款及垫款增加0.75个百分点;在建工程增加0.46个百分点;可供出售金融资产增加0.29个百分点,主要在于公司基于长远发展在渠销售道建设、生产基地建设以及金融资产投资方面进行的投资所致。从2017年的实际盈利水平来看对促进销售、提升收现及增加利润率方面起到一定的效果。

(4)从格力电器资产结构中流动资产与非流动资产结构看,企业2016年为3.33(12 014 348:3 608 747);2014年为2.97(12 094 931:4 074 874),其中流动资产都占有较高比例。作为空调行业坚持走专业化道路的企业,格力电器一直注重在研发和销售方面的投入、合理布置生产基地、降低物流成本,属于制造业企业中坚持轻资产运营模式。同时坚持"现金为王"的策略,加强全周期的动态资源管理,贯彻积极销售策略,推动去库存化,保持合理的库存结构。

(二)资本结构分析

1.资本结构及对企业财务风险的影响

企业资本来源从性质来看主要包括债务资本和所有者权益资本。广义的资本结构是指企业的各种资本,包括长期资本和短期资本的构成及其比例关系;狭义的资本结构是指企业的债务资本与所有者权益资本的比例关系。

企业一定程度的负债有利于降低企业的资本成本,合理举债有助于实现财务杠杆利益,但过度负债可能会引发财务风险,增加破产的可能性。因此,企业在安排负债融资时,需要对负债的杠杆收益和杠杆风险进行权衡,合理安排负债规模及负债结构。

2.资本结构分析

(1)负债结构分析。负债结构分析主要分析流动负债与非流动负债的构成比例,以及流动负债与非流动负债的具体构成,进而了解负债资金的具体来源构成。一般分析的重点在于流动负债的构成及比例。

流动负债分析主要分析流动负债各项目占流动负债的比重、性质、金额大小,判断企业的流动负债主要来自哪里,偿还紧迫性如何。结合企业经营实际分析企业采购政策、信用资产、股利分配政策及其他生产经营特点;结合企业流动资产构成,分析流动负债构成变化合理性。

(2)所有者权益结构分析。所有者权益结构分析主要分析企业的实收资本(或股本)、资本公积、盈余公积及未分配利润在所有者权益中的构成及比例,向财务报表使用者提供所有者权益各项目增减变动方面的信息。

(3)负债与所有者权益结构分析。负债与所有者权益结构分析即分析狭义的资本结构,主要分析企业资本的构成及资本结构的合理性,结合资产结构分析企业财务上的安全性及经营上的稳定性。

第八章 财务报表项目分析

下面以格力电器2016-2017年资产负债表数据为基础，计算其2016年、2017年资本结构并进行简要分析，见表8-8。

表 8-8 格力电器资本结构分析（负债及所有者权益部分）

单位：万元

负债及所有者权益	2017年度	2016年度	结构比（%） 2017年度	结构比（%） 2016年度
流动负债				
短期借款	627 666	357 877	3.88	2.30
向中央银行借款	800	1 746	0	0.01
吸收存款及同业存放	56 661	80 651	0.35	0.52
交易性金融负债	118 903	21 570	0.74	0.14
应付票据	742 764	688 196	4.59	4.40
应付账款	2 479 427	2 678 495	15.33	17.14
预收款项	761 960	642 772	4.71	4.11
卖出回购金融资产款	0	58 600	0	0.38
应付职工薪酬	169 728	155 050	1.05	1.00
应交税费	297 780	830 887	1.84	5.32
应付利息	4 839	3 618	0.03	0.02
应付股利	71	71	0	0
其他应付款	260 760	254 638	1.61	1.63
1年内到期的非流动负债	240 375	206 149	1.49	1.32
其他流动负债	5 500 785	4 858 531	34.10	31.10
流动负债合计	11 262 518	10 838 852	69.65	69.38
非流动负债				
长期借款	0	225 897	0	1.45
长期应付职工薪酬	12 752	10 672	0.08	0.07
递延收益	13 457	8 844	0.08	0.06
递延所得税负债	24 414	25 685	0.15	0.16
非流动负债合计	50 623	271 098	0.31	1.73
负债合计	11 313 141	11 109 950	69.96	71.11
所有者权益				
实收资本	601 573	300 787	3.72	1.93
资本公积	18 595	319 127	0.11	2.04
其他综合收益	-12 493	1 775	-0.08	0.01
盈余公积	349 967	295 809	2.16	1.89
一般风险准备	20 776	13 636	0.13	0.09
未分配利润	3 773 719	3 484 132	23.34	22.30
归属于母公司所有者权益合计	4 752 138	4 415 265	29.39	28.26
少数股东权益	104 523	97 880	0.65	0.63
所有者权益合计	4 856 661	4 513 145	30.04	28.89
负债及所有者权益总计	16 169 802	15 623 095	100	100

通过对格力电器2016-2017年比较资本结构分析，可以了解该公司资本结构及其变动主要在于以下几个方面：

（1）格力电器资本结构中债务比率较高，债务资本占资本总额比例2016年为71.11%，2017年为69.96%。高负债意味着高风险，如果没有预期可实现的收益，将会使得公司陷入较高的财务风险之中；同时，如果在公司获利能力较强的情况下，高负债比能够为公司带来较好的杠杆利益。结合格力电器比较利润表（见表8-9：格力电器比较利润表）可知，公司较好的利用了这种高负债带来的杠杆效应，为公司创造较多的杠杆利益。

（2）格力电器流动负债比例过高，2017年为69.38%，2016年为69.65%，公司负债主要源自于流动负债，使得公司短期偿债压力加大。其中短期借款占比2.14年为2.3%，2017年为3.88%，提升1.58个百分点，主要源自于本期信用借款增加较多所致；应付款项占比较多但变化不大，其他流动负债占比较多，2016年为31.10%，2017年为34.10%，主要源自于公司销售政策所形成的销售返利，该部分负债在达到预期销售效果且现金余额比较充裕的情况下偿付应该没有太多风险。

（3）格力电器负债中非流动负债占比相对较低，2016年为1.73%，2017年为0.31%，其中在制造业企业常见的长期借款在2017年降至零，显示公司没有能对长期债务资金很好的利用，同时长短期债务资金的比例及结构不够合理（流动负债与非流动负债比例2016年为40:1，2017年为222:1），影响债务资本的偿还及风险控制。

（4）公里电器所有者权益资金所占比重在逐渐增加，2016年占比28.89%，2017年30.04%，主要是基于公司较好盈余较高的收益留存比所带来的（未分配利润占比2016年为22.30%，2017年为23.34%）。较高的税后利润留存比意味着公司未来发展对资金的较大需求，而这种公司内部资金来源减少了筹资成本，增强了资金的稳定性，为公司长远发展提供较为充足的资金保障。

第二节 利润表分析

一、利润表分析概述

（一）利润表分析的意义

利润表是反映企业在某一会计期间内经营成果的财务报表。它主要揭示了企业一定时期（月、季、年）的收入、成本、费用和损失，以及由此计算出来的企业利润（或亏损）情况，是一种动态的财务报表。

一定时期企业利润的高低及其变化趋势是企业生存和发展的关键，对企业利益相关者的决策影响很大。因此，利润表信息的披露及分析对报表信息使用者意义十分重要。

1.通过分析可以评价、预测企业经营成果和获利能力

企业经营成果的获取是在其掌握一定资源的基础之上获得的报酬，它可以表现为一定期间的利润总额；而获利能力则是指企业运用一定经济资源获取经营成果的能力，它可以通过各种相对指标如营业利润率、成本利润率、净资产收益率等体现。通过对利润表信息的分析可以了解企业特定时期的经营成果和获利水平；通过比较和分析同一企业不同时期或不同企业同一时期的收益情况，可据以评价企业经营成果的好坏和获利能力的高低，预测企业未来的盈利趋势。

2.通过分析可以评价、预测企业的偿债能力

偿债能力是指企业清偿债务的能力。利润表本身不能直接提供偿债能力的信息，但企业偿债能力的强弱不仅取决于资产的流动性和资本结构，也取决于企业的获利能力，尤其是长期负债。企业获利能力不强，企业资产的流动性和资本结构必然进一步恶化，最终危及企业的偿债能力。

3.通过分析可以评价、考核管理人员的管理绩效

企业实现利润的多少是具体体现管理人员绩效的一个重要方面，是企业管理成功与否的重要体现。通过比较在相关期间企业收入、费用及收益的增减变化，分析产生差异的原因，可以评价各职能部门和人员的业绩，并据此作为奖惩措施实施的依据。

4.通过分析可以为企业的信息使用者作出合理的经营、投资决策

利润表反映了企业利润构成的各个项目，其收入、费用之间存在着紧密的关联。通过利润表各项目的构成可以了解企业在经营活动中利润的形成情况，了解企业的获利能力，从而有助于企业的债权人、投资人作出有关信贷、投资方面的合理决策，同时也促进企业管理水平的提升。

● **（二）利润表分析的局限性**

利润表反映的是企业实现的经营成果，在分析企业获利能力、偿债能力、发展能力等方面有重要作用。但是，在利用利润表数据进行分析时，需要考虑利润信息的时效性及计价原则等方面对利润指标带来的影响。

由于采用货币计量，许多企业管理层的努力对企业的获利能力有重大帮助或提升，却无法予以量化，因而无法在利润表中列示，从而影响了信息使用者的决策。

由于一般公认会计原则允许采用不同的会计处理方法，使得不同企业的收益比较受到影响。

由于企业的许多费用采用估计数，如坏账损失、产品售后服务成本、折旧年限及残值、或有损失等，因此在以后年度可能要进行修正，从而对报告期利润的披露有较大影响。

由于采用历史成本计量，企业所耗用的资产按取得时的历史成本转销，而收入按现行价格计量，进行配比的收入和费用未建立在同一时间基础上，因而使收益的计量缺乏内在的逻辑上的统一，使成本无法得到真正的收回，资本的完整性不能从实物形态或使用效能上得到保证。在物价上涨的情况下，无法区别企业的持有收益及营业收益，常导致虚盈实亏的现象，进而影响企业的持续经营能力。

（三）利润表分析思路

利润表是反映企业在一定时期内经营成果的财务报表。它不仅反映企业一定时期的财务成果的信息，通过对其分析，而且还可以了解企业当前及未来一定时期的获利能力、经营管理绩效等综合信息，有助于财务报表使用者正确评价企业经营业绩，作出合理决策。

利润表分析至少包括以下内容：

利润表项目分析，主要分析对企业当前经营成果有较大影响的主要项目或变动较大的项目，如营业收入、营业成本、期间费用、资产减值、公允价值变动、投资损益、营业外收支等项目。

利润项目变动趋势分析，主要分析利润表主要项目的变动额及变动幅度，了解利润表主要项目的变动趋势，进而对企业当前及未来一定时期的获利能力、偿债能力、管理绩效等趋势作出合理的评价。

利润项目结构变动分析，通过计算利润表的相关项目占当期营业收入的百分比，分析说明企业经营成果的结构及其增减变动的合理程度。

二、利润表项目分析

利润表项目分析是对企业经营成果产生较大影响的主要项目和变化幅度较大的项目进行重点分析，分析这些项目变化的主要原因是什么，对企业的利润带来怎样的影响，进而对企业整体的获利能力及偿债能力等其他方面带来何种影响。

（一）营业收入分析

营业收入是企业在销售商品、提供劳务及让渡资产使用权等日常经营活动中形成的经济利益的总流入，主要包括主营业务收入和其他业务收入。高质量的营业收入应体现为：主营业务收入与其他业务收入的合理结构、营业收入的持续增长及迅即的经营活动现金流入。

1.营业收入的构成分析

在营业收入中的主营业务收入是企业收入的主要构成部分，也是企业实现利润的主要来源，应该占较大比重且保持相对稳定，主营业务收入的不断增长是企业成长的主要条件。在企业多品种经营条件下，应该重点关注企业业绩主要增长点的商品或劳务所带来的收入。在企业跨区域经营的情况下，还应该关注各地区的收入构成和消费者的消费偏好和消费潜力，以了解不同地区、不同消费者对企业未来发展的影响。

2.营业收入的变动分析

分析营业收入时应关注营业收入的增长率指标及变化趋势。从营业收入的变动情况来分析，可以了解企业销售增长与企业生存、发展的市场空间之间的联系。同时也应该结合企业发展的不同寿命周期（创立、成长、成熟、衰退）来分析销售的增长及其变化趋势。

3.营业收入的收现分析

分析营业收入的增长还应结合现金流量表,分析在当前期间收入增长的情况下经营活动的现金流入情况。由赊销带来的收入增长,不仅影响着利润的质量,而且也影响着企业的现金流量。

4.营业收入的同行业比较分析

分析企业的营业收入,特别是主营业务收入,还应该与同行业,尤其是与在同行业中的先进企业进行比较,从而可以考察企业在行业中的地位及对行业的影响力和控制力。

●(二)营业成本分析

营业成本是指企业销售商品或提供劳务而发生的各种耗费,是与营业收入直接相关的、已经确定了归属期和归属对象的各种直接费用。营业成本应当与所销售商品或所提供劳务而取得的收入进行配比。营业成本主要包括主营业务成本和其他业务成本。营业成本直接抵减利润,对企业财务成果有着重要的影响。分析营业成本的高低及增减原因对于企业利润增长及全面效益提升有着重要意义。

1.营业成本的构成分析

在营业成本中主营业务成本应占主要部分。分析企业一定时期的主营业务成本率(主营业务成本占主营业务收入的比例)变动趋势与企业利润变动趋势,可以了解企业的获利情况及企业内部管理绩效。如果主营业务成本率上升,则意味着企业利润空间的压缩或在管理中出现了问题;相反,主营业务成本率下降,则说明企业主营业务利润呈上升态势,产品市场需求增大,获利能力提高。

2.营业成本的变动分析

营业成本的变动主要受营业收入变动的影响,但也会受企业可控和不可控因素的影响,如合理的存货管理政策及外部市场因素引起的原材料价格或商品价格的波动等。同时营业成本的变动还可能受企业会计核算方法选择的影响。因此,在分析营业成本的变动时,应尽可能全面考虑各种可能的影响因素,了解企业未来获利的原因及趋势,以及企业在管理中可能存在的问题。

3.营业成本的同行业比较分析

分析营业成本的高低,还可以将本企业营业成本与同行业平均水平或先进水平进行比较,以了解企业在成本管理方面的差距及改善方向。

●(三)期间费用分析

期间费用包括销售费用、管理费用和财务费用。期间费用直接计入当期损益并在利润表中分项列示。期间费用的高低对企业利润有直接的影响,同时也反映企业销售、管理水平及理财能力。

1. 销售费用

销售费用是企业在销售过程中发生的包装费、展览费、广告费、保险费、运杂费、销售机构的职工薪酬等经营费用。销售费用的增加应促进销售收入的提升，否则将直接抵减企业的盈利。分析销售费用要结合销售费用计划安排、各具体费用明细项目及连续几期销售费用的变化综合进行。销售费用大多数是可控的，因此企业需要加强管理，以减少发生不必要的费用。

2. 管理费用

管理费用是指企业为组织和管理企业生产经营活动所发生的费用。管理费用内容繁多，项目复杂，具有较大的节约空间。管理费用属于企业的相对固定费用，在一定的产销量水平下，通过管理水平的提高和管理效率的提升，可以降低管理费用，提高企业的经营效益。

3. 财务费用

财务费用是指企业为筹集生产经营所需资金而发生的费用。作为企业利润的抵减项目，财务费用的高低体现了企业资金筹集成本的高低。分析财务费用要分析其实际发生与预算的差异，资本成本率与资金利润率的高低比较等，以减少费用支出，降低风险，增加收益。

（四）资产减值损失分析

资产减值是指资产的账面价值超过其可收回的金额。根据《企业会计准则》的规定，企业应当定期或者于每年年度终了对各项资产进行全面测试，合理预计各项资产可能发生的减值，并计提资产减值准备。

合理确认资产减值损失体现了企业的管理绩效。企业在经营过程中面临着各种风险及不确定因素，所以核算时应当遵循谨慎性原则对相关资产面临的风险和不确定性因素作出职业判断，充分估计各种风险和损失，既不高估资产或收益，也不低估负债或费用，确保资产的真实性。但资产减值损失的确认在本质上属于会计估计问题，难免发生偏差和会计人员的主观判断失误，导致资产减值损失项目不能客观反映企业资产价值的变动，进而成为企业调节利润的手段。

（五）公允价值变动净损益分析

公允价值变动净损益是指企业的金融资产或金融负债等以公允价值计量，且其公允价值变动应计入当期损益的利得或损失。公允价值变动净损益直接体现了相关资产项目的升贬值状况，从而影响着企业的利润。在分析该项目时应注意：该项目反映的净损益毕竟还没有实现，并不会给企业带来相应的现金流入和流出；当一项资产的公允价值不是单项变动时，该项损益具有较大的不确定性；当市场处于非活跃或非正常的情况下时，相关资产的公允价值难以真正地获得，则难以反映该项目资产价值变动的公允性。

（六）投资净损益分析

投资净损益是指企业投资收益与投资损失的差额，主要包括企业在持有对外投资期间形成的债券利息和分配的股利或利润、交易性金融资产公允价值变动的利得或损失、收回或处置投资时发生的升值收益或减值损失等。一般企业的利润主要依靠经营活动取得，不能依靠投资活动形成的投资收益创造利润，否则风险过大且非企业获利的正常模式。

（七）营业外收支分析

营业外收入或支出是企业发生的与其经营活动无直接关系的各项净收入或净支出，包括债务重组利得或损失、非货币性交易利得或损失、政府补助、罚没利得、接受捐赠利得、盘盈利得、罚款损失、非常损失、盘亏损失等。营业外收支项目由于其非持续性和偶发性的特点，难以成为企业利润的主体贡献项目，因此，这些项目不应该在利润总额中占较大的比重。

三、利润表趋势分析

利润表趋势分析是将利润表内相关项目不同时期的数据进行对比，了解企业在连续期间内的利润变动及其趋势，判断企业的经营业绩及财务状况的演变趋势，发现企业在经营过程中的成绩或问题，为利润的预测、决策指明方向。

（一）利润表变动分析

利润表变动分析是通过将利润表相关项目的本期数与上期数进行比较，确定各损益项目的增减变动数额及变动幅度，评价利润表各项目的完成质量。

现以格力电器2016-2017年度比较利润表的数据为基础，进行利润表变动分析，见表8-9。

表 8-9 格力电器比较利润表

单位：万元

项目	2017年度	2016年度	变动额	变动（%）
一、营业总收入	10 056 445	14 000 539	-3 944 094	-28.17
其中：营业收入	9 774 514	13 775 036	-4 000 522	-29.04
利息收入	281 622	225 405	56 217	24.94
手续费及佣金收入	310	98	212	216.33
二、营业总成本	8 613 461	12 325 898	-3 712 437	-30.12
其中：营业成本	6 601 735	8 802 213	-2 200 478	-25
利息支出	65 235	70 976	-5 741	-8.09
手续费及佣金支出	40	33	7	21.21
税金及附加	75 189	136 242	-61 053	-44.81
销售费用	1 550 634	2 889 000	-1 338 366	-46.33
管理费用	504 875	481 817	23 058	4.79
财务费用	-192 880	-94 224	-98 656	104.70

续表8-9

资产减值损失	8 632	39 842	-31 210	78.33
加：公允价值变动收益	-101 032	-138 155	37 123	-26.87
投资收益	9 665	72 436	-62 771	-86.66
三、营业利润	1 351 618	1 608 923	-257 305	-16.00
加：营业外收入	140 429	70 606	69 823	98.89
减：营业外支出	1 105	4 286	-3 181	-74.22
四、利润总额	1 490 942	1 675 243	-184 301	-11.00
减：所得税费用	228 569	249 948	-21 379	-8.55
五、净利润	1 262 373	1 425 295	-162 922	-11.43
六、每股收益				
（一）基本每股收益	2.08	2.35	-0.27	-11.49
（二）稀释每股收益	2.08	2.35	-0.27	-11.49
七、其他综合收益	-13 972	2 118	-16 090	-759.68
八、综合收益总额	1 248 401	1 427 414	-179 013	-12.54

通过对格力电器2016-2017年度比较利润表的变动分析，可以看出公司盈利状况变动主要表现在以下几个方面：

（1）相对于2016年度，格力电器2017年度营业收入下降较多，降幅较大（下降3 944 094万元，降幅达28.17%）。营业收入的剧烈下降与宏观经济的整体下行有关，与行业下滑相关，也受公司调整转型有关，2017年公司进入调整转型的关键年（见财务报表附注：管理层讨论与分析——概述）。

（2）相对于2016年度，格力电器2017年度营业成本下降更快，降幅更大（下降3 712 437，降幅达30.12%）。营业成本的降幅快于营业收入的降幅，说明公司在面对外部环境影响的不利环境下对内部管理的持续强化，使得公司能够保持持续较好的盈利能力。2017年度公司着力转型，主导产品升级，提升内部管理，严控实抓费用、成本，并受益于原材料价格相对稳定，公司的盈利能力进一步得到提升，公司的净利润率由 2016 年的 10.18%提升到 2017年的12.55%，较上年提升了 2.37 个百分点，盈利能力多年来列行业前茅（见财务报表附注：管理层讨论与分析—概述）

（3）格力电器2017年度营业成本较2016年度降幅更大，其他相关成本费用类项目也有不同程度的下降，最终使得2017年度营业利润的下降幅度收窄（仅下降257 305万元，降幅为16%）。

（4）格力电器2017年度营业外收入增长较快（增加69 886万元，增幅达98.98%），营业外支出出现下降，最终使得格力电器2017年度利润总额下降减少（利润总额减少184 301万元，降幅为11%），净利润下降减少（净利润下降162 922万元，降幅为11.43%）。

（5）格力电器2017年度每股收益2.08元/股，较2016年度每股收益2.35元/股下降了11.49%，主要基于年度内净利润下降以及股本数量变化所致（2017年7月3日实施了2016年度分红方案：以资本公积金转增股本，按公司总股本300 786.54万股为基数，向全体股东每10股转增10股。）。

（6）其他综合收益项目格力电器2017年度较2016年度下降16 090万元，降幅达759.68%。主要基于重新计算设定受益机会净负债和净资产的变动、可供出售金融资产公允价值变动损益、现金流量套期损益的有效部分等。该部分影响不具有持续性。

(二) 利润表趋势分析

利润表趋势分析是将企业连续数期的利润表项目进行比较，以分析相关项目的变动及其趋势，为企业的经营管理、投资决策提供依据。

现以格力电器2014-2017年度比较利润表的数据为基础，进行利润表趋势分析，见表8-10、表8-11。

表 8-10 格力电器比较利润表

单位：万元

项目	2017年度	2016年度	2015年度	2014年度
一、营业总收入	10 056 445	14 000 539	12 004 307	10 011 011
其中：营业收入	9 774 514	13 775 036	11 862 795	9 931 620
利息收入	281 622	225 405	141 477	79 375
手续费及佣金收入	310	98	36	17
二、营业总成本	8 613 461	12 325 898	10 948 793	9 231 019
其中：营业成本	6 601 735	8 802 213	8 038 594	7 320 308
利息支出	65 235	70 976	49 196	23 066
手续费及佣金支出	40	33	26	27
税金及附加	75 189	136 242	95 617	58 995
销售费用	1 550 634	2 889 000	2 250 893	1 462 622
管理费用	504 875	481 817	508 957	405 581
财务费用	-192 880	-94 224	-13 731	-46 135
资产减值损失	8 632	39 842	19 239	6 554
加：公允价值变动收益	-101 032	-138 155	99 056	24 688
投资收益	9 665	72 436	71 733	-2 049
三、营业利润	1 351 618	1 608 923	1 226 301	802 631
加：营业外收入	140 429	70 606	68 420	76 038
减：营业外支出	1 105	4 286	5 529	2 398
四、利润总额	1 490 942	1 675 243	1 289 192	876 271
减：所得税费用	228 569	249 948	195 617	131 678
五、净利润	1 262 373	1 425 295	1 093 576	744 593
六、每股收益				
（一）基本每股收益	2.08	2.35	3.61	2.47
（二）稀释每股收益	2.08	2.35	3.61	2.47
七、其他综合收益	-13 972	2 118	-4 135	5 218
八、综合收益总额	1 248 401	1 427 414	1 089 441	749 811

表 8-11 格力电器利润趋势分析表

项目	2017年度	2016年度	2015年度	2014年度
一、营业总收入	100.45	139.85	119.91	100
其中：营业收入	98.42	138.70	119.44	100
利息收入	354.80	283.97	178.24	100
手续费及佣金收入	1823.52	576.47	211.76	100
二、营业总成本	93.31	133.53	118.61	100
其中：营业成本	90.18	120.24	109.81	100
利息支出	282.82	307.71	213.28	100

续表8-11

	手续费及佣金支出	148.15	122.22	96.30	100
	税金及附加	127.45	230.94	162.08	100
	销售费用	106.02	197.52	153.89	100
	管理费用	124.48	118.80	125.49	100
	财务费用	418.08	204.24	29.76	100
	资产减值损失	131.71	607.90	293.55	100
加：	公允价值变动收益	-409.24	-559.60	401.23	100
	投资收益	-471.69	-3535.19	-3500.88	100
三、	营业利润	168.40	200.46	152.79	100
加：	营业外收入	184.68	92.86	89.98	100
减：	营业外支出	46.08	178.73	230.57	100
四、	利润总额	170.15	191.18	147.12	100
减：	所得税费用	173.58	189.82	148.56	100
五、	净利润	169.54	191.42	146.87	100
六、	每股收益				
	（一）基本每股收益	84.21	95.14	146.15	100
	（二）稀释每股收益	84.21	95.14	146.15	100
七、	其他综合收益	-267.77	40.59	-79.24	100
八、	综合收益总额	166.50	190.37	145.30	100

通过对格力电器2014-2017年度利润表趋势分析可以看出：

（1）格力电器营业收入2014-2016年度一直稳步增长，直到2017年度出现较大程度的下滑，以2014年度为基础，2015-2017年度营业总收入分别相当于其收入的119.91%、139.85%和100.45%。公司营业收入在2017年度进入一个拐点。预计未来公司营业收入增长将放缓甚至会再次出现较大程度的下滑。

（2）在营业收入出现先增长后下降的趋势下，格力电器营运成本及相关费用在2015-2017年度也基本和营业收入保持一致的变化，先增长后下降，同时营业成本的增长和下降均低于营业收入。其中营业总成本在2015-2017年度分别相当于2014年度营业总成本的118.61%、133.53%和93.31%，这样使得公司营业利润的增长和下降分别高于和低于营业收入的增长和下降。

（3）格力电器营业利润在2015-2017年度相当于2014年度的152.79%、200.46%和168.40%。意味着公司在营业收入增长或下降的情况下对成本管理和控制始终做得比较出色，最终使得公司保持较好的营业利润。

（4）格力电器营业外收支项目在近几年有有一定起伏，间或有个别年份变动较快，但由于其总的变动金额相对较小，所以对公司总体利润的影响不大。公司利润总额的变动2015-2017年度相对于2014年度为147.12%、191.18%和170.15%，与营业利润的变动基本保持一致。

（5）格力电器净利润连续几年变动较大，2015-2017年度净利润分别相当于2014年净利润的146.87%、191.42%和169.54%，变动基本与利润总额变动保持一致，一个重要原因是公司税收环境平稳，近几年所得税费用的变动与利润的变动基本同步。

四、利润表结构分析

利润表结构分析是指分析利润表中的各相关项目占营业收入的比例，通过计算比例的高低及变化，分析公司的管理效率及获利能力。同时通过利润表中的相关项目内在联系分析利润质量，以及通过利润表中的相关项目计算相关比率，分析企业获利能力等。

利润表结构分析是将利润表中的各项目与营业收入进行比较，计算收入结构比，从而分析财务成果的结构及其增减变动的合理性。

现以格力电器2016-2017年度比较利润表进行结构分析，见表8-12。

表8-12 格力电器利润结构分析表

单位：元

项目	2017年度	2016年度	结构比（%）2017年度	结构比（%）2016年度
一、营业总收入	10 056 445	14 000 539	100	100
其中：营业收入	9 774 514	13 775 036	97.20	98.39
利息收入	281 622	225 405	2.80	1.61
手续费及佣金收入	310	98	0	0
二、营业总成本	8 613 461	12 325 898	85.65	88.04
其中：营业成本	6 601 735	8 802 213	65.65	62.87
利息支出	65 235	70 976	0.65	0.51
手续费及佣金支出	40	33	0	0
税金及附加	75 189	136 242	0.75	0.97
销售费用	1 550 634	2 889 000	15.42	20.64
管理费用	504 875	481 817	5.02	3.44
财务费用	-192 880	-94 224	-1.92	-0.67
资产减值损失	8 632	39 842	0.09	0.28
加：公允价值变动收益	-101 032	-138 155	-1.01	-0.99
投资收益	9 665	72 436	0.10	0.52
三、营业利润	1 351 618	1 608 923	13.44	11.49
加：营业外收入	140 429	70 606	1.40	0.50
减：营业外支出	1 105	4 286	0.01	0.03
四、利润总额	1 490 942	1 675 243	14.83	11.97
减：所得税费用	228 569	249 948	2.27	1.79
五、净利润	1 262 373	1 425 295	12.55	10.18
六、每股收益				
（一）基本每股收益	2.08	2.35		
（二）稀释每股收益	2.08	2.35		
七、其他综合收益	-13 972	2 118	-0.14	0.02
八、综合收益总额	1 248 401	1 427 414	12.41	10.20

通过对格力电器2016、2017年度比较利润表结构分析可以看出：

（1）总体看来，格力电器2017年度营业利润、利润总额和净利润占营业收入的比重比2016年度都有所提升。其中营业利润占比2017年度为13.44%，2016年度为11.49%；利润总额占比2017年度为14.83%，2016年度为11.97%；净利润占比2017年度为12.55%，2016年度为10.18%。从利润结构变化上看，格力电器获利能力全面提升。

（2）从利润表的具体项目结构来看，格力电器营业成总本占比下降明显，2016年度占比为88.04%，2017年度占比为85.65%。由于营业总成本占比的下降，使得公司在2017年度虽然营业收入下降较多（营业总收入较2016年度减少3 944 094万元，降幅28.17%），但提营业利润占比却得到较大幅度提升（营业利润占比由2016年的11.49%提升到2017年度的13.44%），最终使得利润总额和净利润占比提升。显示格力电器在2017年度内部管理及成本控制方面的较好表现。

（3）格力电器营业外收入占比提升（2016年度占比0.50%，2017年度占比1.40%）、营业外支出占比下降（2016年度占比0.03%，2017年度占比0.01%），进一步提升了利润总额所占比重（2016年度占比11.97%，2017年度占比14.83%）。但通过营业外收入和营业外支出项目的变动来提升利润总额不具有可持续性。

第三节 现金流量表分析

一、现金流量表分析概述

（一）现金流量表分析的意义

现金流量表是反映企业在一定会计期间内现金及现金等价物流入和流出的财务报表。编制现金流量表的主要目的，是为了向财务报表使用者提供企业在一定会计期间内现金及现金等价物流入和流出的信息，便于财务报表使用者了解和评价企业获取现金及现金等价物的能力，并据以预测企业未来现金流量。

现金流量表以现金的收支为基础，是对资产负债表和利润表的重要补充。现金流量表所提供的信息可以表明企业的经营状况是否良好、资金是否紧缺、偿债及支付能力的强弱等，为投资者、债权人、经营者的决策提供更为有用的信息。

1.现金流量表可以分析、评价企业的支付能力和偿债能力

通过分析可以对企业的支付能力和偿债能力，以及企业对外部资金的需求状况作出较为可靠地判断。现金流量表披露的经营活动现金流量本质上反映了企业自我创造现金的能力，尽管企业也可以通过其他方式筹资，但最终还是取决于经营活动现金流量的质量。因此在分析现金流量表结构中，合理的经营活动现金流量净额比例意味着企业财务基础稳固，支付能力和偿债能力较强。

2.现金流量表可以了解企业的财务状况、预测企业未来的发展状况

通过分析可以了解企业当前的财务状况以及预测企业未来的发展状况。通过现金流量表中相关项目结构是否合理，现金流入、现金流出有无重大异常波动来判断企业财务状况是否正常。通过经营活动、投资活动、筹资活动现金流量的结构比较，可以了解企业是否过度扩大经营规模。通过比较当期净利润与当期经营活动现金净流量，可以了解企业非现金资产吸收利润的情况，评价企业产生净现金流量的能力是否偏低等。

3.现金流量表可以评估企业在报告期内与现金有关和无关的重大投资和筹资活动

便于报表使用者评估在报告期内与现金有关和无关的重大投资及筹资活动。现金流量表除披露经营活动、投资活动、筹资活动的现金流量外，在全部资金概念下，还披露与现金无关的重大投资与筹资活动，这对报表使用者制定合理的投资与信贷决策、评估企业未来的现金流量同样具有重要意义。

（二）现金流量表分析的局限性

尽管通过对现金流量表的分析，可以使报表使用者获取大量有关企业财务方面尤其是现金流动方面的信息，但这并不意味着现金流量表分析能够替代其他财务报表的分析。现金流量表分析只是企业财务分析的一个方面。而且，同任何其他分析一样，现金流量表分析也有其局限性，主要表现在以下几个方面。

第一，现金流量表提供信息的有效性。在现金流量表中反映的数据是基于过去的交易或事项带来的结果，根据这些历史数据计算得到的各种分析结果，对于预测企业未来的现金流量，只有参考价值，并非完全有效。

第二，现金流量表提供信息的可比性。可比性一般要求不同企业，尤其是同一行业的不同企业之间应使用类似的会计程序和方法。将不同企业的现金流量表编制建立在相同的会计程序和方法上，便于报表使用者比较分析企业现金流量状况的强弱和优劣。但是，如果会计环境和基本交易的性质发生变动，那么同一企业在不同时期财务信息的可比性将大大减弱。对于不同企业来说，它们之间信息的可比性则更难达到。

第三，现金流量表提供信息的可靠性。可靠性是指企业通过现金流量表信息应做到不偏不倚，以客观事实为依据，不受主观意志的左右，力求信息的真实、准确。事实上，编制现金流量表所采用的各种资料的可靠性往往受多种因素的影响，使得报表分析同样显得不够可靠。

（三）现金流量表分析内容

《企业会计准则第31号——现金流量表》将现金流量分为三类，即经营活动产生的现金流量、投资活动产生的现金流量、筹资活动产生的现金流量。在现金流量表中对当期现金流量主要按照经营活动、投资活动、筹资活动进行分类列示，其目的是便于财务报表使用者了解各类活动对企业现金流量带来的影响，以评价企业的偿债能力、支付能力及对外筹资能力等综合能力。

1.现金流量表主要项目分析

现金流量表主要项目分析是指对现金流量表中影响当前现金流量的主要项目进行简要分析，了解企业当期现金流量的主要来源和去向，判断其合理性，为企业未来经营管理以及投融资决策提供参考。

2. 现金流量表趋势分析

现金流量表趋势分析是指对连续几期现金流量表的资料进行计算，得出其相关项目的变动额及变动幅度，分析其变动原因并判断其变动趋势，从而为研究企业的经营策略、评估企业未来现金流量的变化趋势提供一定的依据。

3. 现金流量表结构分析

现金流量表结构分析是指通过对现金流量表的各个组成部分及其相互关系的分析，分析现金流入的结构、现金流出的结构和净现金流量结构。通过结构分析，可以了解企业现金的利用、现金的去向及净现金如何形成，并进一步分析各项目变动对总体产生的影响，从而对企业现金结构的合理性和获取现金的能力作出准确的判断和评价。

二、现金流量表主要项目分析

（一）经营活动产生的现金流量主要项目分析

1. 销售商品、提供劳务收到的现金

销售商品、提供劳务收到的现金是指企业销售商品、提供劳务实际收到的现金，主要包括本期销售本期收现、前期赊销本期收现及后期销售本期预收的现金。该项目现金流量构成企业现金流入的主要部分。

销售商品、提供劳务收到的现金项目发生增减变动的原因有很多：比如企业销售政策发生变化、信用政策发生变化、市场环境发生变化等都会导致该项目现金流量增加或减少，分析时应结合企业利润表及相关财务报表附注加以全面分析。

2. 收到的税费返还

收到的税费返还是指企业收到返还的增值税、消费税、所得税、关税和教育费附加等。该项目只包括收到企业上缴后由税务等政府部门返还的款项，不包括其他方面的补贴和返还款。该项目发生增减变动的原因主要与国家的税收政策有关，分析时应结合国家税收政策的变化进行。这部分现金流量的变化不具有持续性，不能代表企业具备获取现金的正常能力。

3. 购买商品、接受劳务支付的现金

购买商品、接受劳务支付的现金是指企业购买材料、商品、接受劳务实际支付的现金，包括本期购买本期付现、前期赊购本期付现及后期购买本期预付的现金。该项目的现金流量是企业现金流出的主要部分。

购买商品、接受劳务支付的现金项目发生增减变动的原因有很多：比如企业应付款项管理政策发生变化、供应商销售政策、信用政策的改变、市场环境的变化等都可能导致该项目现金流量增加或减少。分析时应结合其他财务报表及财务报表附注综合分析。

4. 支付给职工及为职工支付的现金

支付给职工及为职工支付的现金是指企业实际支付给职工的现金及为职工支付的

现金，包括本期实际支付给职工的工资、奖金、津贴和补贴等以及为职工支付的社会保险、住房公积金等。该项目的增减变化分析应结合企业工资发展水平、企业所在地工资标准、企业经济效益等加以分析。

5.支付的各项税费

支付的各项税费是指企业本期发生并支付的、以前各期发生在本期支付的、以及预交的增值税、所得税、房产税、土地增值税、车船税、以及教育费附加、矿产资源补偿费等。另外在分析时要注意，该项目不包括与投资活动有关的税金支出。

6.支付其他与经营活动有关的现金

该项目反映企业在报告期内与购买商品付现、为职工付现、各项税费付现无关的与经营活动有关的现金支出。主要与管理费用、销售费用、营业外支出等项目有关的，但不属于投资活动及筹资活动的现金流出。

（二）投资活动产生的现金流量主要项目分析

1.收回投资收到的现金

收回投资收到的现金是指企业出售或到期收回除现金等价物以外的交易性金融资产、债权投资、其他债权投资、长期股权投资、投资性房地产而收到的现金，不包括债权性投资收回的利息、收回的非现金资产以及处置子公司及其他营业单位收到的现金净额。

该项目金额发生增减变动可能是企业出于战略调整出售或收回投资、正常到期收回投资等原因。分析时应该注意该项目增减变化的具体原因，是正常的投资到期收回，还是企业面临资金的临时需要而进行的资金回缩；是主动战略调整出售，还是被动抛售套现止损等。

2.取得投资收益收到的现金

取得投资收益收到的现金是指企业因股权性投资而分得的现金股利，从子公司、联营企业或合营企业分回利润而收到的现金；因债权性投资取得的现金利息收入。该项目金额的大小反映企业前期投资本期获取现金收益的能力，应该结合利润表中的投资收益来进行分析。

3.处置固定资产、无形资产和其他长期资产收回的现金净额

处置固定资产、无形资产及其他长期资产收回的现金净额是指处置这些资产所收到的现金，减去相关处置费用后的净额。该项目金额的增减变动可能有多种原因，要具体分析：可能是企业经营和理财上的需要处置一些闲置或多余的固定资产；可能是出现债务偿还危机而变卖固定资产等长期资产；可能是企业面临经营环境的变化而进行的战略收缩等。分析时要分别根据具体原因确定对企业未来经营、战略等带来的长远影响。

4.购建固定资产、无形资产和其他长期资产支付的现金

购建固定资产、无形资产和其他长期资产支付的现金是指企业购买、建造固定资产、取得无形资产和其他长期资产支付的现金。该项目金额的变化需要结合企业连续

期间的报表数据进行比较分析。该项目金额在连续期间持续性的增长,可能意味着企业处于快速成长阶段,面临较多的投资机会而不断扩大对内部投资规模;反之,该项目金额在连续期间出现持续性的下降,可能意味着面临经营上的问题或外部环境的影响而收缩经营规模或调整经营战略等。

5.投资支付的现金

投资支付的现金是指企业进行权益性投资和债权性投资所支付的现金,包括企业取得的除现金等价物以外的交易性金融资产、债权投资、其他债权投资、长期股权投资等而支付的现金,以及支付的佣金、手续费等交易费用。该项目金额的变化应该结合企业的规模、企业经营战略安排、企业面临的外部环境变化等分析。该项目金额增长可能是企业面临较好的外部投资机会而扩大对外投资,也可能是企业经营战略上的安排而进行的控股投资等。

● (三) 筹资活动产生的现金流量分析

1.吸收投资收到的现金

吸收投资收到的现金是指企业以发行股票、债券等方式筹集资金实际收到的款项净额(发行收入减去支付的佣金等发行费用后的净额)。该项目金额的增长直接增强企业的资本实力,但要注意权益资本与债务资本的比例,防范可能出现的风险。不管怎样,企业通过该项目获得较多资金说明企业具有较强的筹资能力和较好的信誉。

2.取得借款收到的现金

取得借款收到的现金是指企业举借各种长、短期借款收到的现金。该项目和吸收投资收到的现金项目一样都属于对外筹资,其规模的大小与企业特定时期经营活动、投资活动的资金需求有直接联系,同时也与企业的理财政策及对外筹资能力有关。

分析该项目和吸收投资收到的现金项目金额的增减变化往往需要结合经营活动与投资活动综合进行。经营活动和投资活动的扩张可能需要大量的现金支持,此时需要筹资活动提供现金。分析时特别注意筹资活动现金流量与经营活动、投资活动现金流量的协调与配合。同时,一定时期企业也可能通过筹资活动调节其不太合理的资本结构。

3.偿还债务支付的现金

偿还债务支付的现金是指企业以现金偿还债务的本金,包括归还金融企业的借款本金、偿还企业到期的债券本金等。该项目主要通过连续期间的金额变化来分析,连续期间该项目变化不大表明企业理财活动较稳健,在债务偿还方面有稳定的偿还保障和充分的准备;如果有明显的增加可能意味着企业短期面临较多的现金流出,进而可能对当期经营活动及理财活动带来影响。

4.分配股利、利润或偿付利息支付的现金

分配股利、利润或偿付利息支付的现金是指企业实际支付的现金股利、支付给其他投资单位的利润或用现金支付的借款利息、债券利息。该项目金额的变化应该结合企业一定时期债务资本的规模及企业现金股利分配政策来确定。如果现金支付的债务利息较多可能意味着企业当期面临较大的还本付息的压力,这在盈利状况好的情况下

没有问题，一旦盈利能力下降，企业将面临较大的风险；较多的现金股利、利润的分配可能意味着企业获利能力较好从而给予投资者带来的高回报，也可能是企业大量的现金没有合适的投资机会而提高派现比例等。

三、现金流量表趋势分析

现金流量表趋势分析是将现金流量表中相关项目不同时期的数据进行对比，了解现金流量表项目的变动及其趋势，进而判断在特定期间企业经营活动、投资活动、筹资活动现金流量的演变趋势，为企业经营、投融资提供决策依据。

(一) 现金流量表变动分析

现金流量表变动分析是通过将现金流量表中的相关项目的本期数与上期数进行比较，计算相关项目的增减变动及变动幅度，确定影响企业现金流量的主要项目及原因，为企业现金流量变动进行预测。

现以格力电器2016-2017年度比较现金流量表的数据为基础，进行现金流量表变动分析，见表8-13。

表8-13 格力电器比较现金流量表

单位：万元

项目	2017年度	2016年度	变动额	变动(%)
一、经营活动产生的现金流量				
销售商品、提供劳务收到的现金	11 091 832	8 553 445	2 538 387	29.68
客户存款和同业存放款净增加额	-23 990	26 425	-50 415	190.79
向中央银行借款净增加额	-946	-1 996	1 050	-50.61
向其他金融机构拆入增加净增加额		-30 000	30 000	-100
收取利息、手续费及佣金的现金	279 358	201 528	77 830	38.62
回归业务增加净增加额	-58 600	40 000	-98 600	-246.5
收到的税费返还	123 733	51 158	72 575	141.86
收到其他与经营活动有关的现金	468 264	213 437	254 827	119.39
经营活动现金流入小计	11 879 651	9 053 997	2 825 654	31.21
购买商品、接受劳务支付的现金	4 254 126	3 881 690	372 436	9.59
客户贷款及垫款净增加额	246 530	191 905	54 625	28.46
存放中央银行和同业款项净增加额	-105 051	182 685	-287 736	-157.50
支付利息、手续费及佣金的现金	66 249	70 295	-4 046	-5.76
支付给职工以及为职工支付的现金	559 051	573 024	-13 973	-2.44
支付的各项税费	1 377 389	1 333 436	43 953	3.30
支付其他与经营活动有关的现金	1 043 519	927 045	116 474	12.56
经营活动现金流出小计	7 441 813	7 160 080	281 733	3.93
经营活动产生的现金流量净额	4 437 838	1 893 917	2 543 921	134.32
二、投资活动产生的现金流量				
收回投资收到的现金	95 000	66 000	29 000	43.94
取得投资收益收到的现金	8 464	4 470	3 994	89.35
处置固定资产、无形资产和其他长期资产收回的现金净额	123	249	-126	-50.60

续表8-13

处置子公司及其他营业单位收到的现金净额		175	-175	-100
收到其他与投资活动有关的现金	14 344	66 107	-51 763	-78.30
投资活动现金流入小计	117 931	137 001	-19 070	-13.92
购建固定资产、无形资产和其他长期资产支付的现金	288 451	177 731	110 720	62.30
投资支付的现金	283 266	233 050	50 216	21.55
取得子公司及其他营业单位支付的现金净额				
支付其他与投资活动有关的现金	17 529	12 434	5 095	40.98
投资活动现金流出小计	589 246	423 215	166 031	39.23
投资活动产生的现金流量净额	-471 315	-286 214	-185 101	64.67
三、筹资活动产生的现金流量				
吸收投资收到的现金				
取得借款收到的现金	1 009 693	1 037 665	-27 972	-2.70
发行债券收到的现金				
收到其他与筹资活动有关的现金	125 749	23 562	102 187	433.69
筹资活动现金流入小计	1 135 441	1 061 227	74 214	6.99
偿还债务支付的现金	951 242	780 068	171 174	21.94
分配股利、利润或偿付利息支付的现金	952 501	467 591	484 910	103.70
支付其他与筹资活动有关的现金				
筹资活动现金流出小计	1 903 743	1 247 659	656 084	52.59
筹资活动产生的现金流量净额	-768 302	-186 431	-581 871	312.11
四、汇率变动对现金及现金等价物的影响	187 634	3 457	184 177	5327.65
五、现金及现金等价物净增加额	3 385 855	1 424 729	1 961 126	137.65
加：期初现金及现金等价物余额	4 350 647	2 925 918	1 424 729	48.69
六、期末现金及现金等价物余额	7 736 502	4 350 647	3 385 855	77.82

通过对格力电器2016—2017年度比较现金流量表变动分析可以看出：

（1）格力电器现金及现金等价物净增加额2017年度比2016年度增加1 961 126万元，增长幅度为137.65%。现金及现金等价物在2017年度增加过快，公司有充足的现金流，对于公司未来有效实施其经营和发展战略有诸多好处，但要结合财务报表附注了解本期（2017年度）现金及现金等价物快速增加的具体原因。

（2）格力电器2016—2017年度经营活动现金流量净增加额较多，净增加2 543 921万元，增幅达134.32%，经营活动现金流量的净增加表明公司当期经营活动的改善及经营活动带来的收现能力提升（现金流入增幅为31.21%，现金流出增幅为3.93%），对公司的发展来说是一个好的信号，要具体分析经营活动现金流量净增加的具体内容作出进一步的分析。投资活动产生的现金流量净额、筹资活动产生的现金流量净额都出现净流出增长，其中投资活动产生的现金流量本期净流出增长185 101万元，增幅64.67%，主要为购建固定资产等项目支出；筹资活动产生的现金流量本期净流出增581 871万元，增幅312.11%，主要为支付现金股利等项目支出。公司在2016—2017年度经营活动、投资活动、筹资活动产生的现金流量净额均有较大的变动，值得进一步分析，通过对本报项目及本报附注了解其变动的具体原因。

（3）通过对格力电器经营活动现金流入项目及流出项目的分析可以看出，本期经营活动现金流入增加2 825 654万元，增幅为31.21%，经营活动现金流出增281 733

万元，增加3.93%。其中经营活动现金流入增加较快主要源于销售商品、提供劳务收到的现金项目，该项目本期增加2 538 387万元，增幅29.68%，属于公司经营活动现金流量增加的主要来源，也是本期现金流量的最有质量的增长。收到其他与经营活动有关的现金本期增加254 827万元，增幅119.39%，其中包括本期收到大量的政府补助款及收到代垫工程款等内容，应特别关注其增加原因及可持续性。与此同时，经营活动现金流出增加较慢，特别是购买商品、接受劳务支付的现金项目增加372 436万元，增幅9.59%，与本期销售商品、提供劳务收到的现金项目的大幅度提升相比增幅较慢，需要结合报表附注及企业自身的生产经营及内部管理现状进一步分析。

（4）通过对格力电器投资活动产生的现金流量具体项目分析可以看出，本期投资活动现金流入减少19 070万元，降幅13.92%，其中收回投资收到的现金增加29 000万元，增幅43.94%；取得投资收益收到的现金增加3 994万元，增幅89.35%；收到其他与投资活动有关的现金减少51 763万元，降幅78.30%，需要结合具体内容了解其增减变化的具体原因。投资活动现金流出项目中购建固定资产、无形资产及其他长期资产支付的现金增加110 720万元，增幅62.30%，投资支付的现金增加50 216万元，增幅21.55%，支付其他与投资有关的现金5095万元，增幅40.98%，其中前两项属于促进公司未来发展的必要投资，其增长对公司未来的现金流量可能带来积极影响。后一项增长对公司本期投资活动现金流带来负面影响，值得警惕，须了解其具体情况。

（5）通过对格力电器筹资活动产生的现金流量项目分析可以看出，本期筹资活动现金流入量增加74 214万元，增幅6.99%，其中取得借款收到的现金项目减少27 972万元，降幅2.70%，收到其他与筹资活动有关的现金项目增加102 187万元，增幅433.69%，需要进一步分析其原因。筹资活动现金流出量增加656 084万元，增幅52.59%，其中偿还债务支付的现金增加171 174万元，增幅21.94%，分配股利、利润或偿付债务利息支付的现金项目增加484 910万元，增幅103.70%，说明公司本期对短期债务的偿还及公司获利能力较好分配较多所致。

（二）现金流量表趋势分析

现金流量表趋势分析是通过对连续数期现金流量表的数据进行对比，分析相关项目的变化及趋势，了解企业现金流量的发展态势，为研究企业经营策略、预测未来现金流量提供分析依据。

现以格力电器2014-2017年度比较现金流量表的数据为例，进行现金流量表趋势分析，见表8-14、表8-15。

表8-14　格力电器比较现金流量表

单位：万元

项目	2017年度	2016年度	2015年度	2014年度
一、经营活动产生的现金流量				
销售商品、提供劳务收到的现金	11 091 832	8 553 445	7 021 140	7 007 712
客户存款和同业存放款净增加额	-23 990	26 425	46 119	2 974
向中央银行借款净增加额	-946	-1 996	3 741	0

续表8-14

向其他金融机构拆入增加净增加额		-30 000	30 000	15 000
收取利息、手续费及佣金的现金	279 358	201 528	128 448	76 559
回归业务增加净增加额	-58 600	40 000	-16 400	0
收到的税费返还	123 733	51 158	46 853	132 256
收到其他与经营活动有关的现金	468 264	213 437	303 246	320 668
经营活动现金流入小计	11 879 651	9 053 997	7 563 147	7 555 168
购买商品、接受劳务支付的现金	4 254 126	3 881 690	3 858 873	4 044 616
客户贷款及垫款净增加额	246 530	191 905	256 208	215 359
存放中央银行和同业款项净增加额	-105 051	182 685	149 189	2 487
支付利息、手续费及佣金的现金	66 249	70 295	49 002	19 851
支付给职工以及为职工支付的现金	559 051	573 024	496 395	448 636
支付的各项税费	1 377 389	1 333 436	817 129	516 252
支付其他与经营活动有关的现金	1 043 519	927 045	639 367	467 393
经营活动现金流出小计	7 441 813	7 160 080	6 266 163	5 714 293
经营活动产生的现金流量净额	4 437 838	1 893 917	1 296 984	1 840 875
二、投资活动产生的现金流量				
收回投资收到的现金	95 000	66 000	32 752	100 557
取得投资收益收到的现金	8 464	4 470	24 135	4 729
处置固定资产、无形资产和其他长期资产收回的现金净额	123	249	121	47
处置子公司及其他营业单位收到的现金净额		175		
收到其他与投资活动有关的现金	14 344	66 107	43 440	690
投资活动现金流入小计	117 931	137 001	100 447	106 023
购建固定资产、无形资产和其他长期资产支付的现金	288 451	177 731	246 147	360 241
投资支付的现金	283 266	233 050	70 407	155 836
取得子公司及其他营业单位支付的现金净额				
支付其他与投资活动有关的现金	17 529	12 434	2 493	11 199
投资活动现金流出小计	589 246	423 215	319 046	527 276
投资活动产生的现金流量净额	-471 315	-286 214	-218 599	-421 252
三、筹资活动产生的现金流量				
吸收投资收到的现金				319 787
取得借款收到的现金	1 009 693	1 037 665	498 791	376 302
发行债券收到的现金				
收到其他与筹资活动有关的现金	125 749	23 562	199 670	112 792
筹资活动现金流入小计	1 135 441	1 061 227	698 461	808 881
偿还债务支付的现金	951 242	780 068	623 384	559 719
分配股利、利润或偿付利息支付的现金	952 501	467 591	317 474	167 382
支付其他与筹资活动有关的现金				258
筹资活动现金流出小计	1 903 743	1 247 659	940 858	727 359
筹资活动产生的现金流量净额	-768 302	-186 431	-242 398	81 522
四、汇率变动对现金及现金等价物的影响	187 634	3 457	-47 118	2 022
五、现金及现金等价物净增加额	3 385 855	1 424 729	788 870	1 503 166
加：期初现金及现金等价物余额	4 350 647	2 925 918	2 137 049	633 883
六、期末现金及现金等价物余额	7 736 502	4 350 647	2 925 918	2 137 049

表 8-15　格力电器现金流量趋势分析表

项目	2017年度	2016年度	2015年度	2014年度
一、经营活动产生的现金流量				
销售商品、提供劳务收到的现金	158.28	122.06	100.19	100
客户存款和同业存放款净增加额	-806.66	888.53	1550.74	100
向中央银行借款净增加额	-	-	-	100
向其他金融机构拆入增加净增加额	-	-200	200	100
收取利息、手续费及佣金的现金	364.89	263.23	167.78	100
回归业务增加净增加额				100
收到的税费返还	93.56	38.68	35.43	100
收到其他与经营活动有关的现金	146.03	66.56	94.57	100
经营活动现金流入小计	157.24	119.84	100.11	100
购买商品、接受劳务支付的现金	105.18	95.97	95.41	100
客户贷款及垫款净增加额	114.47	89.11	118.97	100
存放中央银行和同业款项净增加额	4224	7345.60	5998.75	100
支付利息、手续费及佣金的现金	333.73	354.11	246.85	100
支付给职工以及为职工支付的现金	124.61	127.73	110.65	100
支付的各项税费	266.81	258.29	158.28	100
支付其他与经营活动有关的现金	232.26	198.34	136.79	100
经营活动现金流出小计	130.23	125.30	109.66	100
经营活动产生的现金流量净额	241.07	102.88	70.45	100
二、投资活动产生的现金流量				
收回投资收到的现金	94.47	65.63	32.57	100
取得投资收益收到的现金	178.98	94.52	510.36	100
处置固定资产、无形资产和其他长期资产收回的现金净额	261.70	529.79	257.45	100
处置子公司及其他营业单位收到的现金净额				100
收到其他与投资活动有关的现金	2078.84	9580.72	6295.65	100
投资活动现金流入小计	111.23	129.22	94.74	100
购建固定资产、无形资产和其他长期资产支付的现金	80.07	49.34	68.33	100
投资支付的现金	181.77	149.55	45.18	100
取得自公司及其他营业单位支付的现金净额				100
支付其他与投资活动有关的现金	156.52	111.03	22.26	100
投资活动现金流出小计	111.75	80.26	60.51	100
投资活动产生的现金流量净额	111.88	67.94	51.89	100
三、筹资活动产生的现金流量				
吸收投资收到的现金				100
取得借款收到的现金	268.32	275.75	132.55	100
发行债券收到的现金				100
收到其他与筹资活动有关的现金	111.49	20.89	177.02	100
筹资活动现金流入小计	140.37	131.20	86.35	100
偿还债务支付的现金	169.95	139.37	111.37	100
分配股利、利润或偿付利息支付的现金	569.06	279.36	189.67	100
支付其他与筹资活动有关的现金				100
筹资活动现金流出小计	261.73	171.53	129.35	100
筹资活动产生的现金流量净额	-942.45	-228.69	-297.34	100

续表8-15

四、汇率变动对现金及现金等价物的影响	9279.62	170.97	-2330.27	100
五、现金及现金等价物净增加额	225.25	94.78	52.48	100
加：期初现金及现金等价物余额	686.35	461.59	337.14	100
六、期末现金及现金等价物余额	362.02	203.58	136.91	100

通过对格力电器2014-2017年度比较现金流量表的趋势分析可以看出：

(1) 格力电器2014-2017年度现金及现金等价物净增加额变化较大，相对于2014年度，公司现金及现金等价物2015、2016年度均出现不同程度的下降，特别是2015年度仅为52.48%，2017年度增加较快，为2014年度的225.25%。

(2) 公司经营活动现金流量净额 2014、2015、2016年度变化不大（2015年度为70.45%，2016年度为102.88%），2017年度变化明显，相当于2014年度的241.07%。经营活动现金流入保持持续增长，2015-2017年度分别2014年度的100.11%、119.84%和157.24%，其中2017年度增长明显。公司经营活动现金流出量也基本保持同步持续增长，分别达109.66%、125.30%和130.23%。通过对经营活动现金流入的具体项目的分析可知，经营活动现金流入构成项目销售商品、提供劳务收到的现金项目，在近几年持续增长，分别达100.19%、122.06%和158.28%。同时公司在经营活动—收取利息、手续费及佣金的现金、支付利息、手续费及佣金的现金项目变化较大，也应引起重视。

(3) 格力电器投资活动产生的现金流量近几年没有明显增加，2015、2016年度甚至出现较大下滑，分别只有2014年度的51.89%和67.94%。从投资活动现金流入项目来看，各项目起伏较大，其中收回投资收到的现金出现不同程度的下降，仅分别占2014年的该项目金额的32.57%、65.63%和94.47%。取得收益收到的现金项目各年变化较大，2015~2017年相对于2014年分别为510.36%、94.52%和178.98%，反映其投资收益方面起伏较大。处置固定资产、无形资产及其他长期资产项目变化较大，三年分别为257.45%、529.79%和261.70%，该项目的剧烈波动应该引起重视，可通过对本报附注中相关项目的增减进一步分析其原因。收到其他与投资活动有关的现金项目波动剧烈，近三年分别为2014年的6295.65%、9580.72%和2078.84%，应该结合报表附注可知是由于远期结购汇收款所致。投资活动现金流出项目中购建固定资产、无形资产及其他长期资产支付的现金项目减少明显，分别仅为2014年度的68.33%、49.34%和80.07%，反映公司在对未来可持续性发展方面的持续投入。投资支付的现金项目及支付其他与投资活动有关的现金项目近三年也出现较大的起伏变动，也应结合报表附注具体分析。

(4) 格力电器筹资活动产生的现金流量各年变化较大，相对2014年，近三年分别为297.34%、228.69%和-942.45%。其中筹资活动现金流入金额变化较为平稳，取得借款收到的现金近三年增长平稳，分别为132.55%、275.75%和268.32%。筹资活动现金流出方面主要在于偿还债务支付的现金（三年分别为111.37%、139.37%和169.95%）和分配股利、利润及偿付利息支付的现金项目（三年分别为189.67%、279.36%和569.06%）。显示公司举借债务即偿还债务方面保持相对平稳，对于公司资本使用代价的偿付有较快的增长，这是基于公司有较好盈余为前提，也显示公司当期较好的盈利能力。

第八章 财务报表项目分析

四、现金流量表结构分析

现金流量结构分析是对构成现金流量表的主体即经营活动、投资活动、筹资活动的现金流入、流出结构及其相互关系进行的分析。通过对这三类活动在一定期间的现金流入、流出及其相互关系的分析，了解企业在特定期间现金的来源、去向及净现金的形成，从而对企业获取现金的能力进行准确的评价。

（一）现金流入结构分析

现金流入结构分析是指计算分析企业经营活动、投资活动、筹资活动现金流入占全部现金流入的比重以及每一类活动中的具体项目的现金流入占该类活动现金流入的比重，直观地了解企业在特定期间现金流入的渠道及其合理性。

一般而言，经营活动产生的现金流入应该占据较大的比重。特定时期企业的筹资及投资活动的现金流入可能会有较大提升，但一般不具有持续性。销售商品、提供劳务收到的现金应该占经营活动现金流入的较大比重，毕竟这是企业的日常经营活动。否则，应该视其为非正常情况对待。

格力电器2016—2017年分类、分项现金流入结构表见表8-16、表8-17、表8-18、表8-19。

表8-16　格力电器分类现金流入结构表

单位：万元

项目	2017年度	2016年度	结构比（%） 2017年度	结构比（%） 2016年度
经营活动现金流入	11 879 651	9 053 997	90.46	88.31
投资活动现金流入	117 931	137 001	0.90	1.34
筹资活动现金流入	1 135 441	1 061 227	8.64	10.35
现金流入合计	13 133 023	10 252 225	100	100

表8-17　格力电器分项现金流入结构表（经营活动）

单位：万元

项目	2017年度	2016年度	结构比（%） 2017年度	结构比（%） 2016年度
销售商品、提供劳务收到的现金	11 091 832	8 553 445	93.37	94.47
客户存款和同业存放款净增加额	−23 990	26 425	−0.20	0.29
向中央银行借款净增加额	−946	−1 996	−0.01	−002
向其他金融机构折入增加净增加额		−30 000		−0.33
收取利息、手续费及佣金的现金	279 358	201 528	2.35	2.23
回归业务增加净增加额	−58 600	40 000	0.49	0.44
收到的税费返还	123 733	51 158	1.04	0.57
收到其他与经营活动有关的现金	468 264	213 437	3.94	2.36
经营活动现金流入小计	11 879 651	9 053 997	100	100

表 8-18 格力电器分项现金流入结构表（投资活动）

单位：万元

项目	2017 年度	2016 年度	结构比（%）	
			2017 年度	2016 年度
收回投资收到的现金	95 000	66 000	80.56	48.17
取得投资收益收到的现金	8 464	4 470	7.18	3.26
处置固定资产、无形资产和其他长期资产收回的现金净额	123	249	0.10	0.18
处置子公司及其他营业单位收到的现金净额	0	175	0	0.13
收到其他与投资活动有关的现金	14 344	66 107	12.16	48.25
投资活动现金流入小计	117 931	137 001	100	100

表 8-19 格力电器分项现金流入结构表（筹资活动）

单位：万元

项目	2017 年度	2016 年度	结构比（%）	
			2017 年度	2016 年度
吸收投资收到的现金				
取得借款收到的现金	1 009 693	1 037 665	88.93	97.78
发行债券收到的现金				
收到其他与筹资活动有关的现金	125 748	23 562	11.07	2.22
筹资活动现金流入小计	1 135 441	1 061 227	100	100

通过对格力电器2016-2017年度现金流入结构分析可知：

（1）格力电器经营活动现金流入占比进一步提升（2016年度占比88.31%，2017年度占比90.46%），意味着公司对主要现金流入内容的强化，属于现金流入结构优化的表现。同时销售商品、提供劳务收到的现金项目在经营活动现金流入中占比较高（2016年度占比94.47%，2017年度占比93.37%）意味着公司主要经营业务收取现金的能力较强。

（2）格力电器投资活动现金流入占比较低（2016年度占比1.34%，2017年度占比0.90%），意味着公司通过投资活动获取现金的能力较低，可能与公司自身的发展战略有关，集中优势资源专注于公司优势领域，追求经营领域的现金流的扩充。具体到投资活动现金流入中收回投资收到的现金项目占比变化较大（2016年占比48.18%，2017年度占比80.56%），值得进一步分析其变动的原因，是投资没有产生预期效果还是战略调整等原因。

（3）格力电器筹资活动现金流入占比相对较低（2016年度占比10.35%，2017年度占比8.64%），且主要是通过取得借款收到的现金项目获得（2016年度占比97.78%，2017年度占比88.93%）当期筹资活动现金流入主要由借款活动，说明公司信用较好，能够通过借款方式迅速获取公司发展所需资金。

● （二）现金流出结构分析

现金流出结构分析是指计算分析企业经营活动、投资活动、筹资活动现金流出占全部现金流出的比重，以及每一类活动中的具体项目的现金流出占该类活动现金流出的比重，分析企业在特定期间现金流出的方向及其主要原因。

一般而言，经营活动产生的现金流出应该占据较大的比重。在特定时期企业的筹资及投资活动现金流出可能会有较大增加，但一般不具有持续性。购买商品、接受劳务支付的现金应该占经营活动现金流出的较大比例，因为企业经营活动发生的成本费用主要依靠其主营业务产生，否则，应该被视其为非正常情况并加以进一步分析。

格力电器2016-2017年度分类、分项现金流出结构表见表8-20、表8-21、表8-22、表8-23。

表 8-20　格力电器分类现金流出结构表

单位：万元

项目	2017年度	2016年度	结构比（%） 2017年度	结构比（%） 2016年度
经营活动现金流出	7 441 813	7 160 080	74.91	81.08
投资活动现金流出	589 246	423 215	5.93	4.79
筹资活动现金流出	1 903 743	1 247 659	19.16	14.13
现金流出合计	9 934 802	8 830 954	100	100

表 8-21　格力电器分项现金流出结构表（经营活动）

单位：万元

项目	2017年度	2016年度	结构比（%） 2017年度	结构比（%） 2016年度
购买商品、接受劳务支付的现金	4 254 126	3 881 690	57.17	54.21
客户贷款及垫款净增加额	246 530	191 905	3.31	2.68
存放中央银行和同业款项净增加额	-105 051	182 685	-1.41	2.55
支付利息、手续费及佣金的现金	66 249	70 295	0.89	0.98
支付给职工以及为职工支付的现金	559 051	573 024	7.51	8.00
支付的各项税费	1 377 389	1 333 436	18.51	18.62
支付其他与经营活动有关的现金	1 043 519	927 045	14.02	12.95
经营活动现金流出小计	7 441 813	7 160 080	100	100

表 8-22　格力电器分项现金流出结构表（投资活动）

单位：万元

项目	2017年度	2016年度	结构比（%） 2017年度	结构比（%） 2016年度
购建固定资产、无形资产和其他长期资产支付的现金	288 451	177 731	48.95	42.00
投资支付的现金	283 266	233 050	48.07	55.07
取得子公司及其他营业单位支付的现金净额	0	0	0	0
支付其他与投资活动有关的现金	17 529	12 434	2.97	2.94

表 8-23　格力电器分项现金流出结构表（筹资活动）

单位：万元

项目	2017年度	2016年度	结构比（%） 2017年度	结构比（%） 2016年度
偿还债务支付的现金	951 242	780 068	49.97	62.52
分配股利、利润或偿付利息支付的现金	952 501	467 591	50.03	37.48
支付其他与筹资活动有关的现金	0	0	0	0
筹资活动现金流出小计	1 903 743	1 247 659	100	100

通过对格力电器2016-2017年度现金流出结构分析可知：

（1）格力电器经营活动现金流出占比较高（2016年度占比81.08%，2017年度占比74.91%），经营活动现金流出占当期全部现金流出较大属于正常现象，意味着公司主要以经营活动带来的现金流出。同时购买商品、接受劳务支付的现金项目占经营活动现金流出的比重较大（2016年度占比54.21%，2017年度占比57.17%）属于正常现象。并且该项目在销售商品、提供劳务占经营活动现金流入比重较大的情况下，相对比重较低，与公司内部有效成本管理是分不开的。支付其他与经营活动有关的现金项目占比较大（2016年度占比12.95%，2017年度占比14.02%），需要进一步分析其构成内容。

（2）格力电器投资活动现金流出所占比重相对较低（2016年度为4.79%，2017年度为5.93%），同时主要用于购建固定资产、无形资产及其他长期资产所支付的现金项目（2016年度占比42%，2017年度占比48.95%）、投资支付的现金项目（2016年度占比55.07%，2017年度占比48.07%），投资活动现金流出主要用于对内长期投资及对外投资，属于正常现象。

（3）格力电器筹资活动现金流出占比相对较高（2016年度占比14.13%，2017年度占比19.16%），主要源于公司对偿还债务支付的现金较高（2016年度占比62.52%，2017年度占比49.97%），分配股利、利润或偿付利息支付的现金较多（2016年度占比37.48%，2017年度占比50.03%）所致。结合现金流入项目可知，公司当期既有大量的借款现金流入，又有较大比重的债务偿还现金流出。利润分配比例也较高，能够较大的保障所有者及债权人的利益分享。

（三）净现金流量结构分析

净现金流量结构分析是指分析企业经营活动、投资活动、筹资活动产生的现金流量净额及汇率变动对现金流量的影响在现金及现金等价物净增加额中的比重，并据以评价企业当期现金及现金等价物净增加额的结构及比例是否合理。

现金流量净额的增加可能意味着企业通过经营、投资、筹资等活动带来较为强劲的现金流入，销售顺畅，收款及时；前期投资产生良好的投资收益；筹资渠道多样且灵活等。企业有更多的现金用于扩大采购、生产、投资及进行有效的还债、分配等行为。当现金流量净额为负数时，也并不意味着企业经营、投资或筹资活动的无效或失败，要具体分析某类活动产生的现金流量净额的大小及比例。例如投资活动产生的现金流量净额为负数可能是企业在当期有较好的投资机会而扩大投资带来的结果，筹资活动现金流量净额为负数也可能是本期偿还较大的债务或现金股利的派现所导致的等等。所以，在进行净现金流量结果分析时，不仅要分析现金流量净额的正负、大小，更要了解其增减的原因是什么，需要结合财务报表附注披露的信息作进一步的分析。

现以格力电器2016-2017年度现金流量表数据为例，进行净现金流量结构分析，见表8-24。

表 8-24　格力电器净现金流量结构分析表

单位：万元

项目	2017 年度	2016 年度	结构比（%）	
			2017 年度	2016 年度
经营活动现金净流量	4 437 838	1 893 917	131.07	132.93
投资活动现金净流量	-471 315	-286 214	-13.92	-20.09
筹资活动现金净利量	-768 302	-186 431	-22.69	-13.09
汇率变动对现金及现金等价物的影响	187 634	3 457	5.54	0.24
现金及现金等价物净增加额	3 385 855	1 424 729	100	100

通过对格力电器2016-2017年度净现金流量结构分析可以看出：

（1）格力电器现金及现金等价物本期净增加较多，达1 961 126万元（3 385 855-1 424 729），经营活动现金净流量占比现金及现金等价物比重（2016年度为132.93%，2017年度为131.07%）。公司当期现金及现金等价物增加全部来自经营活动。

（2）公司投资活动及筹资活动产生的现金净流量均为负数，公司有新的战略投资动向或大额还款等投资或筹资活动，导致现金净流出，具体结合投资活动现金流入、流出项目及筹资活动流入项目、流出项目进行分析。

思考题

1. 分析资产负债表中的"存货"项目应注意哪些方面的问题？
2. 分析资产负债表中的"应收账款"项目应注意哪些方面的问题？
3. 怎样进行资产负债表的结构分析？
4. 什么是资产负债表的趋势分析？
5. 简述现金流量表分析的意义。
6. 如果经营活动现金流量净额为负数，说明什么问题？

练习题

一、单项选择题

1. 企业收益的主要来源应该是（　　）。
   A. 经营活动　　　B. 投资活动　　　C. 筹资活动　　　D. 投资收益

2. （　　）产生的现金流量最能反映企业获取现金的能力。
   A. 经营活动　　　B. 投资活动　　　C. 筹资活动　　　D. 以上都是

3. 下列各项目不属于利润表项目变动情况分析内容的是（　　）。
   A. 营业利润　　　B. 资产减值损失　　C. 制造费用　　　D. 财务费用

4. 在财务分析中，企业所有者最可能关注的是（　　）。
   A. 获利能力指标　　　　　　　　　B. 偿债能力指标
   C. 成本费用指标　　　　　　　　　D. 以上都不是

5. 当期所有者权益净变动额等于（　　）。
   A. 总权益变动额　　　　　　　　　B. 净资产变动额
   C. 总资产变动额　　　　　　　　　D. 总股本变动额

6. 衡量和评价企业偿债能力最稳健、最能说明问题的项目是（　　）。
   A. 资产　　　　　B. 所有者权益　　C. 现金流量　　　D. 净利润

7. 在通常情况下，不随产量和销售规模变动而变得的资产项目是（　　）。
   A. 货币资金　　　B. 应收账款　　　C. 固定资产　　　D. 存货

8. 若要保持资产的弹性，则在企业资产中占比重较大的应是（　　）。
   A. 固定资产　　　B. 金融资产　　　C. 无形资产　　　D. 长期资产

9. 企业处于高速成长阶段，投资活动现金流量往往是（　　）。
   A. 流入量大于流出量　　　　　　　B. 流入量小于流出量
   C. 流入量等于流出量　　　　　　　D. 不一定

10. 企业资本结构发生变动的原因是（　　）。
    A. 发行新股　　　　　　　　　　　B. 资本公积转股
    C. 盈余公积转股　　　　　　　　　D. 以未分配利润送股

二、多项选择题

1. 在下列各项中，能够称为财务报表分析主体的是（　　）。
   A. 债权人　　　　B. 投资人　　　　C. 经理人员　　　D. 企业员工

2. 影响资产收益性降低的情况有（　　　）。
   A. 资产闲置　　　　B. 资产待处理　　　　C. 资产贬值　　　　D. 出售资产

3. 在分析资产负债表"存货"项目时，需要考虑的因素有（　　　）。
   A. 存货的期末计价方法　　　　B. 存货的结构
   C. 存货的价格走势　　　　D. 供应商的变化

4. 货币资金存量变动的原因有（　　　）。
   A. 信用政策变动　　　　B. 会计政策变更
   C. 销售规模变动　　　　D. 生产工艺的改进

5. 进行负债结构分析时必须考虑的因素有（　　　）。
   A. 负债成本　　　　B. 经营风险　　　　C. 负债规模　　　　D. 财务风险

6. 既影响现金又影响净利润的经济业务有（　　　）。
   A. 出售无形资产收入现金　　　　B. 收回应收账款
   C. 赊销商品　　　　D. 按月支付短期借款利息

7. 通过分析利润表可以（　　　）。
   A. 了解企业的收入、费用及净利润（或亏损）的实现及构成情况
   B. 了解投资者投入资本的保值、增值情况
   C. 评价企业管理者的工作业绩
   D. 分析企业的获利能力及利润的未来发展趋势

8. 通过资产负债表可以了解的信息有（　　　）。
   A. 可以分析预测企业所面临的经营风险
   B. 可以了解企业负担的长期债务和短期债务数额
   C. 了解所有者权益的构成情况
   D. 企业在某一日期所拥有或控制的各种资源的构成及其分布情况

9. 引起资本结构变动的情况有（　　　）。
   A. 发行新股　　　　B. 配股
   C. 资本公积转股本　　　　D. 盈余公积转股本

10. 财务费用项目分析的内容包括（　　　）。
    A. 借款总额　　　　B. 利息收入　　　　C. 利息支出　　　　D. 汇兑损失

三、判断题

1. 流动资产比重越高，企业资产的弹性越差。（　　　）
2. 经营活动现金流量净额为净流入说明企业是盈利的。（　　　）
3. 企业成本总额的增加并不一定意味着利润的下降和企业管理水平的下降。
（　　　）

4. 利润表全面综合地反映了企业的经营状况及结果。（   ）
5. 稳健结构的主要标志是流动资产的一部分需要由长期资金来解决。（   ）
6. 企业应收账款增长和存货下降同时存在是正常的情况。（   ）
7. 负债结构的变动一定会引起负债规模的变动。（   ）
8. 如果本期资产规模比上期有较大提高，则说明本期经营卓有成效。（   ）
9. 企业支付所得税将引起筹资活动现金流量的增加。（   ）
10. 营业成本变动对利润有直接影响，营业成本降低多少，利润就会增加多少。（   ）

四、计算分析题

1. LG公司2017年12月31日资产负债表（简化）的有关资料见表8-27。

表 8-27 资产负债表（简化）

编制单位：LG公司　　　　　　　2017年12月31日　　　　　　　单位：万元

资产	期末	期初	负债和所有者权益	期末	期初
流动资产			流动负债		
货币资金	100	80	应付票据	300	400
应收票据	510	600	应付账款	1 800	1 100
应收账款	1 290	520	预收账款	900	500
存货	2 100	1 800			
			流动负债合计	3 000	2 000
流动资产合计	4 000	3 000	非流动负债		
非流动资产			长期借款	1 000	2 000
长期股权投资	2 000	1 000	应付债券	3 000	1 200
固定资产	3 000	2 300			
无形资产	1 000	1 700	非流动负债合计	4 000	3 200
			负债合计	7 000	5 200
非流动资产合计	6 000	5 000	所有者权益		
			实收资本	1 000	1 000
			资本公积	800	800
			盈余公积	200	100
			未分配利润	1 000	900
			所有者权益合计	3 000	2 800
资产总计	10 000	8 000	负债和所有者权益总计	10 000	8 000

要求：编制LG公司变动分析及结构分析表并进行分析评价。

2. TF公司2014—2017年度比较利润表资料见表8-28。

表 8-28　TF 公司 2014-2017 年度比较利润表

单位：万元

项目	2017 年	2016 年	2015 年	2014 年
一、主营业务收入	5 000	4 000	3 800	3 500
减：主营业务成本	3 200	2 300	2 200	2 000
税金及附加	30	200	100	50
销售费用	100	120	100	100
管理费用	200	180	300	130
财务费用	50	100	60	50
资产减值损失	20	40	30	30
加：公允价值变动收益	0	50	20	0
投资收益	150	100	-40	100
二、营业利润	1 550	1 210	990	1 240
加：营业外收入	30	20	200	20
减：营业外支出	10	30	30	15
三、利润总额	1 570	1 200	1,160	1 245
减：所得税费用	390	300	290	245
四、净利润	1 180	900	870	1 000

要求：结合TF公司2014-2017年度比较利润表进行趋势分析和结构分析。

3. JD公司2017年度现金流量表（简化）资料见表8-29。

表 8-29　现金流量表（简化）

编制单位：JD公司　　　　　　　　　（2017年度）　　　　　　　　　单位：万元

项目	本年金额	上年金额
一、经营活动产生的现金流量		
现金流入小计	48 560	41 523
现金流出小计	45 353	36 245
经营活动产生的现金流量净额	3 207	5 278
二、投资活动产生的现金流量		
投资活动现金流入	3 730	0
投资活动现金流出	1 450	872
投资活动产生的现金流量净额	2 280	-872
三、筹资活动产生的现金流量		
现金流入小计	3 450	9 980
其中：借款收到的现金	3 450	9 980
现金流出小计	9 340	12 030
其中：偿还债务支付的现金	4 580	11 120
偿付利息支付的现金	520	910
筹资活动产生的现金流量净额	-5 890	-2 050
四、汇率变动对现金的影响额	0	0
五、现金及现金等价物净增加额	-403	2 356

要求：对JD公司经营、投资、筹资活动产生的现金流量进行变动分析和结构分析。

4. 结合自身兴趣上网查询一家上市公司近4年的财务报告资料，对其资产负债表、利润表、现金流量表、所有者权益变动表进行趋势分析和结构分析，并对其偿债能力、获利能力、营运能力、发展能力等进行全面评估。

第九章 财务能力分析

第九章 财务能力分析

本章知识结构图

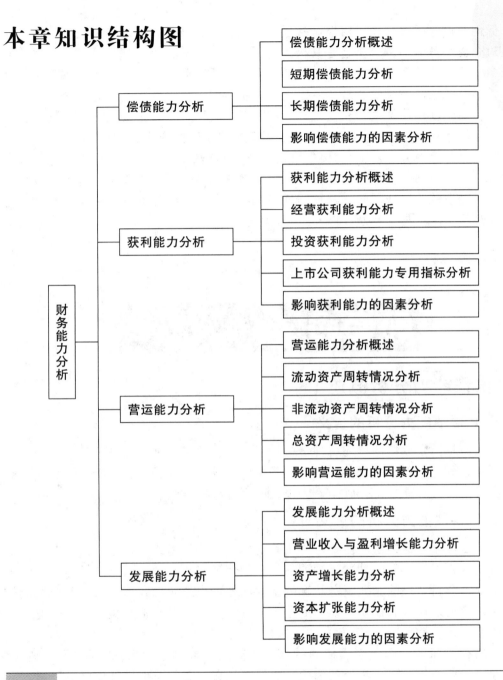

| 学习目标 | 通过本章的学习，学生应该了解并掌握：
1. 企业偿债能力分析的方法与指标；
2. 企业获利能力分析的方法与指标；
3. 企业营运能力分析的方法与指标；
4. 企业发展能力分析的方法与指标。 |

分析企业财务报表，除了对报表各项目、项目结构及项目变动趋势进行分析、评价外，对企业财务能力的分析也是其极为重要的组成部分。财务能力分析是将企业财务报表中相互关联的项目进行对比、比较，得出一系列财务指标，以此来揭示企业财务状况、经营成果以及资金管理水平的财务分析方法。财务能力分析是一个判断的过程，其主要目的就是比较同一个企业在不同时期，或同行业企业在同一个时期，在某些指标、某些趋势方面的主要变化，并分析、查找产生这些变化的原因。

目前，财务能力分析主要包括偿债能力分析、获利能力分析、营运能力分析和发展能力分析四个方面；通过财务能力分析，可以消除企业规模对财务指标的影响，用来比较不同企业的收益或风险，从而帮助投资者和债权人作出正确的决策，帮助经营管理者及时发现并改进经营活动中存在的风险与问题。

第一节 偿债能力分析

一、偿债能力分析概述

（一）偿债能力分析的含义

偿债能力是指企业按期偿还各种债务的能力，反映了企业对债务清偿的承受能力或保障程度，即企业偿还全部到期债务的资金保证程度。偿债能力分析又称企业偿债风险状况分析，包括短期偿债能力分析和长期偿债能力分析。

（二）偿债能力分析的意义

企业是否具有一定的偿债能力对于所有财务报表使用者来说都是至关重要的，即使是盈利企业，如果不能按期偿还短期债权人的债务，也会面临破产的风险。因此，企业偿债能力分析是反映企业财务状况的重要内容，也是企业财务分析的重要组成部分。通过对企业短期和长期偿债能力的分析，有利于企业各利益相关者，如企业债权人、投资人和经营者等，作出正确的财务与投资决策。

对于债权人而言，企业偿债能力的强弱将直接影响到债权人本金和利息的安全性。企业偿债能力的下降，将导致债权人收回本金和利息的可能性降低，甚至导致资金无法收回。因此，进行企业偿债能力分析有利于债权人作出正确的信贷决策。

对于股东及其他投资者而言，偿债能力的强弱与企业盈利能力的高低和投资机会的多少相互影响。企业偿债能力的下降，通常是企业盈利能力下降和投资效率低下的反映。因此，进行企业偿债能力分析有利于股东及其他投资者评价经营者的经营业绩，有利于投资人作出正确的投资决策。

对于经营管理者而言，企业偿债能力将直接影响到企业的经营活动、投资活动和筹资活动能否正常进行，意味着企业承受财务风险的能力。因此，进行企业偿债能力的分析有利于企业经营管理者作出正确的经营决策。

（三）偿债能力分析的内容

偿债能力分析主要包括以下两方面内容：

1. 短期偿债能力分析

短期偿债能力分析是指通过对反映企业短期偿债能力的主要指标和辅助指标的计算分析，了解企业偿还流动负债的能力，判断企业当前的财务状况和财务风险程度。

2. 长期偿债能力分析

长期偿债能力是指企业偿还长期负债的能力。通过对反映企业长期偿债能力的主要指标和辅助指标的计算分析，了解企业长期偿债能力的高低及变化情况，把握企业长远或整体财务状况和企业偿还债务的保障程度。

二、短期偿债能力分析

短期偿债能力是指企业偿付流动负债的能力。一般来说是指企业以其流动资产变现取得的资金偿还流动负债。所以，一般通过比较流动资产及其组成部分与流动负债的比率关系来判断企业的短期偿债能力。评价企业短期偿债能力的财务指标主要有净营运资本、流动比率、速动比率、现金比率等。

（一）净营运资本

1. 净营运资本的概念

净营运资本，又称营运资本或营运资金，是指流动资产与流动负债的差额，也称净流动资产。净营运资本实际上反映的是流动资产用于归还和抵补流动负债后的余额。其计算公式如下：

净营运资本=流动资产－流动负债

从上述公式可以看出，净营运资本是反映企业短期偿债能力的绝对量指标。净营运资本越多，说明企业用于偿还流动负债的资金就越充足，企业的短期偿债能力就越强。在一般情况下，如果流动资产与流动负债相等，是不足以保证偿还流动负债的。因为，流动负债的到期偿还与流动资产的变现，一般不是同步实现的。企业必须保持流动资产大于流动负债，才能满足偿还到期债务的需求。

【例9-1】本章以家电制造业企业珠海格力电器股份有限公司（以下简称"格力电器"）为例（详细报表数据见第八章），结合对比家电行业排名靠前的三家企业MD公司、HE公司和SBE公司（均为A股上市公司），对其2015-2017年年报进行纵向分析与横向比较。在本书中，以MD公司、HE公司和SBE公司的财务指标平均数代表家电行业的财务指标平均数，并将格力电器的财务数据与其进行比较分析，以便得出格力电器在同行业企业中的财务状况和风险水平。

表9-1和表9-2列示了格力电器和同行业企业平均净营运资本的计算分析过程。

表 9-1　格力电器净营运资本计算分析表

单位：万元

项目	2015 年	2016 年	2017 年
流动资产	10 373 252.22	12 014 347.88	12 094 931.46
流动负债	9 649 121.36	10 838 852.21	11 262 518.10
净营运资本	724 130.86	1 175 495.67	832 413.36

表 9-2　同行业平均净营运资本分析表

单位：万元

净营运资本	2015 年	2016 年	2017 年
MD	867 935.03	1 328 422.55	2 136 385.70
HE	1 121 427.02	1 994 284.11	1 508 392.57
SBE	245 344.02	293 049.54	367 768.19
平均数	744 902.02	1 205 252.07	1 337 515.49

从流动资产和流动负债的总量来看，近3年，格力电器呈现增长态势，但是从流动资产扣除流动负债后的余额即净营运资本来看，格力电器2017年的净营运资本由1 175 495.67万元下降到832 413.36万元，主要原因是因为格力电器2017年短期借款由357 877.33增加到627 666.01，增加了75%。

结合同行业三个企业的财务报表进一步分析可知，MD和SBE公司的净营运资本也在逐年增加，而HE公司的净营运资本在2017年有所下降，但是因为净营运资本是绝对数指标，与各公司的资产、负债的总规模相关，不适合在不同的企业间进行横向比较。想要更加细致的了解各个公司的短期偿债能力，必须结合流动比率、速动比率等相对数指标分析。

2.净营运资本指标的优缺点

由于净营运资本是绝对额指标，因而能够比较直观地反映同一个企业不同年度短期偿债能力的变化，但是不利于不同企业之间的偿债能力强弱的比较。另一方面，由于计算净营运资本运用的是流动资产的总额，并没有考虑各项流动资产变现能力的强弱，因而用以评价企业短期偿债能力显然不够可靠。

● **（二）流动比率**

1.流动比率的概念

流动比率是指流动资产与流动负债的比例关系，表示每1元的流动负债，有多少流动资产作为偿还保证，反映企业可在短期内变现的流动资产偿还流动负债的能力，它是分析企业短期偿债能力最为常用的财务比率。在通常情况下，流动比率越高，表明企业的短期偿债能力越强，债权人的权益越有保障。如果该比率过低，则说明企业可能捉襟见肘，难以偿还到期债务。但是，流动比率也不应该过高，过高则说明企业流动资产占用的资金较多，影响企业资金的使用效率，而且企业滞留在流动资产上的资金过多，将造成企业机会成本的增加，进而影响企业的获利能力。其计算公式为：

$$流动比率 = \frac{流动资产}{流动负债}$$

20世纪初期,美国银行家向企业提供贷款时,均以流动比率作为判断企业信用的标准,而且一般要求企业合理的流动比率底线为2。一直到20世纪60年代中期,企业都将流动比率成功地保持在2或者更高。但此后,许多企业的流动比率都下降到2这个底线之下,这说明许多企业的流动性在下降,同时也说明应收账款和存货得到了更好的控制。

当然,不同行业的流动比率高低标准并不一致。一般而言,经营周期短的行业,流动比率较低,经营周期长的行业,流动比率越高。所以,在通过流动比率来分析企业短期偿债能力时,一方面需要纵向与本企业前期水平进行比较,了解其变化趋势;另一方面,则需要将其与行业领先企业以及行业平均数进行比较,判断企业在行业中所处的地位。

但是,仅通过流动比率的分析,无法获知短期偿债能力变化的原因,必须进一步对流动资产和流动负债的项目进行细分,才能从中发现可能存在的原因。

【例9-2】表9-3、表9-4列示了格力电器与同行业其他公司2015-2017年流动比率的计算分析过程。

表 9-3 格力电器流动比率计算分析表

单位:万元

项目	2015 年	2016 年	2017 年
流动资产	10 373 252.22	12 014 347.88	12 094 931.46
流动负债	9 649 121.36	10 838 852.21	11 262 518.10
流动比率	1.08	1.11	1.07

表 9-4 同行业平均流动比率分析表

流动比例	2015 年	2016 年	2017 年
MD	1.15	1.18	1.30
HE	1.29	1.43	1.38
SBE	2.24	2.26	2.55
平均数	1.56	1.62	1.74

通过上表计算可以看出,格力电器近3年的流动比率在1.10左右,远低于2的判断标准,表明格力电器短期偿债能力较弱,需引起管理层的重视。相对而言,同行业公司3年的平均流动比率为1.6左右,且逐年上升。进一步分析可知,SBE公司的流动比率最高,为2.24、2.26、2.55;而MD和HE公司也超过格力电器。从流动比例指标看,格力电器在同行业企业中处于较低的水平。

但是,结合下文的速动比率分析结果可知,格力电器将其存货控制在一个较低的水平上,可能与其行业地位有关。因此,要进一步的判断一个企业的短期偿债能力,不能单纯的依靠指标分析,必须结合该公司资产负债表的具体项目和企业的行业地位等具体情况进行细致深入的分析。

2.流动比率分析的优缺点

流动比率是一个相对指标,不会受到企业规模大小的影响,可在不同企业间评价企业的短期偿债能力，但具体运用时必须考虑不同行业间的平均标准，不能将其绝对化。

由于流动比率是一个静态比率，仅凭某一时点的比值大小来判断企业短期偿债能力是有局限性的。因此，应当运用连续若干会计期间该比率的变化趋势来进行分析。另外，应当注意评估企业流动资产的真实价值，企业应收账款及存货的真实价值往往受外部因素影响很大，其账面价值与实际价值可能存在较大差异，在运用流动比率分析时，应进行客观计算分析。

另一方面，不同的应收账款坏账准备的计提方法和存货计价方法也会给流动比率的计算带来较大的差异，因此，在使用流动比率判断企业短期偿债能力时必须结合具体项目细致的分析。

●（三）速动比率

1.速动比率的概念

速动比率是指速动资产与流动负债的比例关系，用来评判企业流动资产中可以立即变现用来偿还到期债务的能力，是流动比率的一个重要辅助指标。所谓速动资产，是指将流动资产中的存货、预付费用等变现能力较差的资产予以剔除后剩下的资产，包括货币资金、交易性金融资产、应收款项等。速动比率能够更准确的反映企业的短期偿债能力，该指标越高，表明企业的短期偿债能力越强，其计算公式为：

$$速动比率 = \frac{速动资产}{流动负债}$$

该公式中的速动资产也可以用下列等式表示：

$$速动资产 = 流动资产 - 存货 - 预付账款（预付费用）$$

速动资产之所以要剔除存货和预付费用等项目，是因为存货是在流动资产中变现速度最慢的资产，而且存货在销售时受市场价格因素的影响，其变现价值有很大的不确定性，若是在清算时出售则价值变化更大；而预付费用一般不能变现，只能减少企业未来现金支出。

一般认为，企业在全部流动资产中约有50%为存货，所以速动比率的一般标准为1。就是说，每1元的流动负债有1元的速动资产作担保，这个比率一般认为是比较合理的。比值越大则说明企业短期偿债能力越强，比值小于1则说明企业短期偿债能力差。当然，该比值也并非一定越高越好。如果速动比率过高，则说明企业因拥有过多的速动资产，而可能失去一些有利的投资和获利机会。

【例9-3】表9-5和表9-6列示了格力电器和同行业其他公司2015-2017年速动比率的计算分析过程。

表9-5　格力电器速动比率计算分析表

单位：万元

项目	2015年	2016年	2017年
速动资产	8 912 831.77	10 995 289.33	11 062 744.28
流动负债	9 649 121.36	10 838 852.21	11 262 518.10
速动比率	0.92	1.01	1.01

表9-6　同行业平均速动比率分析表

速动比率	2015年	2016年	2017年
MD	0.84	0.96	1.14
HE	1.08	1.22	1.22
SBE	1.47	1.51	1.90
平均数	1.13	1.23	1.42

根据表9-5、表9-6可以看出，格力电器近3年的速动比率为1左右，与其流动比率相差不大，深入分析可知，格力电器流动资产中存货的比重较小，仅占流动资产的7.83%，而货币资金的比重较大，占流动资产的73.44%。因此，虽然格力电器的流动比率偏低，但其短期偿债能力还是能够得到保障。

从同行业横向比较来看，行业平均数从2015年的1.13逐年增长到2017年的1.42。其中，SBE公司的速动比率仍是远高于其他公司，拥有较好的短期偿债能力。

2. 速动比率的优缺点

作为流动比率的重要辅助指标，速动比率消除了存货、预付费用等变现能力较差的流动资产项目的影响，可以在一定程度上弥补流动比率的缺点。与流动比率一样，速动比率也是相对比值，它能较好地反映速动资产对流动负债的保障程度，同样也能在不同企业间进行短期偿债能力的比较分析。

同样，速动比率也只考虑了资产存量而未考虑资产的变量，用静态指标推测未来资金的流量，显然存在先天不足。因此，速动比率只是流动比率的一个重要辅助指标，是用来克服流动比率的某些不足，一般不单独运用。

（四）现金比率

1. 现金比率的概念

评价企业短期偿债能力最保守的指标是现金比率，即现金类资产与流动负债的比例关系。现金类资产是指包括企业所拥有的货币资金以及企业持有的期限短、流动性强、易于变现的有价证券。其计算公式为：

$$现金比率 = \frac{现金类资产}{流动负债}$$

通常对于企业来说，货币资金流动性最强，交易性金融资产（短期投资）期限短、易于变现，而应收票据也可贴现用于偿还短期债务，所以本书所指现金类资产包括货币资金、交易性金融资产和应收票据。

与流动比率和速动比率相比，用现金比率来评价企业短期偿债能力更为保险与安全。尤其是有迹象表明企业存货变现或应收账款回收存在问题时，或当企业已将存货、应收账款抵押出去时，计算现金比率更有现实意义。所以，在评价企业短期偿债能力的强弱时，现金比率一般被认为是一个最安全、最可靠的指标。

显然，现金比率的比值越高，说明企业的短期偿债能力越强；比值越低，说明企业的短期偿债能力越弱。但是，对于企业来说，现金比率并不是越高越好。因为现金类资产的盈利能力较低，现金比率过高，就意味着企业的流动资金未能得到充分、合理的运用，从而导致企业机会成本的增加。那么，现金比率应该维持在一个什么样的水平呢？一般认为现金比率的比值在0.2~0.3之间较为恰当。现金比率具体是高、是低，需要结合企业的行业特点、企业经营活动规模的大小、企业存货、应收账款等资产质量状况等因素进行综合分析。

【例9-4】表9-7和表9-8列示了格力电器和同行业其他公司2015-2017年现金比率的计算分析过程。

表 9-7　格力电器现金比率计算分析表

单位：万元

项目	2015 年	2016 年	2017 年
现金类资产	8 608 503.35	10 511 042.23	10 369 960.41
流动负债	9 649 121.36	10 838 852.21	11 262 518.10
现金比率	0.89	0.97	0.92

表 9-8　同行业平均现金比率分析表

现金比率	2015 年	2016 年	2017 年
MD	0.59	0.37	0.42
HE	0.96	1.04	0.94
SBE	1.08	0.87	0.86
平均数	0.87	0.76	0.74

通过表9-7和表9-8分析可知，格力电器的现金比率在0.9左右，与流动比率和速动比率相差不多，主要原因是由于格力电器的流动资产主要是由货币资金构成的，现金比率高出同行业的平均数0.87、0.76和0.74。相比而言，HE公司近3年的现金比率为0.96、1.04与0.94，属于同行业中的较高水平，而MD公司近3年的现金比率为0.59、0.37和0.42，短期偿债能力相对较低。但是，现金比率太高，也说明企业可能存在货币资金闲置和效率低下的问题。

2.现金比率的优缺点

在现金比率中现金类资产的变现能力较高，因此，现金比率在企业短期偿债能力评价指标体系中是最安全、最稳健的一个。与流动比率和速动比率类似，现金比率也是一个相对数指标，较绝对数指标具有更广的运用范围。

在企业存货、应收账款等项目变现存在问题时，计算现金比率的意义较大；如果企业存货、应收账款等流动性良好，现金比率的计算作用则不明显。

● **（五）现金流量与流动负债比率**

1.现金流量与流动负债比率的概念

现金流量与流动负债比率，又称现金流量比率，是指企业经营活动现金流量净额与流动负债的比例关系，它可以从现金流量的角度来反映企业一定时期偿付短期负债的能力。其计算公式为：

$$现金流量与流动负债比率 = \frac{经营活动现金流量净额}{流动负债} \times 100\%$$

"经营活动现金流量净额"来源于企业现金流量表中的"经营活动产生的现金流量净额"。经营活动现金流量净额的大小反映出企业在某一会计期间生产经营活动创造现金的能力，已经扣除了经营活动自身所需的现金流出，是偿还企业到期债务的重要资金来源。如果该比率大于1，表明企业生产经营活动产生的现金能够偿还到期债务；如果该比率小于1，表明企业生产经营活动产生的现金不足以偿还到期债务，企业需要采取对外筹资、出售资产或消耗存量现金才可以解决偿还到期债务所需的资金。由于企业的短期债务通常不会同时到期，因此，一般认为企业的现金流量比率为50%左右比较合适。由于不同行业的经营性质的不同，经营活动产生现金净流量的差别较大，所以，分析时应与同类企业的现金流量比率进行比较，以说明企业经营活动创造现金偿还流动负债的能力。

【例9-5】表9-9和表9-10列示了格力电器和同行业其他公司2015-2017年的现金流量与流动负债比率的计算分析过程。

表 9-9　格力电器现金流量与流动负债比率计算分析表

单位：万元

项目	2015 年	2016 年	2017 年
经营活动现金流量净额	1 296 983.71	1 893 916.55	4 437 838.18
流动负债	9 649 121.36	10 838 852.21	11 262 518.10
现金流量与流动负债比率	0.13	0.17	0.39

表 9-10　同行业平均现金流量与流动负债比率分析表

现金流量与流动负债比率	2015 年	2016 年	2017 年
MD	0.18	0.34	0.37
HE	0.17	0.15	0.14
SBE	0.30	0.36	0.48
平均数	0.22	0.28	0.33

根据表9-9、表9-10可以看出，格力电器2015-2017年的现金流量与流动负债比率逐年增长，分别为0.13、0.17和0.39，表明该公司经营活动现金净流量逐年增长，拥有较好的市场前景，其短期偿债能力呈现较好的发展趋势。而同行业近3年现金流量与流动负债比率平均水平为0.22、0.28和0.33，其中，MD公司和SBE公司现金流量与流动负债比率较高且连续增长，而HE公司现金流量与流动负债比率呈递减状态，且比率较低。

2.现金流量与流动负债比率的优缺点

由于企业筹资活动、投资活动产生的现金各期变动较大，而经营活动产生的现金各期较为稳定，具有一定的连续性，因此，现金流量与流动负债比率是反映企业在维持生产经营能力基础上的短期偿债能力指标，相比其他指标更为谨慎、可靠。

由于企业筹资渠道的多样化，当经营活动产生的现金流量净额不足时，也就是现金流量与流动负债比率小于1时，并不能说明企业就无力偿还到期债务。另外，该比率的分母项目"流动负债"依旧是一个静态指标,而分子项目"经营活动现金流量净额"是动态推测下一期的现金流量指标,其计算结果依旧不够准确。为了使公式中的分子和分母计算口径一致,分母也可以采用流动负债期初与期末的平均数,即流动负债平均余额。

三、长期偿债能力分析

长期偿债能力是指企业偿还长期负债的能力。企业的长期负债是指偿还期在1年或超过1年的一个营业周期以上的债务,一般包括:长期借款、应付债券、长期应付款以及其他长期负债等。与流动负债相比,长期负债具有偿还期限长、数额较大等特点。

资产是企业偿还债务的基础,权益是企业偿还债务的保障,毫无疑问,资产结构和资本结构是影响企业长期偿债能力的重要因素。然而,在持续经营的企业中,企业不可能依靠出售资产或转让资本作为偿还债务的资金来源,只能依靠企业的生产经营所得。也就是说,只有具备稳定盈利能力的企业,才能为偿还企业长期负债提供最可靠的资金来源。因此,企业的长期偿债能力的影响因素主要来自三个方面:企业的资本结构、资产结构和获利能力。

由于长期偿债能力的影响因素主要来自企业的资本结构、资产结构和获利能力三个方面,因此,可以从资产负债表和利润表两个方面来分析企业的长期偿债能力,主要分析指标包括:资产负债率、股东权益比率、产权比率、权益乘数、利息保障倍数等。

(一)资产负债率

资产负债率,又称负债比率,是企业负债总额与资产总额的比例关系。其计算公式为:

$$资产负债比率 = \frac{负债总额}{资产总额} \times 100\%$$

资产负债率是衡量企业负债水平和风险程度的重要指标。它反映了债权人所提供的债务资金占全部资产的比重,揭示了企业资产对债权人债务的保障程度。对于债权人来说,债务企业资产负债率越小,表明企业长期偿债能力越强,债权人权益越能够得到保障。而对于企业投资人来说,该比率较大,则表明企业能够利用较少的资本投入带动较多的资金,扩大了的企业生产经营规模,在企业经营良好的情况下,利用财务杠杆原理可以赚取更多的利润。对于不同的利益主体来说,资产负债率的评价标准亦有所不同。因此,在评价资产负债率时,需要在收益和风险之间权衡利弊,充分考虑企业内部各种因素和外部市场环境,作出正确判断。一般认为,资产负债率在40%~60%之间比较恰当,低于40%显得有些保守,高于60%则有些激进,若超过100%,则企业已资不抵债了。

【例9-6】表9-11和表9-12列示了格力电器和同行业其他公司2015-2017年资产负债率的计算分析过程。

第九章 财务能力分析

表 9-11　格力电器资产负债率计算分析表

单位：万元

项目	2015 年	2016 年	2017 年
负债总额	9 823 542.57	11 109 949.75	11 313 140.78
资产总额	13 370 210.34	15 623 094.85	16 169 801.63
资产负债率	73.47%	71.11%	69.96%

表 9-12　同行业平均资产负债率分析表

资产负债率	2015 年	2016 年	2017 年
MD	59.69%	61.98%	56.51%
HE	67.21%	61.23%	57.34%
SBE	34.94%	35.50%	32.27%
平均数	53.95%	52.91%	48.71%

根据表9-11、表9-12可以看出，格力电器2015-2017年的资产负债率总体偏高，特别是在2015年，资产负债率高达73.47%。单从资产负债率这一指标来看，我们可以基本得出结论，格力电器的财务风险较高，近3年来，资产负债率维持在70%左右的高水平。而同行业近3年的平均资产负债率为53.95%、52.91%和48.71%。其中MD公司和HE公司的资产负债率在60%左右，而SBE公司近3年的资产负债率为34.94%、35.50%和32.27%，为同行业公司中较低水平，其财务风险较低。

（二）股东权益比率

股东权益比率是企业股东权益总额与资产总额的比例关系。其计算公式为：

$$股东权益比率 = \frac{股东权益总额}{资产总额} \times 100\%$$

企业全部的资产要么是由投资人提供资金形成的，要么是由债权人提供资金形成的，即表现为会计基本等式：资产=负债+所有者权益。股东权益比率反映了在企业全部资产中，有多少是由投资人提供的资金形成的。因此，我们可以得到下列公式：

$$资产负债率 + 股东权益比率 = \frac{负债总额}{资产总额} \times 100\% + \frac{股东权益总额}{资产总额} \times 100\%$$

$$= \frac{负债总额 + 股东权益总额}{资产总额} \times 100\% = 100\%$$

可见，股东权益比率与资产负债率是互补的关系，即：股东权益比率=1－资产负债率。　股东权益比率是表示长期偿债能力保证程度的重要指标，该指标越高，说明企业资产中由投资人投资所形成的资产越多，偿还债务的保证越大。当债权人将其资金借给股东权益比率较高的企业，由于有较多的企业自有资产做偿债保证，企业偿还债务的保障也越高。

【例9-7】表9-13和表9-14列示了格力电器和同行业其他公司2015-2017年股东权益比率的计算分析过程。

表9-13 格力电器股东权益比率计算分析表

单位：万元

项目	2015年	2016年	2017年
股东权益总额	3 546 667.77	4 513 145.10	4 856 660.86
资产总额	13 370 210.34	15 623 094.85	16 169 801.63
股东权益比率	26.53%	28.89%	30.04%

表9-14 同行业平均股东权益比率分析表

股东权益比率	2015年	2016年	2017年
MD	40.31%	38.02%	43.49%
HE	32.79%	38.77%	42.66%
SBE	65.06%	64.50%	67.73%
平均数	46.05%	47.09%	51.29%

注：此处股东权益总额包括少数股东权益。以下计算各项财务比率时所用的股东权益均包括少数股东权益。

根据表9-13、表9-14可以看出，格力电器在2015—2017年，股东权益比率总体是比较低的，在公司2015年的全部资产中，股东权益仅占26.53%，说明有26.53%的资产是投资人提供的，73.47%的资产是债权人提供的，这显然对债权人的保障是不够的。同行业近3年的平均数为46.05%，47.09%、51.29%，由股东提供的资产约占总资产的一半。其中，SBE公司股东权益比率较高，分别为65.06%、64.50%、67.73%。

（三）产权比率

产权比率，又称负债与股东权益比率，是负债总额与股东权益总额之间的比例关系。其计算公式为：

$$产权比率 = \frac{负债总额}{股东权益总额} \times 100\%$$

如果说资产负债率是反映企业债务负担的指标，股东权益比率是反映偿债保证程度的指标，那么，产权比率就是反映债务负担与偿债保证程度相对关系的指标。它和资产负债率、股东权益比率具有相同的经济意义，但该指标更直观地表示出负债受到股东权益的保护程度。显然，产权比率、股东权益比率和资产负债率之间存在下列数量关系：

$$产权比率 = \frac{负债总额}{股东权益总额} \times 100\% = \frac{负债总额 \div 资产总额}{股东权益总额 \div 资产总额} = \frac{资产负债率}{股东权益比率}$$

$$产权比率 = \frac{负债总额}{股东权益总额} = \frac{资产总额 - 股东权益总额}{股东权益总额}$$

$$= \frac{1}{股东权益比率} - 1$$

对债权人来说，该比率越高，表明企业股东权益对负债的保障程度越低，企业的长期偿债能力越弱，债权人承担的风险越大；反之则相反。而对于股东来说，该比率过低，即股东权益比重过大，尽管企业偿还长期债务的能力很强，但企业利用财务杠杆的能力不足，不能充分发挥负债经营的作用，从而影响企业经营业绩。所以，在评价企业产权比率是否恰当时，应从提高经营业绩和增强偿债能力两个方面来考虑。

【例9-8】表9-15和表9-16列示了格力电器和同行业其他公司2015-2017年产权比率的计算分析过程。

表 9-15　格力电器产权比率计算分析表

单位：万元

项目	2015年	2016年	2017年
股东权益总额	3 546 667.77	4 513 145.10	4 856 660.86
负债总额	9 823 542.57	11 109 949.75	11 313 140.78
产权比率	2.77	2.46	2.33

表 9-16　同行业平均产权比率分析表

产权比率	2015年	2016年	2017年
MD	1.48	1.63	1.30
HE	2.05	1.58	1.34
SBE	0.54	0.55	0.48
平均数	1.36	1.25	1.04

根据表9-15、表9-16可以看出，格力电器2015-2017年产权比率是较高的，分别达到2.77、2.46、2.33，说明该公司的资金主要来源于债权人，债权人提供的资金超过所有者提供资金的两倍多。可见，该公司整体偿债能力是较低的，其债务风险相当明显。同行业产权比率的平均水平为1.36、1.25、1.04，呈逐年递减的趋势，特别是SBE公司近3年的产权比率为0.54、0.55和0.48，说明公司资产主要由股东提供，企业财务风险较小。

（四）权益乘数

权益乘数是企业的资产总额与股东权益总额的比例关系，反映了企业资产总额是股东权益总额的倍数，表明每1元股东权益支配的资产总额。

权益乘数的计算公式为：

$$权益乘数 = \frac{资产总额}{股东权益总额}$$

$$或者\ 权益乘数 = \frac{1}{股东权益总额} = 1 + 产权比率$$

该等式也反映了权益乘数与股东权益比率、产权比率之间的数量关系。权益乘数越大，表明所有者投入的资本在资产总额中所占的比重越小，对负债经营利用的越充分，但也说明企业长期偿债能力越弱；反之，该比值越小，企业对负债经营利用的就越小，但长期偿债能力越强。

【例9-9】表9-17和表9-18列示了格力电器和同行业其他公司2015-2017年权益乘数的计算分析过程。

表 9-17 格力电器权益乘数计算分析表

单位：万元

项目	2015 年	2016 年	2017 年
股东权益总额	3 546 667.77	4 513 145.10	4 856 660.86
资产总额	13 370 210.34	15 623 094.85	16 169 801.63
权益乘数	3.77	3.46	3.33

表 9-18 同行业平均权益乘数分析表

权益乘数	2015 年	2016 年	2017 年
MD	2.48	2.63	2.30
HE	3.05	2.58	2.34
SBE	1.54	1.55	1.48
平均数	2.36	2.25	2.04

根据表9-17、表9-18表计算可以看出，格力电器2015-2017年权益乘数分别为3.77、3.46和3.33，同行业公司2015-2017年平均权益乘数分别为2.36、2.25和2.04，说明格力电器在2015-2017年每1元钱股东权益所支配的资产总额为3.5元左右，权益乘数是比较高的，该公司负债经营运用较为充分，用较少的资本带动更多的资金参与生产经营活动，以获得更高的投资回报。当然，这是以降低对债务的担保为前提的。而SBE公司2015-2017年权益乘数为1.54、1.55、1.48，说明该公司主要利用自有资本进行生产经营，财务较为稳健。

● **（五）利息保障倍数**

利息保障倍数，即已获利息倍数，是指企业在一定时期息税前利润与利息支出之间的比例关系，反映了企业获利能力对债务所产生的利息支出的保障程度。其计算公式为：

$$利息保障倍数 = \frac{息税前利润}{利息支出} = \frac{利润总额 + 利息支出}{利息支出}$$

在上述公式中，"息税前利润"是指利润表中扣除利息费用和所得税之前的利润，可以用利润总额与利息费用之和求得；公式中"利息支出"是指本期发生的全部应付利息，既包括计入财务费用的利息支出，又包括资本化的利息支出。

利息保障倍数的重点是衡量企业支付利息的能力，没有足够大的息税前利润，利息的支付就会比较困难。一般情况下，利息保障倍数越大，企业偿还债务利息的能力必然越强；企业能获取较多的利润，通常更有能力偿还到期的债务本金。因此，债权人需要分析利息保障倍数指标，以此来衡量债权的安全程度。要维持正常的偿债能力，利息保障倍数至少应大于1，且比值越高，企业的长期偿债能力越强。如果利息保障倍数低于1，则说明企业经营获利已不能支付当期的利息支出，这意味着企业偿付利息的能力非常低，偿付本金的能力则更受到质疑，其财务风险非常高。

【例9-10】根据格力电器以及同行业MD公司、HE公司和SBE公司公开披露的财务报表，对其2015-2017年的利息保障倍数进行分析。

从格力电器2015-2017年的资产负债表和利润表可以看出，格力电器2015-2017年

第九章 财务能力分析

每年年末货币资金数额远远高于短期借款和长期借款的合计数，而格力电器的负债主要由应付账款、预收款项、应付职工薪酬和应交税费等无息流动负债所构成，因此，该公司每年货币资金的利息收入远高于银行借款的利息支出，财务费用项目通常为负。而其他几个比较公司也出现了类似的情况，在这种情况下，就不能通过利息保障倍数来判断其长期偿债能力。

（六）现金流量与负债总额比率

现金流量与负债总额比率是指企业经营活动现金流量净额与负债总额的比例关系，反映了企业用经营活动产生的现金流量偿还全部债务的能力。其计算公式为：

$$现金流量与负债总额比率 = \frac{经营活动现金流量净额}{负债总额} \times 100\%$$

经营活动现金流量净额是企业最可靠、最稳定的现金来源，是清偿债务的基本保证。该比率运用动态的现金流量指标，可以比较真实地评价企业的偿债能力。所以，现金流量与负债总额比率的比值越大，说明企业偿债能力越强；反之，则说明企业偿债能力越弱。

【例9-11】表9-19和表9-20列示了格力电器和同行业其他公司2015-2017年现金流量与负债总额比率的计算分析过程。

表9-19　格力电器现金流量与负债总额比率计算分析表

单位：万元

项目	2015年	2016年	2017年
经营活动现金流量净额	1 296 983.71	1 893 916.55	4 437 838.18
负债总额（年末数）	9 823 542.57	11 109 949.75	11 313 140.78
现金流量与负债总额比率	13.20%	17.05%	39.23%

表9-20　同行业平均现金流量与负债总额比率分析表

单位：万元

现金流量与负债总额比率	2015年	2016年	2017年
MD	17.38%	33.25%	36.76%
HE	15.86%	13.42%	12.81%
SBE	29.33%	35.38%	47.48%
平均数	20.86%	27.35%	32.35%

根据表9-19、表9-20可以看出，格力电器2015-2017年现金流量与负债总额比率分别为13.19%、17.05%、39.23%，说明该公司运用经营活动创造现金偿还债务的能力逐年增加。而同行业平均现金流量与负债总额比率近3年为20.86%、27.35%、32.35%，可见2015年与2016年格力电器的现金流量偿债能力低于同行业平均数，而2017年，已超过同行业平均偿债能力。在进一步分析，在诸多公司中，SBE公司的现金流量与负债总额比率最高，近3年达到29.33%、35.38%与47.48%。

四、影响偿债能力的因素分析

（一）影响短期偿债能力的因素分析

进行企业短期偿债能力分析，必须明确影响短期偿债能力的因素，这是进行短期偿债能力分析的基础。影响短期偿债能力的因素，应从资产的结构、流动负债的结构、企业经营业绩与经营现金流量等几个方面来分析。

1. 资产的结构

流动负债通常需要用企业的流动资产来偿还。一般来说，企业的流动资产越多，其短期偿债能力越强。但是，正常情况下，流动负债需要用现金偿还。因此，除了关心流动资产的规模外，还应特别关注流动资产的变现能力，即资产的结构和质量。衡量资产变现能力强弱有两个重要指标：一是资产转换成现金的时间，时间越短，变现能力越强。二是资产预期价格与实际售价之间的差额，差额越小，变现能力越强。

不同性质的流动资产其流动性是有很大区别的，如货币资金、交易性金融资产、应收票据、应收账款等货币性资产，其变现能力就大大强于存货，而作为货币性资产的应收账款也要根据它的回收期限来判断其流动性。所以，诸如存货与应收账款的周转速度也是判断企业短期偿债能力的辅助指标。

2. 流动负债的结构

流动负债的数量，是影响企业短期偿债能力的直接因素。流动负债规模越大，企业需要偿还的债务负担就越重。除了流动负债的规模，流动负债的内部结构比重也同样影响企业短期偿债能力。企业的流动负债包括短期借款、应付票据、应付账款、预收账款、其他应付款、应交税费、应付职工薪酬、应付利息等。除预收账款外，其他流动负债都需要企业用现金偿还。但是，上述流动负债偿还的刚性是不同的，例如，短期借款、应付票据需到期就得偿还，应付账款则与供应商协商后可能会获得延期支付。企业如果有较充分的存货，对预收账款的偿付则不必担心。因此，在分析企业短期偿债能力时，不仅要分析其流动负债的规模，还要考虑其流动负债的具体构成情况。

3. 企业经营业绩与经营现金流量

企业的盈利能力也会影响着企业的偿债能力。但是，仅有利润的增加显然是不够的，因为企业负债的大部分最终是需要现金来偿付的。所以，现金的流入与流出会直接影响企业资产的流动性和短期偿债能力。在企业经营活动、投资活动和筹资活动产生的现金中，只有经营活动产生的现金比较可靠，且可持续性强，能够比较稳定地满足企业短期现金支付。因此，良好的经营业绩与稳定的现金流量，是企业短期偿债能力的有力保障。

4. 其他外部因素

除了上述几方面因素外，企业的融资能力、关联企业之间的资金调拨能力，还有宏观经济环境、证券市场发育与完善程度、银行信贷政策、企业融资能力等外部因素也同样会影响企业的短期偿债能力。

（二）影响长期偿债能力的因素分析

资产是企业偿还债务的基础，权益是企业偿还债务的保障，毫无疑问，除了企业的资产结构，资本结构也是影响企业长期偿债能力的重要因素。此外，在持续经营的情况下，企业主要依靠生产经营所得而不是资产变现来偿还债务，因此，稳定的盈利能力也是影响企业长期偿债能力的重要因素。

1.企业的资本结构

资本结构是指企业各种资本的构成及比例关系。尽管企业筹资的渠道和方式有很多，但全部资本归结起来不外乎是自有资本和债务资本两大部分。自有资本是债务资本的保障，自有资本越多，债权人越有保障；自有资本越少，债权人蒙受损失的可能性越大。在资本市场上，企业能否借入资金以及借入多少资金，在很大程度上取决于企业的自有资本实力。

2.企业的获利能力

影响企业长期偿债能力的另一主要因素就是企业的获利能力。与短期负债不同，企业取得长期负债主要是用于固定资产等长期资产投资。在正常经营状况下，企业显然不可能通过长期资产的变现来偿还长期负债，只能是依靠生产经营所得的盈利作为偿债的资金来源。也就是说，企业长期的盈利水平和经营活动现金流量才是偿付债务本金和利息最稳定、最可靠的来源。一般而言，企业的获利能力越强，长期偿债能力就越强；反之，长期偿债能力就越弱。如果企业长期亏损，则必须通过资产的变现来清偿债务，这样会导致企业正常的经营活动受影响，最终会影响企业投资人和债权人的利益。因此，可以说获利能力是影响企业长期偿债能力的最重要因素。

第二节 获利能力分析

一、获利能力分析概述

（一）获利能力分析的含义

获利能力，又称盈利能力，是指企业在一定时期获取利润的能力，通常体现为在一定时期内企业实现利润数额的大小和利润水平的高低。利润，是企业全部收入扣除全部成本费用后的剩余，是企业生产经营活动取得的最终财务成果，是投资者取得投资收益、债权人收回本息的资金来源，也是经营者经营业绩和管理效能的集中体现。获利能力分析对股东来说至关重要，因为他们以股利的形式获取收益。此外，利润的增长使股票市价上升，从而使股东得到资本利得。利润对债权人也十分重要，因为利润是偿还债务的一项资金来源。利润又作为管理层业绩评价的重要标准。

获利能力分析是通过一系列指标的计算，运用一定的方法来分析、判断企业获取利润的能力，以便财务信息使用者作出恰当的经济决策。获利能力分析包括企业经营获利能力分析和企业投资获利能力分析，对于上市公司还有一些专门指标进行获利能力分析与评价。

（二）获利能力分析的目的

获利能力分析是通过计算企业有关获利能力效率与效益的指标，分析、评价企业在一定时期内赚取利润的能力。获利能力分析，一方面通过分析及时发现问题，改善企业财务结构，提高企业偿债能力、经营能力、盈利能力；另一方面满足财务信息使用者的相关信息需求，以便作出合理的经济决策。所以，通过获利能力分析应当能够反映企业获利能力的高低、获利能力的影响因素，以及获利能力的稳定性与持久性。当然，不同的信息使用者，对于企业获利能力分析的侧重点也不同。

1. 企业投资人的分析目的

对投资者来说，投资的直接目的就是获取更多的利润，他们的收益来源于被投资企业的股利分配或资本利得。显然，利润越高，投资人所能分得的股利就越高，其资本利得也就越高。因为良好的盈利状况，会提升被投资企业的股票价格，让投资人获得更高的转让差价。当然，对于长期股权持有者，他们不仅关心企业在一定时期的获利能力的高低，而且会更关心企业获利能力的稳定性和持久性。因此，获利能力分析的结果对于投资者（包括潜在投资者）而言，可以作为投资决策的重要依据。

2. 企业经营管理者的分析目的

对企业经营管理者而言，获利能力是企业一切生产经营活动、销售活动和财务管理活动的出发点和归宿，是企业管理工作的综合体现。通过一系列反映企业获利能力的指标，可以衡量企业经营管理者的管理水平以及他们的工作成效。同时，通过对获利能力的分析，可以让企业经营管理者发现问题，进而提出整改意见，提高企业获利能力。

3. 企业债权人的分析目的

对于债权人来说，企业的利润是其债权安全性的重要保障之一，是企业偿债的重要资金来源。如果企业获利能力不佳，则可能导致企业无力支付定期的利息，甚至无法偿还到期的本金。所以，债权人对企业获利能力的分析目的是判断企业当期获利能力的高低以及其连续性，以确保其定期收取利息和到期收回本金。

（三）获利能力分析的内容

通常我们可从以下几方面分析企业的获利能力：

1. 经营获利能力分析

经营获利能力分析是指通过对企业在生产经营过程中的产出、耗费和利润之间的比例关系的分析，来评价、判断企业的获利能力。对于企业生产经营获利能力的分析，主要运用的指标有：营业利润率、营业毛利率、营业净利率和成本费用利润率等。

2.投资获利能力分析

投资获利能力分析是指通过对实现利润和占用投入资金的比例关系的分析，来评价、判断企业投入资金的增值能力。对于企业投资获利能力的分析，主要运用的指标有：总资产报酬率、净资产收益率等。

3.上市公司获利能力分析

对上市公司获利能力分析除了上述财务指标外，还可以通过每股收益、市盈率等一些专有财务指标进行分析。

二、经营获利能力比率分析

（一）营业利润率

营业利润率，又称销售利润率，是指企业在一定时期的营业利润与营业收入的比例关系。它是衡量企业生产经营获利能力的指标，反映了在不考虑非营业成本的情况下，企业管理者通过生产经营活动获取利润的能力。其计算公式为：

$$营业利润率 = \frac{营业利润}{营业收入} \times 100\%$$

企业利润是一个综合的概念，按其构成的不同可分为：营业利润、利润总额和净利润，还可以根据营业收入减营业成本计算出毛利额。因此，营业利润率又可衍生出营业净利率和营业毛利率。其计算公式分别为：

$$营业净利率 = \frac{净利润}{营业收入} \times 100\%$$

$$营业毛利率 = \frac{营业收入 - 营业成本}{营业收入} \times 100\%$$

营业利润率反映企业营业利润与营业收入之间的关系，反映企业经营活动的主要财务成果。营业利润率越高，表明企业市场竞争力越强，发展潜力越大，企业的获利能力越强。

营业净利率反映的是企业最终经营成果与营业收入之间的关系，能够使财务信息使用者从企业最终经营成果的角度，看待营业收入的贡献。

营业毛利率是在仅考虑营业收入与营业成本两项因素的前提下，反映毛利与营业收入之间的关系。由于毛利是企业最终获利的基础，它最大的特点是没有扣除期间费用等其他费用支出。因此，营业毛利率可以排除期间费用等其他费用支出对营业利润的影响，直接反映营业收入与营业成本的关系。

【例9-12】表9-21和表9-22列示了格力电器和同行业其他公司2015-2017年各项利润率的计算分析过程。

表 9-21　格力电器各项利润率计算分析表

单位：万元

项目	2015 年	2016 年	2017 年
营业收入	11 862 794.82	13 775 035.84	9 774 513.72
营业成本	8 038 593.98	8 802 212.77	6 601 735.37
营业毛利	3 824 200.84	4 972 823.07	3 172 778.35
营业利润	1 226 301.01	1 608 922.73	1 351 617.70
净利润	1 093 575.52	1 425 295.48	1 262 373.26
营业利润率	10.34%	11.68%	13.83%
营业毛利率	32.24%	36.10%	32.46%
营业净利率	9.22%	10.35%	12.91%

表 9-22　同行业平均利润率分析表

营业利润率	2015 年	2016 年	2017 年
MD	7.71%	9.49%	10.77%
HE	7.13%	8.56%	7.19%
SBE	9.04%	9.49%	10.49%
平均数	7.96%	9.18%	9.48%
营业净利率	2015 年	2016 年	2017 年
MD	6.86%	8.22%	9.84%
HE	6.42%	7.27%	6.60%
SBE	7.65%	8.02%	9.04%
平均数	6.97%	7.84%	8.49%

根据表9-21、表9-22可知，由于宏观经济环境和竞争压力，格力电器的营业收入在2017年发生较大程度的下降，格力电器2015-2017年的营业毛利率为32.24%、36.10%、32.46%，营业利润率分别为10.34%、11.68%、13.83%，营业净利率为9.22%、10.35%和12.91%。根据数据分析可知，格力电器近3年在营业毛利率有所波动的情况下，保持了营业利润率和营业净利率的连续增长，说明企业在受到收入下降影响的情况下，较好的控制了成本费用。

同行业公司2015-2017年的平均营业利润率分别为7.96%、9.18%、9.48%，营业净利率为6.97%、7.84%、8.49%。综合来看，格力电器的营业利润率、营业毛利率和营业净利率呈上升趋势，且在同行业中处于较高的水平，具有较强的获利能力。

此外，营业净利率的变动主要受销售价格、销售数量、销售结构、期间费用、投资收益、营业外收支等诸多因素的影响，因此，对营业净利率的分析需要结合对收入、成本费用和利润进行综合分析。

（二）成本费用利润率

成本费用利润率是指企业在一定时期的利润总额与成本费用总额的比例关系，表明企业每耗费1元成本费用所能创造的利润额。它揭示了企业所得与所费之间的关系，是评价企业获利能力的重要指标之一。其计算公式为：

$$成本费用利润率 = \frac{利润总额}{成本费用总额} \times 100\%$$

其中：成本费用总额=营业成本+税金及附加+销售费用+管理费用+财务费用

成本费用利润率是从耗费的角度评价企业的收益状况和获利能力，有利于促进企业加强内部管理、节约费用开支、提高经济效益。该指标越高，表明企业为取得利润而付出的代价越小，成本费用控制得越好，获利能力越强，反之则相反。

【例9-13】表9-23和表9-24列示了格力电器和同行业其他公司2015-2017年成本费用利润率的计算分析过程。

表 9-23　格力电器成本费用利润率计算分析表

单位：万元

项目	2015 年	2016 年	2017 年
利润总额	1 289 192.39	1 675 243.07	1 490 941.95
成本费用总额	10 880 330.53	12 215 047.21	8 539 553.89
成本费用利润率	11.85%	13.71%	17.46%

表 9-24　同行业平均成本费用利润率分析表

成本费用利润率	2015 年	2016 年	2017 年
MD	8.85%	10.85%	12.74%
HE	8.32%	9.56%	8.26%
SBE	7.51%	7.98%	9.10%
平均数	8.23%	9.46%	10.03%

根据表9-23、表9-24可以看出，格力电器2015-2017年，成本费用利润率分别为11.85%、13.71%、17.46%，同行业公司2015-2017年，成本费用利润率分别为8.23%、9.46%、10.03%。总体来说，格力电器的成本利润率略高于同行业公司平均数，也就是说，格力电器用每1元成本费用所创造的利润超过同行业其他公司；而且，从近3年的趋势来看，该行业成本费用利润率均呈逐年上升的趋势，即每1元成本所能创造的利润越来越多。

三、投资获利能力比率分析

通常，企业营业收入的取得，是以一定的原始投资为基础的，所获利润的多少，与其投资规模、投资质量紧密相联。因此，要全面考核企业的获利能力，就必须对其投资收益能力进行分析。衡量企业投资获利能力的指标主要包括总资产报酬率和净资产收益率等。

（一）总资产报酬率

总资产报酬率又称资产所得率，是指企业在一定时期内获得的息税前利润总额与平均资产总额之间的比例关系。它表示企业全部资产获取收益的能力，全面反映了企业的获利能力和投入产出状况，是评价企业资产运营效率的重要指标。息税前利润是指企业当年实现的全部利润与利息支出的合计数。其计算公式为：

$$总资产报酬率 = \frac{息税前利润总额}{平均资产总额} \times 100\%$$

其中：息税前利润总额=利润总额+利息支出
=净利润+所得税费用+利息支出

平均资产总额=（期初资产总额+期末资产总额）÷2

总资产报酬率全面揭示了企业资产的平均收益率。在一般情况下，该指标越高，表明企业的资产利用效果越好，企业整体获利能力越强，经营管理水平越高，反之则相反。另一方面，企业还可以将该指标与市场资本利率进行比较，如果资产报酬率高于市场利率，则表明企业可以充分利用财务杠杆，进行负债经营，以获取更多的收益。

【例9-14】表9-25和表9-26列示了格力电器和同行业公司2015-2017年平均总资产报酬率的计算分析过程。

表 9-25　格力电器总资产报酬率计算分析表

单位：万元

项目	2015年	2016年	2017年
利润总额	1 289 192.39	1 675 243.07	1 490 941.95
利息支出（扣除收入）	-13 730.86	-94 224.47	-192 879.73
息税前利润	1 275 461.53	1 581 018.60	1 298 062.22
平均资产总额	12 064 308.95	14 497 511.38	15 896 448.24
总资产报酬率	10.57%	10.91%	8.17%

表 9-26　同行业平均总资产报酬率分析表

总资产报酬率	2015年	2016年	2017年
MD	11.45%	13.11%	13.00%
HE	12.22%	12.32%	9.14%
SBE	13.78%	14.37%	16.40%
平均数	12.48%	13.27%	12.85%

根据表9-25、表9-26可以看出，格力电器2015-2017年总资产报酬率为10.57%、10.91%、8.17%，同行业公司2015-2017年平均总资产报酬率为12.48%、13.27%、12.85%。格力电器总资产报酬率在2017年有较大幅度的下降，且近3年总资产报酬率不及行业平均水平。结合上文分析可知，格力电器在2015-2017年，投入资产总额数逐年增加，而销售收入在2017年出现较大的降幅，因此导致企业的总资产报酬率在2017年由10.91%下降到8.17%，公司利用总资产获利的能力出现较大的问题，需要引起管理层的关注。

（二）净资产收益率

净资产收益率，又称股东权益收益率，它是指企业一定时期净利润与平均净资产之间的比例关系。该比率反映了投资者投入企业的自有资本获取净收益的能力，是评价企业获利能力的核心指标。其计算公式为：

$$净资产收益率 = \frac{净利润}{平均净资产} \times 100\%$$

其中：平均净资产=（所有者权益期初数+所有者权益期末数）÷2

以平均净资产计算出的净资产收益率反映了企业在过去1年的综合管理水平，说明企业管理者在经营期间利用企业自有资产为企业创造了多少净利润。但是，若从企业外部投资人的角度看，该指标不利于外部投资人在期末静态的了解其投资收益的准确数据。因此，为了兼顾企业各方财务关系人，企业还应当采用全面摊薄法，计算净资产收益率。

全面摊薄法计算的净资产收益率就是企业在一定时期的净利润与期末净资产的比例关系。该指标可以反映在经营期末，单位净资产对企业所赚取净利润的分享情况，有利于投资人作出恰当的投资决策。其计算公式为：

$$净资产收益率（全面摊薄）=\frac{净利润}{期末净资产}\times100\%$$

净资产收益率是反映企业自有资本及其积累获取报酬水平的最具有综合性与代表性的指标。净资产收益率越高，说明投资人投入的资金获得报酬的能力越强，资本运营效益越好，反之则相反。

另一方面，利用该指标进行获利能力分析时不受行业限制，通用性强，适用范围广。在第十章介绍的杜邦财务分析体系中，便以该指标为核心指标。而在我国对中央企业业绩综合评价指标体系中，该指标也是居于首位。

【例9-15】表9-27和表9-28列示了格力电器和同行业公司2015-2017年净资产收益率的计算分析过程。

表 9-27 格力电器净资产收益率计算分析表

单位：万元

项目	2015年	2016年	2017年
净利润	1 093 575.52	1 425 295.48	1 262 373.26
平均净资产	3 147 697.81	4 025 260.26	4 684 902.98
年末净资产	3 537 375.41	4 513 145.10	4 856 660.86
净资产收益率	34.74%	35.41%	26.95%
净资产收益率（摊薄）	30.91%	31.58%	25.99%

表 9-28 同行业平均净资产收益率分析表

净资产收益率	2015年	2016年	2017年
MD	22.97%	27.46%	26.78%
HE	31.36%	27.14%	18.41%
SBE	17.99%	19.10%	21.24%
平均数	24.11%	24.56%	22.14%

根据表9-27、表9-28可以看出，格力电器2015-2017年净资产收益率为34.74%、35.41%、26.95%，而同行业平均净资产收益率为24.11%、24.56%、22.14%。虽然，格力电器近3年净资产收益率均高于同行业水平，但其在2017年有一个较大的降幅，具体原因和企业生产经营中存在的问题，可以结合本书第十章杜邦分析体系进行进一步深入的分析。

四、上市公司获利能力专用指标分析

上市公司是指经过批准，可以在证券交易所向社会公开发行股票而筹资成立的股份公司。上市公司与一般企业不同之处在于其股票可以在证券市场公开交易，并通过发放股利的形式进行利润分配。因此，对上市公司获利能力还可以通过每股收益、市盈率、每股股利等专用指标进行分析。

（一）每股收益

每股收益是指普通股股东每股所能享有的企业净利润或需承担的企业亏损，是指企业净收益与股本总数的比率。如果企业只有普通股，净收益就是税后净利润；如果企业还有优先股，则应从税后净利润中扣除分派给优先股东的股息。股本总数是指流通在外的普通股股数。每股收益由于对计算该指标的分母部分——发行在外流通股股数的计算口径的不同，可以分为基本每股收益和稀释每股收益。

每股收益是测定股票投资价值和分析每股价值的一个基础性指标，是综合反映公司获利能力的重要指标，通常被用来反映企业的经营成果，衡量普通股的获利水平及投资风险，是投资者、债权人等信息使用者据以评价企业获利能力，做出经济决策的重要财务指标之一。

1. 基本每股收益

基本每股收益只是在考虑当期实际发行在外的普通股股份，按照归属于普通股股东的当期净利润除以当期实际发行在外普通股的加权平均数计算确定。其计算公式为：

$$基本每股收益 = \frac{归属于普通股股东的当期净利润}{当期发行在外普通股的加权平均数}$$

【例9-16】表9-29和表9-30列示了格力电器和同行业公司2015-2017年基本每股收益的计算分析过程。

表 9-29　格力电器基本每股收益计算分析表

单位：万元

项目	2015年	2016年	2017年
归属于普通股股东的净利润	1 087 067.28	1 415 516.72	1 253 244.28
加权平均股数（万股）	300 786.54	300 786.54	601 573.09
每股收益	3.61	4.71	2.08

表 9-30　同行业平均基本每股收益分析表

每股收益	2015年	2016年	2017年
MD	1.73	2.49	2.99
HE	1.53	1.74	0.71
SBE	0.93	1.09	1.40
平均数	1.40	1.77	1.70

根据表9-29、表9-30可以看出，格力电器2015-2017年的基本每股收益为3.61、4.71和2.08，高于同行业2015-2017年平均每股收益1.40、1.77和1.70，获利能力较强。但是格力电器基本每股收益在2017年有一个较大的降幅，因为，2017年格力电器加权平均股数较往年增加了近一倍，而归属于普通股股东的净利润却有所降低，值得引起管理层的关注。

2.稀释每股收益

稀释每股收益是以基本每股收益为基础，假定企业所有发行在外的稀释性潜在普通股均已转换为普通股，从而分别调整归属于普通股股东的当期净利润以及发行在外普通股的加权平均数计算而得的每股收益。潜在普通股是指赋予其持有者在报告期或以后期间享有取得普通股权利的一种金融工具或其他合同。目前，我国企业发行的潜在普通股主要有可转换公司债券、认股权证、股份期权等。其计算公式为：

$$稀释每股收益 = \frac{调整后归属于普通股股东的当期净利润}{调整后发行在外普通股的加权平均数}$$

由于格力电器在2015-2017年度均不存在具有稀释性的潜在普通股，故其稀释每股收益与基本每股收益一样，不再另行计算分析。

（二）市盈率

市盈率又称股价收益比率，是普通股每股市价与普通股每股收益的比例关系。它借助于公司股票的市场价格行情间接评价公司的获利能力。其计算公式为：

$$市盈率 = \frac{普通股市场价格}{普通股每股收益}$$

市盈率可以理解为投资者为了获取公司1元收益而愿意付出的价格，表现了投资者和市场对公司的评价和长远发展的信心。

市盈率是估计普通股价值的最基本、最重要的指标之一。市盈率并非越高越好，一般认为该比率保持在10~20之间是正常的。市盈率越低，则其投资价值越高，投资风险越小，但是也有可能说明该公司发展前景欠佳，缺乏对投资者的吸引力；反之，市盈率越高，说明该公司发展前景良好，投资者普遍持乐观态度，愿意承受较大的风险。但是市盈率越高，并不是一定表示其质量越好。当公司总资产报酬率很低时，每股收益可能接近于零，以每股收益为分母计算的市盈率就会很高，但这并不意味着该公司具有良好的获利能力和发展前景。另外，当上市公司的每股收益为负数时，其市盈率的计算也无意义。

【例9-17】表9-31和表9-32列示了格力电器和同行业公司2015-2017年市盈率的计算分析过程。

表 9-31　格力电器市盈率计算分析表

项目	2015 年	2016 年	2017 年
普通股市场价格（年末）	12.58	15.56	20.85
每股收益	3.61	4.71	2.08
市盈率	3.48	3.31	10.01

表 9-32　同行业平均市盈率分析表

市盈率	2015 年	2016 年	2017 年
MD	2.62	6.76	7.06
HE	5.92	5.07	13.68
SBE	14.24	14.59	19.25
平均数	7.59	8.81	13.33

根据表9-31、表9-32可以看出，格力电器在2015-2017年，市盈率分别为3.48、3.31、10.01，该公司市盈率在2017年的市盈率出现较大涨幅，反映了投资者对该公司的前景持乐观态度。而同行业公司近3年平均市盈率较高，分别为7.59、8.81和13.33。而其中，市盈率最高的为SBE公司，三年来市盈率分别为14.24、14.59和19.25。

（三）每股股利

每股股利是指公司发放的普通股股利总额与期末流通在外普通股股数的比例关系。它反映的是每一普通股所能获得的实际股利，同时也反映公司普通股的获利能力和投资价值。其计算公式为：

$$每股股利 = \frac{普通股股利总额}{年末流通在外的普通股股数}$$

每股股利越高，说明公司的获利能力越强，投资者得到的现金股利越多，越能得到股东的关注。但是，在具体评价某一公司的每股股利时，还应结合每股收益、利润留存率等指标进行分析。如果每股收益、利润留存率低，而每股股利高，则说明公司将大部分利润用于发放股利，对企业长期发展不利，不利于长期投资者，而有利于短期投资者；如果每股收益、利润留存率较高，而每股股利也较高，则说明公司当年经营状况好，获利能力大、回报高。

（四）股利发放率

股利发放率又称股利支付率，是指普通股每股股利与普通股每股收益之间的比例关系。它反映在公司当年获利中有多少用于支付股利，反映了公司的股利分配政策和支付股利的能力。其计算公式为：

$$股利发放率 = \frac{普通股每股股利}{普通股每股收益} \times 100\%$$

股利发放率并非越高越好。股利发放率越高，说明公司当期发放的股利越多，股东的实际收益也越大，对股东和潜在的投资人的吸引力也越大。但是，过高的股利发放率，会导致公司的留存收益减少，不利于企业的自我积累，影响企业未来发展。一般来说，对于发展中的企业，为了保证扩大经营的资金需要，一般应采用高积累的政策，因而其股利发放率一般较低；相反，在企业较为稳定发展的阶段，其收入稳定，举债容易，因而股利发放率一般也较高。

（五）每股现金流量

每股现金流量是指经营活动产生的现金流量净额扣除优先股股利之后，与普通股发行在外的加权平均数的比例关系。它反映的是普通股每股可支配的经营活动产生的现金流量的数额。其计算公式为：

$$每股现金流量 = \frac{经营活动现金流量净额 - 优先股股利}{年末流通在外的普通股股数}$$

由上所述，每股收益能够反映企业的获利能力，但它不是决定股利分配的唯一因素。决定股利分配政策的另一重要因素是企业的现金流。如果每股收益很高，但现金不足，那么企业也无法分配现金股利。因此，有必要对企业的每股现金流量进行分析。每股现金流量越高，说明每股可支配的现金流量越大，普通股股东获得现金股利回报的可能性也就越大；反之，如果每股现金流量很低，即使每股收益很高，投资人也不可能得到很多现金股利回报。

（六）每股净资产

每股净资产是指公司股东权益总额与发行在外的普通股股数之间的比例关系，反映了公司每一普通股股份所能分配的企业账面净资产的价值。其计算公式为：

$$每股净资产 = \frac{股东权益总额}{年末流通在外的普通股股数}$$

为了简化计算，上式中的股东权益总额和年末流通在外的普通股股数均用年末数表示。该指标数值越大，表明每一普通股实际拥有的净资产越大，公司的发展潜力和股票投资价值越大，间接表明公司未来获利能力也越强。通常，每股净资产越高越好。

五、影响获利能力的因素分析

企业获利能力受到诸多因素的影响，如资产运转效率、成本费用水平、资本结构等等，分析和研究这些因素的影响对准确评价企业的获利能力有着非常重要的意义。

（一）资产运转效率

资产运转效率的高低，直接决定了企业营运能力的高低，同样也决定了企业获利能力的高低。企业经营能力强，其资产在一定期间内的周转次数就多，资产的获利机会就多。因此，在资产每次周转的获利水平一定的情况下，周转次数增多必然使该期间的利润额增加，进而使得据以计算的利润率指标相对较高，即反映出来的获利能力较强。反之，若企业资产运转效率低，则意味着其资产周转缓慢，获利机会少。在此基础上计算出的企业获利能力指标会相对较低，即反映企业的获利能力相对较差。

（二）成本费用水平

企业成本费用水平对获利能力产生反方向的影响，在企业经营能力一定的情况下，其成本费用水平越高，企业的获利能力就越差，抵御市场风险的能力越弱。因此，企业的利润率越高，从某一侧面表明企业对成本费用的控制能力和管理水平越高，即说明企业为获取收益而付出的代价越小，企业获利能力越强。

（三）资本结构

资本结构也是影响企业获利能力的重要因素之一。资本结构是风险与收益在融资环节相权衡的结果，它对企业经营具有重要的影响。由于负债的利息在税前列支，因此它不仅影响着税前、税后利润额，而且还发挥着财务杠杆作用。当企业的资产报酬率高于企业借款利息率时，企业负债经营可以提高企业的获利能力，否则企业负债经营会降低企业的获利能力。如果企业只注重增加资本投入、扩大企业投资规模，忽视了资本结构是否合理，则有可能妨碍企业利润的增长。

此外，企业的获利模式、国家的相关税收政策等，也都与企业的获利能力存在一定的关系，在此不一一阐述。

第三节 营运能力分析

一、营运能力分析概述

（一）营运能力分析的含义

营运能力又称资产营运能力，是指企业管理和使用资产的效率与效益。营运资产的效率通常指资产的周转速度；营运资产的效益则指营运资产的利用效果，即通过资产的投入与其产出相比较来体现。

营运能力的管理实质是要以尽可能少的占用资源，用尽可能短的周转时间，产生出尽可能多的产品，创造出尽可能多的销售收入。单位资产单位时间创造或实现的收入和利润越多，营运资产的利用效果就越好。

（二）营运能力分析的内容

根据营运能力分析的含义与目的，企业营运能力分析的内容主要包括以下几方面：

1. 总资产营运能力分析

通过对总资产周转率的分析，揭示总资产周转速度和利用效率变动的原因，评价总资产营运能力。

2. 流动资产周转情况分析

通过对流动资产周转率、应收账款周转率、存货周转率的分析，揭示流动资产周转速度变动的原因，评价流动资产的利用效率和流动性。

3. 非流动资产周转情况分析

通过对固定资产周转率分析和非流动资产周转率的分析，揭示非流动资产周转速度变动的原因，评价非流动资产的利用效率和流动性。

二、流动资产周转情况分析

流动资产营运能力是指通过企业生产经营资产周转速度的有关指标来反映企业流动资金的利用效率。反映流动资产周转情况的指标主要有应收账款周转率、存货周转率和流动资产周转率等。

资产周转速度是衡量企业营运效率的主要指标。资产周转速度越快，表明资产可供运用的机会越多，使用效率越高；反之，则表明资产利用效率越差。资产周转速度快慢，通常使用资产周转率（次数）和资产周转期（天数）两个指标来衡量。该指标是一定时期资产平均占用额与周转率的比率，是用资产的占用量与运用资产所完成的工作量之间的关系来表示营运效率的指标。

（一）应收账款周转率

应收账款周转率是企业在一定时期内应收账款周转额与平均应收账款余额的比率，是反映应收账款周转速度的指标。其中，应收账款周转额是指企业从事销售活动实现的赊销额，但是，外部人士无法取得赊销数据，一般用营业收入替代。其计算公式为：

$$应收账款周转率（周转次数）= \frac{营业收入}{平均应收款余额}$$

$$应收账款周转期（周转天数）= \frac{平均应收款余额}{营业收入} \times 365$$

$$应平均应收账款余额 = （应收账款余额期初数 + 应收账款余额期末数）\div 2$$

在计算和使用应收账款周转率时应注意以下问题：

第一，应收账款的减值准备问题。在财务报表上列示的应收账款是已经提取减值准备后的净额，因此，提取的减值准备越多，应收账款周转天数越少。这种周转天数的减少并不意味着应收账款周转速度加快，反而说明应收账款管理欠佳。如果减值准备的数额较大，就应进行调整，使用未提取坏账准备的应收账款计算其周转率。

第二，应收票据是否应计入应收账款周转率。应收票据也是由销售活动引起的，从本质上来说是应收账款的另一种表现形式，但目前并未将其纳入应收账款周转率的计算。

【例9-18】现以格力电器和同行业公司的2015-2017年度资产负债表和利润表资料为例，对该公司应收账款周转率进行分析，为简化起见，本例未进行坏账准备调整，见表9-33、表9-34。

表 9-33　格力电器应收账款周转率计算分析表

单位：万元

项目	2015 年	2016 年	2017 年
营业收入	11 862 794.82	13 775 035.84	9 774 513.72
应收账款年末余额	184 927.53	266 134.76	287 921.21
平均应收账款余额	166 207.42	225 531.15	277 027.99
应收账款周转率（次）	71.37	61.08	35.28
应收账款周转期（天）	5.11	5.98	10.34

表 9-34　同行业平均应收账款周转率分析表

应收账款周转率（次）	2015 年	2016 年	2017 年
MD	13.99	14.36	26.70
HE	20.32	20.15	15.69
SBE	12.67	11.49	10.58
平均数	15.66	15.33	17.66

根据表9-33、表9-34可以看出，格力电器在2015-2017年，应收账款周转率分别为71.37、61.08和35.28。同行业公司在2015-2017年，平均应收账款周转率分别为15.66、15.33和17.66。总的来说，格力电器近3年应收账款周转率远远高于同行业其他公司平均应收账款周转率，说明格力电器应收账款管理较好，但从趋势来看，格力电器近3年应收账款周转率呈下降趋势，需要引起管理层的关注。

● **（二）存货周转率**

存货周转率是企业在一定时期内存货周转额与平均存货余额的比率，是反映企业流动资产流动性的一个指标，也是衡量企业在生产经营各环节中存货营运效率的一个综合性指标。其中，存货周转额一般用营业成本来替代。其计算公式为：

$$存货周转率（周转次数）=\frac{营业成本}{平均存货余额}$$

$$存货周转期（周转天数）=\frac{平均存货余额}{营业成本}\times 365$$

$$平均存货余额=（存货余额期初数+存货余额期末数）\div 2$$

存货周转速度的快慢，反映了企业采购、储存、生产、销售各环节存货管理工作状况的好坏，存货周转率越高，表明其变现的速度越快，资产占用水平越低。因此，通过存货周转分析，有利于找出存货管理环节存在的问题，尽可能降低资金占用水平。

在计算和使用存货周转率时应注意以下几个问题：

第一，存货计价方法对存货周转率具有较大影响，因此，在分析企业不同时期或不同企业的存货周转率时，应注意存货计价方法的口径是否一致。

第二，存货周转天数适中。存货过多会占用过多资金，存货过少可能不能满足正常的生产经营需要。在特定的生产经营条件下存在一个最佳的存货水平，所以存货不是越少越好。

【例9-19】表9-35和表9-36列示了格力电器和同行业公司2015-2017年平均存货周转率的计算分析过程。

表9-35 格力电器存货周转率计算分析表

单位：万元

项目	2015年	2016年	2017年
营业成本	8 038 593.98	8 802 212.77	6 601 735.37
存货年末余额	1 312 273.04	859 909.81	947 394.27
平均存货余额	1 517 888.65	1 086 091.43	903 652.04
存货周转率（次）	5.30	8.10	7.31
存货周转期（天）	68.92	45.04	49.96

表9-36 同行业平均存货周转率分析表

存货周转率（次）	2015年	2016年	2017年
MD	6.50	6.99	8.06
HE	9.23	8.90	7.55
SBE	6.36	5.98	6.55
平均数	7.37	7.29	7.39

根据表9-35、表9-36可以看出，格力电器在2015-2017年，存货周转率分别为5.30、8.01和7.31，同行业公司在2015-2017年，平均存货周转率分别为7.37、7.29和7.39，格力电器存货周转率基本上与同行业公司平均存货周转率相一致。

● **（三）流动资产周转率**

流动资产周转率是企业在一定时期内营业收入与平均流动资产余额的比率，也是反映企业流动资产流动性的一个指标。其计算公式是：

$$流动资产周转率（周转次数）=\frac{营业收入}{平均流动资产余额}$$

$$流动资产周转期（周转天数）=\frac{平均流动资产余额}{营业收入}\times 365$$

$$平均流动资产余额=（流动资产余额期初数+流动资产余额期末数）\div 2$$

在一定时期内，流动资产周转次数越多，表明以相同的流动资产完成的周转额越多，流动资产利用效果越好。从流动资产周转天数来看，周转一次所需要的天数越少，表明流动资产在经历生产和销售各阶段时所占用的时间越短。生产经营任何一个环节上的工作改善，都会反映到周转天数的缩短上来，但过快的流动资产周转速度也可能是流动资产不足造成的。

【例9-20】表9-37和表9-38列示了格力电器和同行业公司2015-2017年流动资产周转率的计算分析过程。

表 9-37 格力电器流动资产周转率计算分析表

单位：万元

项目	2015 年	2016 年	2017 年
营业收入	11 862 794.82	13 775 035.84	9 774 513.72
流动资产年末余额	10 373 252.22	12 014 347.88	12 094 931.46
平均流动资产余额	9 441 867.15	11 193 800.05	12 054 639.67
流动资产周转率（次）	1.26	1.23	0.81
流动资产周转期（天）	290.51	296.63	450.14

表 9-38 同行业平均流动资产周转率分析表

流动资产周转率（次）	2015 年	2016 年	2017 年
MD	2.00	1.87	1.54
HE	1.95	1.78	1.57
SBE	2.06	1.97	1.93
平均数	2.00	1.87	1.68

根据9-37、表9-38表可以看出，格力电器在2015-2017年，流动资产周转率分别为1.26、1.23和0.81。同行业公司平均流动资产周转率为2.00、1.87和1.68。综合来看，格力电器的流动资产周转率没有达到同行业的平均水平，且呈逐年下降的状态，流动资产周转速度越来越慢，说明公司的营运能力有所下降。

三、非流动资产周转情况分析

（一）固定资产周转率

固定资产周转率是企业在一定时期内营业收入与平均固定资产净值的比率。其计算公式为：

$$固定资产周转率（周转次数）=\frac{营业收入}{平均固定资产净值}$$

$$固定资产周转期（周转天数）=\frac{平均固定资产净值}{营业收入}\times 365$$

$$平均固定资产净值=（固定资产净值期初数+固定资产净值期末数）\div 2$$

通常，固定资产周转率越高，表明企业固定资产利用充分，同时也能表明企业固定资产投资得当，固定资产结构合理，能够充分发挥效率。反之，如果固定资产周转率不高，则表明固定资产使用效率不高，提供的生产成果不多，企业的营运能力不强。

运用固定资产周转率时，需要考虑固定资产因计提折旧的影响其净值在不断地减少，以及因更新重置固定资产其净值突然增加的影响。同时，由于折旧方法的不同，可能影响其可比性。故在分析时，一定要剔除这些不可比因素。

【例9-21】表9-39和表9-40列示了格力电器和同行业公司2015-2017年固定资产周转率的计算分析过程。

表 9-39　格力电器固定资产周转率计算分析表

单位：万元

项目	2015年	2016年	2017年
营业收入	11 862 794.82	13 775 035.84	9 774 513.72
固定资产年末余额	1 403 413.84	1 493 927.96	1 543 181.31
平均固定资产净值	1 336 726.64	1 448 670.90	1 518 554.64
固定资产周转率（次）	8.87	9.51	6.44
固定资产周转期（天）	41.13	38.39	56.71

表 9-40　同行业平均固定资产周转率分析表

固定资产周转率（次）	2015年	2016年	2017年
MD	6.08	7.25	7.24
HE	15.56	11.66	7.55
SBE	9.43	10.31	11.63
平均数	10.36	9.74	8.81

根据表9-39、表9-40可以看出，格力电器在2015-2017年，固定资产周转率分别为8.87、9.51和6.44。在2017年固定资产周转率明显下降，表明固定资产使用效率下降。同行业公司在2015-2017年，固定资产周转率分别为10.36、9.74和8.81。在这3年中行业平均固定资产周转率呈下降趋势，表明固定资产使用效率下降。但我们也可以看出，格力电器固定资产周转率明显高于行业平均水平。

（二）非流动资产周转率

非流动资产周转率是企业在一定时期内营业收入与平均非流动资产余额的比率。其计算公式为：

$$非流动资产周转率（周转次数）=\frac{营业收入}{平均非流动资产余额}$$

$$非流动资产周转期（周转天数）=\frac{平均非流动资产余额}{营业收入}\times 365$$

平均非流动资产余额=（非流动资产余额期初数+非流动资产余额期末数）÷2

【例9-22】表9-41和表9-42列示了格力电器和同行业公司2015-2017年非流动资产周转率的计算分析过程。

表 9-41　格力电器非流动资产周转率计算分析表

单位：万元

项目	2015年	2016年	2017年
营业收入	11 862 794.82	13 775 035.84	9 774 513.72
非流动资产年末余额	2 996 958.12	3 608 746.96	4 074 870.16
平均非流动资产余额	2 622 441.80	3 302 852.54	3 841 808.56
非流动资产周转率（次）	4.52	4.17	2.54
非流动资产周转期（天）	80.69	87.52	143.46

表 9-42　同行业平均非流动资产周转率分析表

非流动资产周转率（次）	2015 年	2016 年	2017 年
MD	3.79	4.33	3.99
HE	7.94	7.08	4.90
SBE	6.51	7.14	8.04
平均数	6.08	6.18	5.64

根据表9-41、表9-42可以看出，格力电器在2015-2017年，非流动资产周转率分别为4.52、4.17和2.54，同行业公司在2015-2017年，非流动资产周转率分别为6.08、6.18和5.64。总的来说，不管是格力电器，还是同行业平均非流动资产周转率在2017年都有所下降，与2017年总体家电行业不景气有关。然而，格力电器的非流动资产周转率近3年均低于同行业平均水平，说明格力电器非流动资产的营运能力存在问题，需进一步提高。

四、总资产周转情况分析

反映总资产周转情况的主要指标是总资产周转率，它是企业在一定时期内营业收入与平均资产总额的比率，可以用来反映全部资产的利用效率。总资产周转率的计算公式为：

$$总资产周转率（周转次数）=\frac{营业收入}{平均总资产余额}$$

$$总资产周转期（周转天数）=\frac{平均总资产余额}{营业收入}\times 365$$

$$平均总资产余额=（总资产期初数+总资产期末数）\div 2$$

总资产周转率是综合评价企业全部资产经营质量和利用效率的重要指标，体现了企业经营期间全部资产从投入到产出的流转速度，说明了企业全部资产的利用效率。总资产周转率越高，表明企业全部资产的使用效率越高；反之，如果该指标较低，则说明企业利用全部资产进行经营的效率越差，最终会影响企业的获利能力。企业应采取各项措施来提高企业的资产利用程度，比如提高营业收入或处理多余的资产。

【例9-23】表9-43和表9-44列示了格力电器和同行业公司2015-2017年总资产周转率的计算分析过程。

表 9-43　格力电器总资产周转率计算分析表

单位：万元

项目	2015 年	2016 年	2017 年
营业收入	11 862 794.82	13 775 035.84	9 774 513.72
总资产年末余额	13 370 210.34	15 623 094.85	16 169 801.63
平均总资产余额	12 064 308.95	14 496 652.60	15 896 448.24
总资产周转率（次）	0.98	0.95	0.61
总资产周转期（天）	371.20	384.14	593.61

表 9-44　同行业平均总资产周转率分析表

总资产周转率（次）	2015 年	2016 年	2017 年
MD	1.31	1.30	1.11
HE	1.56	1.35	1.13
SBE	1.57	1.54	1.56
平均数	1.48	1.40	1.27

通过上表计算可以看出，格力电器在2015-2017年，总资产周转率分别为0.98、0.95和0.61，同行业公司在2015-2017年，平均总资产周转率分别为1.48、1.40和1.27。在这3年中格力电器总资产周转率低于同行业平均水平，存在进一步提升的空间。

五、影响营运能力的因素分析

影响资产运用效率的因素一般包括企业所处行业及其经营背景、企业经营周期的长短、企业资产构成及其质量、资产管理水平以及企业财务政策等方面。

（一）企业所处行业

企业所处行业不同，其资产营运能力存在较大差异。不同的行业有不同的资产占用，如制造业可能需要占用大量的原材料、在产品、产成品、机器、设备、厂房等，其资产占用量越大，资产周转相对越慢。而IT行业，尤其是劳动密集型或知识型的IT服务业，企业除了人力资源，其他资产很少。按照当前的会计准则，人力资源未作资产确认，因此这类行业的总资产占用非常少，其资产周转速度就相对较快。

（二）企业经营周期

企业经营周期长短不同，会导致不同的营运能力。所谓经营周期，即营业周期，它是指从取得存货开始到销售存货并收回现金为止的时期（其计算公式可以表示为：存货周转期+应收账款周转期）。营业周期长短对企业资产周转率具有重要影响，营业周期越短，资产的流动性相对越强，在相同时期内实现的销售次数越多，销售收入的累计额相对较大，资产周转速度相对较快；反之，资产周转速度相对较慢。例如，房地产行业经营周期较长，故其资产周转速度较慢。

（三）资产管理水平

资产管理水平不同，会有较大的资产构成和资产质量差异，将导致完全不同的资产周转率。资产管理水平高，即拥有合理的资产结构和优良的资产质量，资产周转率高，反之资产周转率则低。

总之，营运能力受诸多因素的影响。不同行业、不同经营性质和经营背景的企业，其营运能力不能简单类比，或者说比较的意义不大。即使在同行业、同类型企业之间进行比较，也应注意它们在资产构成、财务政策等方面是否存在差异，如果有差异则应将其影响剔除后方能得到比较客观的分析结论。

第四节 发展能力分析

一、发展能力分析概述

（一）发展能力分析的内容

发展能力，又称成长能力，是指企业未来生产经营活动的发展趋势和发展潜能，是企业不断扩大规模和壮大实力的潜在能力。从形成看，企业发展能力主要是通过自身的生产经营活动，不断扩大积累而形成的，主要依托于不断增加的资金投入、不断增长的营业收入和不断创造的利润等。从结果看，一个发展能力强的企业，应该是资产规模不断增加，股东财富持续增长。

企业发展能力具体体现为企业未来的发展趋势和发展速度，包括资产、利润和所有者权益等主要指标的增长趋势和增长速度。企业的发展潜力，可以从两个基本角度来分析：一是企业现有获利能力的增长，即企业在现有生产经营条件下，通过内部充分挖掘潜力促使获利增加以及企业发展；二是企业通过生产规模的扩张，即企业通过扩大投资来增加盈利，进而增强企业的发展能力。

因此，企业发展能力分析主要包括营业收入提高与盈利增长能力分析、资产增长能力分析、资本增长能力分析。一般而言，反映企业发展能力的主要指标有营业收入增长率、营业收入三年平均增长率、利润三年平均增长率、总资产增长率、资本积累率、资本三年平均增长率等。

（二）发展能力分析的目的

企业的发展能力关乎企业的生存与发展，与企业利益相关者息息相关。因此，对企业发展能力进行分析是财务报表分析的重要组成部分。不同的利益相关者在分析企业发展能力时，有不同的侧重点。

对于股东而言，可以通过发展能力分析衡量企业创造股东价值的能力，从而为采取下一步战略行动提供依据。

对于潜在投资者而言，可以通过发展能力分析分析企业的成长性，从而选择合适的目标企业做出正确的投资决策。

对于经营者管理而言，可以通过发展能力分析发现影响企业未来发展的关键因素，从而采取正确的的经营策略和财务策略促进企业可持续发展。

对于债权人而言，可以通过发展能力分析判断企业未来的发展潜力，从而做出正确的信贷决策。

通过对企业发展能力的分析，投资者、债权人、供应商、员工等企业的利益相关者可以把握企业的发展前景，从而作出合理的投资、信贷、供应和人力资本投资等方面的决策。通过对企业发展能力的分析，可以促使企业经营管理者克服短期行为，重视企业的资本积累和企业获利能力的持续增长，使企业能够长远发展。

二、营业收入与盈利增长能力分析

用以衡量企业营业收入与盈利增长能力的指标主要有营业收入增长率、营业收入三年平均增长率和利润三年平均增长率等。

（一）营业收入增长率

营业收入增长率是指企业本年营业收入增长额同上年营业收入总额的比例关系。营业收入增长率反映了企业营业收入的变化情况，是评价企业成长状况和发展能力的重要指标。其计算公式为：

$$营业收入增长率 = \frac{本年营业收入增长额}{上年营业收入总额} \times 100\%$$

运用该指标进行企业发展分析时需注意以下几点：

该指标若大于0，表示企业本年的营业收入有所增长，指标值越高，表明增长速度越快，企业的市场前景越好；若该指标小于0，则表明企业本年的营业收入下降，必须深入分析其产生的原因。

营业收入增长率作为相对数指标，有利于在不同生产经营规模的企业之间进行比较，但需注意消除由于上年营业收入的特殊变化，而造成营业收入过高或过低的影响。

对处于不同生命周期的企业，相同的营业收入增长率有着不同的意义。因此在运用该指标进行分析时，应结合行业特点使用营业收入增长额和营业收入三年平均增长率等指标辅助分析。

【例9-24】表9-45和表9-46列示了格力电器和同行业公司2015-2017年营业收入增长率的计算分析过程。

表 9-45　格力电器营业收入增长率计算分析表

单位：万元

项目	2014 年	2015 年	2016 年	2017 年
营业收入	9 931 619.63	11 862 794.82	13 775 035.84	9 774 513.72
营业收入增长额		1 931 175.19	1 912 241.02	-4 000 522.12
营业收入增长率		19.44%	16.12%	-29.04%

表 9-46　同行业平均营业收入增长率分析表

营业收入增长率	2015 年	2016 年	2017 年
MD	17.91%	17.11%	-2.28%
HE	8.45%	11.92%	-7.41%
SBE	21.68%	13.73%	14.42%
平均数	16.02%	14.25%	1.58%

根据表9-45、表9-46的计算结果可以看出，格力电器2015-2017年的营业收入增长率为19.44%、16.12%、-29.04%，呈逐年下降状态，特别是2017年营业收入同比下降29.04%。格力电器管理层讨论与分析解释说，2017年家电行业整体增速下滑，公司进入调整转型关键年，公司着力转型，主导产品升级。

另一方面，比较同行业近三年平均营业收入增长率可知，近3年来，家电行业整体增速下滑，由2015年的16.02%下降到2017年的1.58%，但其中SBE公司在逆境中表现良好，近两年增长率为13.73%和14.42%。

（二）营业收入三年平均增长率

营业收入三年平均增长率反映了企业营业收入连续三年的增长情况，体现企业的发展趋势。一般认为，营业收入是企业积累和发展的基础，该指标越高，表明企业经营业务持续增长势头越好，市场扩张能力越强。其公式为：

$$营业收入三年平均增长率=\left(\sqrt[3]{\frac{报告年度营业收入总额}{报告年度前第三年营业收入总额}}-1\right)\times 100\%$$

运用营业收入三年平均增长率，可以反映企业销售增长的持续性和稳定性，能较好地体现企业的发展状况和发展潜力；避免出现营业收入短期波动对营业收入增长率指标产生的影响，有效地剔除了少数年份营业收入的不正常增长，从而对企业的发展潜力作出科学预测和判断。

（三）利润三年平均增长率

利润三年平均增长率表明企业利润的连续三年增长情况，体现企业的发展潜力。利用利润三年平均增长率能够反映企业的利润增长趋势和效益稳定程度，该指标越高，表示企业可持续发展能力越强，发展的潜力越大。其计算公式为：

$$利润三年平均增长率=\left(\sqrt[3]{\frac{报告年度利润总额}{报告年度前第三年利润总额}}-1\right)\times 100\%$$

三、资产增长能力分析

资产是企业生存和发展的物质基础，是企业拥有或控制的能带来未来收益的经济资源。企业要增加收入，就需要通过增加资产投入来实现收入的增加。在资产收益率一定的情况下，盈利规模与资产规模存在正比例的变化关系。同时资产规模的扩大体现了资本的扩张和企业发展实力的增强。衡量资产增长能力的主要指标是总资产增长率。

总资产增长率是企业本年总资产增长额同年初（即上年末）资产总额的比例关系。该比率从企业资产总量的变化方面衡量企业的发展能力，表明企业规模增长水平对企业发展后劲的影响。总资产增长率越高，表明企业一个在经营周期内资产经营规模扩张的速度越快。其计算公式为：

$$总资产增长率=\frac{报告年度总资产增长额}{报告年度初资产总额}\times 100\%$$

作为分析企业发展能力的重要指标，在实际操作时需注意以下问题：

企业资产增长率高并不意味着企业的资产规模增长就一定适当。应注意资产规模扩张的质与量的关系以及企业的持续发展能力。不要片面强调该比例关系而忽视对企业资产使用效率的分析,造成资产盲目扩张。

需要正确分析企业资产增长的来源。因为企业的资产通常来源于所有者权益或负债,因此,分析企业资产增长规模时应结合资本结构关注企业的财务风险。

该指标的数据源自资产负债表的账面价值,它必然会受到会计处理方法中的历史成本原则的影响,不能反映企业总资产的公允价值和增长情况,从而造成该信息的相关性和决策有用性减弱。另外,并非所有的资产都体现在现有的资产负债表中,如企业人力资产、自创商誉等资产便难以在报表中得以体现。这使得总资产增长率指标无法反映企业所有资产增长的真实情况,这在知识经济环境下,人力资产优势较大的企业中表现尤为明显。

【例9-25】表9-47、表9-48列示了格力电器和同行业其他公司2015-2017年各年总资产增长率的计算分析过程。

表9-47 格力电器总资产增长率计算分析表

单位:万元

项目	2014年	2015年	2016年	2017年
总资产年末余额	10 756 689.99	13 371 927.90	15 623 094.85	16 169 801.63
本年资产增长额		2 615 237.91	2 251 166.95	546 706.78
资产增长率		24.31%	16.84%	3.50%

表9-48 同行业平均总资产增长率计算分析表

总资产增长率	2015年	2016年	2017年
MD	10.50%	24.08%	7.11%
HE	22.95%	34.79%	-7.76%
SBE	15.67%	15.62%	11.49%
平均数	16.37%	24.83%	3.61%

根据表9-47、表9-48的计算结果可知,格力电器2015-2017年总资产增长率为24.31%、16.84%、3.50%,增长速度较快,但是3年来呈逐渐下降的趋势。同行业2015-2017年平均总资产增长率为16.37%、24.83%、3.61%,总的来说,各公司的总资产增长率在2017年都有明显下降。

四、资本扩张能力分析

资本增长是企业可持续发展能力的标志,也是企业扩大再生产的源泉,是评价企业发展能力的重要方面。从资本扩张的角度来分析企业的发展能力,其衡量指标主要有资本积累率、资本保值增值率和资本三年平均增长率。

(一)资本积累率

资本积累率是指企业本年度所有者权益增长额同年初所有者权益的比例关系。该指标反映了企业所有者权益在当年的变动水平和企业当年资本的积累能力,是企业发展强盛与否的标志,也是企业扩大再生产的源泉,展示了企业的发展潜力。其计算公式为:

$$资本积累率 = \frac{报告年度所有者权益增长额}{报告年度初所有者权益总额} \times 100\%$$

资本积累率还反映了投资者投入企业资本的保全性和增长性。该指标值越高，表明企业的资本积累越多，企业的资本保全性越强，抵御风险和可持续发展的能力越强，企业的发展后劲越足。该指标若为负值，则表明企业的资本受到侵蚀，所有者利益受到损害，应予以充分重视。

【例9-26】表9-49、表9-50列示了格力电器和同行业公司2015-2017年各年的资本积累率计算分析过程。

表 9-49 格力电器资本积累率计算分析表

单位：万元

项目	2014年	2015年	2016年	2017年
所有者权益	2 758 020.21	3 546 667.77	4 513 145.10	4 856 660.86
所有者权益增长额		788 647.56	966 477.33	343 515.76
资本积累率		28.59%	27.25%	7.61%

表 9-50 同行业平均资本积累率计算分析表

资本累积累	2015年	2016年	2017年
MD	17.84%	17.02%	22.52%
HE	29.85%	59.37%	1.50%
SBE	9.97%	14.62%	17.08%
平均数	19.22%	30.34%	13.70%

根据表9-49、表9-50的计算可知，格力电器2015-2017年的资本积累率为28.59%、27.25%、7.61%，资本累积率的增速呈逐年递减状态。同行业2015-2017年的平均资本累积率为19.22%、30.34%、13.70%，在2017年有所下降。格力电器3年间，除2015年外，资本积累率弱于行业平均值。

● **（二）资本保值增值率**

资本保值增值率是指企业扣除客观因素后的本年年末股东权益总额与年初股东权益总额的比例关系，反映企业当年资本在企业自身努力下的实际增减变动情况。其计算公式为：

$$资本保值增值率 = \frac{扣除客观因素后报告年度末所有者权益总额}{报告年度初所有者权益总额} \times 100\%$$

一般认为，资本保值增值率越高，表明企业的资本保全状况越好，所有者权益增长越快，债权人的债务越有保障。该指标通常应当大于100%。

● **（三）资本三年平均增长率**

资本三年平均增长率表示企业资本连续三年的积累情况，体现了企业的发展水平和发展趋势，该指标值越高，表明企业所有者权益得到的保障程度越大，企业可以长期使用的资金越充足，企业抗风险和保持持续发展的能力越强。另一方面，该指标值越大，表明企业的债权人受保障程度越高，企业向外部举债能力增强，能更好地满足企业进一步扩张与发展的资金要求。其计算公式为：

$$资本三年平均增长率=\left(\sqrt[3]{\frac{报告年度末所有者权益总额}{报告年度前第三年所有者权益总额}}-1\right)\times100\%$$

在利用资本积累率和资本三年平均增长率进行资本扩张情况分析时,要注意所有者权益的不同类别对企业发展能力的影响。

留存收益,包括盈余公积和未分配利润的增长反映了企业通过自身的经营活动,从企业内部积累发展资金的情况,既体现企业在过去经营活动中展示的发展能力,同时又表现了企业将来的发展后劲。

实收资本(或股本)与资本溢价(或股本溢价)的快速扩张则是来自于外部资金的投入,使企业具备进一步发展的基础,但不表示企业自身具有很强的发展能力。

五、影响发展能力的因素分析

营运能力、偿债能力和获利能力既是企业发展能力的基础,也是企业发展能力的重要表现。除此之外,盈利质量和企业竞争力这两个因素也对企业发展能力有着重要影响。

(一)企业盈利质量对发展能力的影响分析

从与业绩相关的角度来说,盈利质量是指收益和评价企业业绩之间的相关性。如果盈利能如实反映企业过去、现在和未来的业绩,则认为其盈利质量高;如果盈利不能反映企业过去、现在和未来的业绩,则认为其盈利是低质量的。

盈利质量高的企业一般有如下特征:持续的、稳健的会计政策,该政策对企业财务状况和净收益的计量是谨慎的;企业的盈利是由经常性的与企业基本业务相关的交易所带来的,而不是一次性的,并且企业所依赖的业务具有较好的发展前景;会计上所反映的利润能迅速转化为现金;企业的债务水平相当、财务杠杆利益适中;盈利趋势是稳定的、可预测的;资产的运转状况良好等。通过上述分析可以说明,盈利质量高的企业其发展能力往往很强。所以,可以借助对盈利质量的分析,来正确评价企业的发展能力。

(二)企业竞争能力对发展能力的影响分析

在日趋激烈的市场竞争中,企业的竞争能力如何,已成为决定其能否生存和发展的关键。企业未来的发展能力,主要取决于企业的竞争能力。因此,竞争能力分析是企业发展能力分析的一个重要方面。竞争能力的大小最直观地表现为一个企业能否持续地比其他企业更有效向消费者(或者市场)提供产品,并由此使企业自身不断得到发展。所谓"更有效"是指以更低的价格或者消费者更满意的质量持续地生产和销售;所谓"使企业自身不断得到发展"是指企业能够实现经济上长期良性循环,具有持续的良好业绩,从而成为长久生存和不断壮大的强势企业。

除此之外,企业所在行业的发展前景、国家的管制政策等因素也是影响企业发展能力的重要因素,这里就不再一一赘述。

思考题

1. 简述获利能力分析的意义及其主要内容。
2. 什么是偿债能力分析？它的分析目的是什么？
3. 企业的发展能力分析指标有哪些？在应用中应当注意什么问题？
4. 简述运用净资产收益率需要注意的问题。

练习题

一、单项选择题

1. 债权人在进行企业财务分析时，最为关心的是（　　）。
   A. 企业获利能力　　　　　　　　　　B. 企业偿债能力
   C. 企业发展能力　　　　　　　　　　D. 企业资产运营能力

2. 在下列财务比率中，最为稳健的偿债能力指标是（　　）。
   A. 资产负债率　　B. 流动比率　　C. 速动比率　　D. 现金比率

3. 企业计算稀释每股收益，应考虑的因素是（　　）。
   A. 优先股　　　　　　　　　　　　　B. 不可转换公司债券
   C. 可转换公司债券　　　　　　　　　D. 股票股利

4. 在下列财务绩效评价指标中，属于反映企业获利能力状况的基本指标的是（　　）。
   A. 营业利润增长率　　　　　　　　　B. 总资产报酬率
   C. 总资产周转率　　　　　　　　　　D. 资本保值增值率

5. 在下列各项中，属于企业发展能力分析框架内容的是（　　）。
   A. 企业竞争能力分析　　　　　　　　B. 企业管理能力分析
   C. 企业自我保护能力分析　　　　　　D. 企业营销能力分析

6. 下列各项财务指标中，能够综合反映企业成长性和投资风险的是（　　）。
   A. 市盈率　　　B. 每股收益　　　C. 营业净利率　　　D. 每股净资产

7. 下列各项中，属于企业债务风险分析与评判的修正指标的是（　　）。
   A. 总资产增长率　　　　　　　　　　B. 速动比率
   C. 流动资产周转率　　　　　　　　　D. 成本费用利润率

8. 某公司每股净资产为2，市净率（股票市价÷每股净资产）为4，每股收益为0.5，则市盈率等于（　　）。
   A. 20　　　　　　B. 16　　　　　　C. 8　　　　　　D. 4

9. 某企业年度主营业务收入为268 000元，流动资产平均占用额为67 000元，则该企业流动资产周转天数为约（　　　）天。

　　A. 4　　　　　　B. 15　　　　　　C. 60　　　　　　D. 90

10. 在下列财务分析主体中，必须对企业营运能力、偿债能力、获利能力及发展能力的全部信息予以详尽了解和掌握的是（　　　）。

　　A. 短期投资者　　B. 企业债权人　　C. 企业经营者　　D. 税务机关

二、多项选择题

1. 企业偿债能力分析的作用包括（　　　）。
   A. 有利于投资者进行正确的投资决策
   B. 有利于企业经营者进行正确的经营决策
   C. 有利于债权人进行正确的借贷决策
   D. 有利于正确评价企业的财务状况

2. 营运能力比率主要包括（　　　）。
   A. 营业利润率　　　　　　　　B. 存货周转率
   C. 应收账款周转率　　　　　　D. 资产负债率

3. 影响获利能力的因素包括（　　　）。
   A. 税收政策　　B. 利润结构　　C. 资本结构　　D. 资产运转效率

4. 权益乘数为4，则（　　　）。
   A. 产权比率为5　　　　　　　B. 资产负债率为1/4
   C. 产权比率为3　　　　　　　D. 资产负债率为75%

5. 在企业短期偿债能力分析中，可能增加变现能力的因素有（　　　）。
   A. 可动用的银行贷款指标　　　B. 由担保责任引起的负债
   C. 准备很快变现的长期资产　　D. 偿债能力的声誉

6. 在下列各项中，可能缩短营业周期的事项有（　　　）。
   A. 存货周转率（次数）上升
   B. 应收账款余额减少
   C. 提供给顾客的现金折扣增加，对他们更具吸引力
   D. 供应商提供的现金折扣降低，提前付款

7. 在基本条件不变的情况下，下列交易或事项不可能导致总资产收益率下降的是（　　　）。
   A. 用银行存款支付一笔销售费用　　B. 用银行存款购入一台设备
   C. 将可转换债券转换为普通股　　　D. 用银行存款归还银行借款

8. 在下列各项中，与企业获利能力分析相关的指标是（　　）。
   A. 总资产报酬率　　　　　　　　　B. 应收账款周转率
   C. 营业毛利率　　　　　　　　　　D. 净资产收益率

9. 下列关于每股收益指标的说法，不正确的是（　　）。
   A. 每股收益对每个企业来说都是分析获利能力的重要指标
   B. 每股收益既反映获利能力也反映风险
   C. 每股收益的下降反映企业获利能力的降低
   D. 不同行业的每股收益具有一定的差异，每股收益的分析应在行业内进行

10. 在下列各项中，影响长期偿债能力的因素包括（　　）。
    A. 获利能力　　　　　　　　　　　B. 资本结构
    C. 长期资产的保值程度　　　　　　D. 经常性的经营租赁

三、判断题

1. 资产负债率越高，则权益乘数越低，财务风险越大。（　　）
2. 总资产增长率指标越高，表明企业在一个经营周期内资产经营规模扩张的速度越快，企业发展后劲也就越大。（　　）
3. 如果销售额不稳定且难以预测，则企业应保持较高的流动资产水平。（　　）
4. 净营运资本是一个绝对指标，不利于不同企业之间的比较。（　　）
5. 酸性测试比率也可以被称为现金比率。（　　）
6. 财务分析中的趋势分析法也称水平分析法。（　　）
7. 由于对收益的计算口径不同，总资产收益率在计算时经常出现不同的计算方法。（　　）
8. 摊薄后的净资产收益率能更好地揭示报告期收益情况。（　　）
9. 现金比率是最重要的偿债能力指标。（　　）
10. 主营业务收入并不能很好地代表总资产、流动资产和固定资产的周转额，以此为依据计算出来的周转率意义不大。（　　）

四、计算分析题

1. A公司2017、2016和2015年度利润表部分数据如下：

单位：万元

项目	2017 年	2016 年	2015 年
销售收入	32 168	30 498	29 248
销售成本	20 281	18 531	17 463
净利润	2 669	3 385	3 305

要求：（1）计算该公司近三年的销售净利率并作出简要分析；
　　　（2）计算该公司近三年的销售毛利率并作出简要分析。

2. 某公司2016年和2017年主营业务收入分别为1 300万元和1 460万元，2015年、2016年和2017年流动资产年末余额分别为460万元、420万元和470万元。

要求：（1）计算2016年和2017年流动资产平均余额；

（2）计算2016年和2017年流动资产周转次数和周转天数，并作出简要的评价。

3. A公司和B公司分别是各自行业的领导者。两公司2017年的利润表如下表所示：

A 公司和 B 公司利润表

（单位：万元）

项目	A公司	B公司
销售净额	6 471	19 536
已售商品成本	3 907	14 101
销售和行政管理费用	1 589	3 846
利息费用	39	16
其他费用	37	38
所得税费用	346	597
净收益	553	938

A、B两家公司2017年平均总资产分别是15 890万元和12 080万元。

要求：请分别计算A、B公司营业净利率、营业毛利率和总资产报酬率，以此为依据比较哪家公司的盈利能力更强，并说明理由。

4. M公司2017年年初的流动资产总额为900万元（其中应收票据300万元，应收账款为200万元，存货为400万元），流动资产占资产总额的25%；流动负债总额为600万元，流动负债占负债总额的30%；该公司2017年年末的流动资产总额为1 100万元（其中应收票据为350万元，应收账款为300万元，存货为450万元），流动资产占资产总额的20%，流动负债占负债总额的32%。该公司2017年年末股东权益与年初股东权益的比值为1.5。

已知该公司2017年的营业收入为6 000万元，营业毛利率为22%。

要求：（1）计算2017年年初的负债总额、资产总额、权益乘数、流动比率和速动比率；

（2）计算2017年年末的股东权益总额、资产总额、产权比率、流动比率、速动比率；

（3）计算2017年的应收账款周转率、存货周转率（按营业成本计算）和总资产周转率（涉及资产负债表数据使用平均数计算）；

五、综合分析题

E公司为一家上市公司，为了适应外部环境变化，拟对当前的财务政策进行评估和调整，董事会召开了专门会议，要求财务部对财务状况和经营成果进行分析，相关资料如下：

资料一： 公司有关的财务资料如表1、表2所示：

表 1　财务状况有关资料

单位：万元

项目	2016年12月31日	2017年12月31日
股本（每股面值1元）	6 000	11 800
资本公积	6 000	8 200
留存收益	38 000	40 000
股东权益合计	50 000	60 000
负债合计	90 000	90 000
负债和股东权益合计	140 000	150 000

表 2　经营成果有关资料

单位：万元

项目	2015年	2016年	2017年
营业收入	120 000	94 000	112 000
息税前利润	*	200	9 000
利息费用	*	3 600	3 600
税前利润	*	3 600	5 400
所得税	*	900	1 350
净利润	6 000	2 700	4 050
现金股利	1 200	1 200	1 200

说明："*"表示省略的数据。

资料二： 该公司所在行业相关指标平均值：资产负债率为40%，利息保障倍数（已获利息倍数）为3倍。

资料三： 2017年2月21日，公司根据2016年度股东大会决议，除分配现金股利外，还实施了股票股利分配方案，以2016年年末总股本为基础，每10股送3股工商注册登记变更后公司总股本为7 800万股，公司2017年7月1日发行新股4 000万股。

资料四： 为增加公司流动性，董事陈某建议发行公司债券筹资10 000万元，董事王某建议，改变之前的现金股利政策，公司以后不再发放现金股利。

要求：（1）计算E公司2017年的资产负债率、权益乘数、利息保障倍数、总资产周转率和基本每股收益。

（2）结合E公司目前偿债能力状况，分析董事陈某提出的建议是否合理并说明理由。

2. D公司是一家服装加工企业，2017年营业收入为3 600万元，营业成本为1 800万元，日购货成本为5万元。该公司与经营有关的购销业务均采用赊账方式。假设1年按360天计算。D公司简化的资产负债表如表1所示：

表1　资产负债简表（2017年12月31日）

单位：万元

资产	金额	负债和所有者权益	金额
货币资金	211	应付账款	120
应收账款	600	应付票据	200
存货	150	应付职工薪酬	255
流动资产合计	961	流动负债合计	575
固定资产	850	长期借款	300
非流动资产合计	850	负债合计	875
		实收资本	600
		留存收益	336
		所有者权益合计	936
资产合计	1 811	负债和所有者权益合计	1 811

要求：（1）计算D公司2017年的净营运资本数额。

（2）计算D公司2017年的应收账款周转期、应付账款周转期、存货周转期以及现金周转期（注：现金周转期=存货周转期+应收账款周转期-应付账款周转期）。为简化计算，应收账款、存货、应付账款的平均余额均以期末数据代替。

（3）在其他条件相同的情况下，如果D公司利用供应商提供的现金折扣，则对现金周转期会产生何种影响？

（4）在其他条件相同的情况下，如果D公司增加存货，则对现金周转期会产生何种影响？

第十章

财务报表综合分析

第十章 财务报表综合分析

本章知识结构图

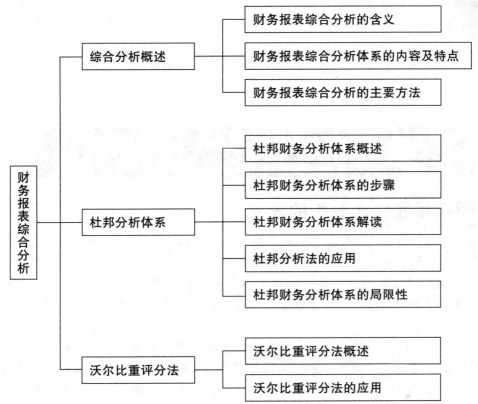

学习目标

通过本章的学习,学生应该了解并掌握:
1. 财务报表综合分析的意义;
2. 杜邦财务分析体系及其应用;
3. 沃尔比重评分法的含义及其应用。

财务能力分析从企业偿债能力、获利能力、营运能力和发展能力等角度对企业的经营活动、投资活动和筹资活动状况进行了深入、细致的分析,以判断企业的财务状况和经营成果,这对于企业投资者、债权人、经营者、政府以及其他企业利益相关者了解企业的财务状况和经营成果是十分有益的。但前述财务能力分析通常是从某一特定角度,就企业某一方面的财务能力作分析,这种分析不足以全面评价企业的总体财务状况和经营成果,很难对企业总体财务状况的关联性得出综合结论。

企业财务活动是一个综合的有机整体。因此,单独分析任何一项财务指标或一张报表,都难以评价企业整体的财务状况和经营成果,想要对企业的财务状况和经营成果有一个总体的评价，就必须进行相互关联的分析，采用适当的标准进行综合性的评价。财务报表综合分析是在应用各种财务分析方法进行分析的基础上，将定量分析与定性分析相结合，对企业的各个方面进行系统、全面的分析，以得出财务分析结论的过程。。

第一节 财务报表综合分析概述

一、财务报表综合分析的含义

财务报表综合分析以企业财务报告等核算资料为基础，将企业的偿债能力、获利能力、营运能力和发展能力等诸多方面的分析情况纳入一个有机的整体，全面地对企业的财务状况和经营成果进行分析，从而对企业经济效益的优劣作出准确评价和判断。通过财务报表综合分析，可以找出企业在经营和发展过程中存在的问题，并加以改进。

财务分析的最终目的是在于全面、准确、客观地揭示和评价企业的财务状况、经营成果和现金流量的变动情况，为利益相关者的经济决策提供依据。显然，仅仅计算几个简单、孤立的财务指标，难以正确、全面展示企业的全貌，往往还会得到误导性信息。因为每一个财务指标都是侧重于体现企业某一方面的经营状况，而不同的财务指标之间往往还相互矛盾。例如偿债能力强的企业，其获利能力可能相对较弱；而获利能力较高的企业，其资产周转速度可能较慢。所以，我们必须将企业的偿债能力、获利能力、营运能力和发展能力等财务指标置于一个整体框架之中，将其有机结合起来，作出综合评价，才能对企业经济活动的总体变化规律给出本质性描述，从而对企业的财务状况和经营效率作出正确评价。

另外，在进行企业财务综合分析时，最好能够将同一企业不同时期或同一时期同行业相同规模的企业进行纵向或横向比较分析，以便更好地观察企业真实经营业绩的变化情况。

二、财务报表综合分析体系的内容及特点

（一）财务综合分析的内容

财务综合分析是站在全局角度进行全面的财务分析，主要包括以下两方面的内容：

1. 财务目标与财务状况相互关联的综合分析与评价

企业财务目标是股东权益最大化，而股东权益最大化的核心在于资本收益能力的

提高。资本收益能力受企业各方面、各环节财务状况的影响。财务目标与财务状况相互关联的综合分析与评价主要以净资产收益率为核心,并通过对净资产收益率的分解,找出影响净资产收益率增减变动的因素及其影响程度,从而全面、系统地评价企业各环节、各方面的经营业绩。

2.经营业绩的综合分析与评价

经营业绩的综合分析与评价是利用综合指数评价法和综合评分法,采用特定的指标体系,对照统一的评价标准,按照一定的程序,通过定量定性对比分析,对企业在一定经营期间的各项重要的财务指标完成情况进行量化分析,以唯一的综合指数或综合分数高低对企业在一定经营期间的经营效益和经营绩效作出客观、公正和准确的综合评判。

(二)财务综合分析的特点

通过财务报表综合分析,可以明确企业的偿债能力、获利能力、营运能力和发展能力之间的相互联系,找出制约企业发展的"瓶颈"所在,有助于财务报表分析者通盘考虑、统筹安排,最终形成全面综合的结论和意见。

三、财务报表综合分析的主要方法

财务报表综合分析从不同的角度出发,有着不同的分析内容与分析思路。基于对公司综合绩效的评价的角度,目前比较流行的综合评价体系主要有以下几种:杜邦财务分析体系、沃尔比重评分法等。

第二节 杜邦财务分析体系

一、杜邦财务分析体系概述

为全面了解和评价企业的财务状况和经营成果,需要利用若干相互关联的指标对偿债能力、营运能力以及获利能力等进行综合性评价和分析。杜邦分析法正是利用几种主要财务指标之间的内在关系综合分析企业财务状况的一种综合分析方法。

杜邦分析法是由美国杜邦公司最先采用的,故称为杜邦分析体系,简称杜邦体系。杜邦分析法的特点是利用各主要财务比率指标间的内在联系,对企业财务状况及经济效益进行综合系统分析。该体系是以净资产收益率为起点,以总资产净利率和权益乘数为核心,重点揭示企业获利能力及权益乘数对净资产收益率的影响,以及各相关指标间的相互影响和作用关系。

二、杜邦财务分析体系的步骤

杜邦财务分析体系确定的龙头指标是净资产收益率,将净资产收益率层层分解为一系列不同的财务指标,来揭示其获利能力及各因素对净资产收益率的影响程度。

(一)分解净资产收益率

将净资产收益率指标的分子和分母同乘以平均资产总额,即可以将净资产收益率指标分解为总资产净利率和权益乘数两个指标。

$$净资产收益率 = \frac{净利润}{平均净资产} \times 100\%$$

$$= \frac{净利润}{平均资产总额} \times \frac{平均资产总额}{平均净资产} \times 100\%$$

$$= 总资产净利率 \times 权益乘数$$

(二)分解总资产净利率

将总资产净利率指标的分子和分母都乘以营业收入,即可以将总资产净利率分解为营业净利率和总资产周转率。

$$总资产净利率 = \frac{净利润}{平均资产总额} \times 100\%$$

$$= \frac{净利润}{营业收入} \times \frac{营业收入}{平均资产总额} \times 100\%$$

$$= 营业净利率 \times 总资产周转率$$

(三)杜邦等式

因此,净资产收益率经过变形,可以分解为以下3个指标:

利用这种方法进行综合分析时,可把各项财务指标间的关系绘制成杜邦分析图(如图10-1所示)。

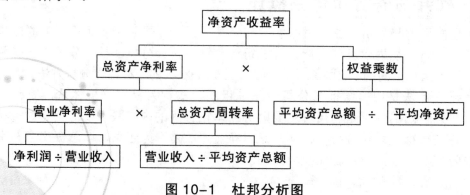

图10-1 杜邦分析图

杜邦分析法以净资产收益率为龙头指标，以总资产净利率和权益乘数为核心，将净资产收益率分解为营业净利率、总资产周转率和权益乘数3个指标，进一步揭示了偿债能力、营运能力、获利能力之间的关系及其对净资产收益率的影响。从而形成了一个将资产负债表、利润表的数据综合在一起的指标分析体系，有助于管理层更加清晰地看到影响净资产收益率的因素和改进的方向。

三、杜邦财务分析体系解读

杜邦等式和杜邦分析图可以帮助管理层更加清晰地看到净资产收益率的决定因素，以及营业净利率、总资产周转率与权益乘数之间的相互关系，给管理层提供了一幅考察公司资产管理是否使股东投资回报最大化的路线图。

（一）净资产收益率

净资产收益率是一个综合性很强的财务分析指标，是杜邦分析体系的龙头，反映了公司所有者投入资本的获利能力，说明公司筹资、投资、经营等各项活动的效果与效率。不断提高净资产收益率是使股东财富最大化的基本保证，决定其高低的3个因素主要是营业净利率、总资产周转率和权益乘数。

（二）营业净利率

营业净利率是反映公司主营业务经营获利能力最重要的指标，是实现净资产收益率最大化的保证。要想提高营业净利率有两种途径：一是增加营业收入；二是降低各项成本费用。为了详细了解公司成本费用的发生情况，在具体列示成本总额时，还可根据重要性原则，将那些影响较大的费用单独列示，以便为寻求降低成本的途径提供依据。

（三）总资产周转率

影响总资产周转率的因素是营业收入和资产总额。其中资产总额由流动资产和非流动资产构成，它们的结构合理与否将直接影响总资产的周转速度。一般来说，流动资产直接体现公司的偿债能力和变现能力，而非流动资产则体现公司的经营规模和发展潜力，两者之间应有一个合理的比例关系。因此，应进一步分析各项资产的占用数额和周转速度。

（四）权益乘数

权益乘数主要体现了企业的财务结构。在杜邦财务分析体系中，权益乘数为平均资产总额除以平均净资产，权益乘数越大，说明企业的负债程度越高，可能给公司带来更大的杠杆利益，但也可能带来更大的风险。

杜邦财务分析体系将净资产收益率分解为营业净利率、总资产周转率和权益乘数3个指标，通过自上而下的分析，不仅可以了解公司财务状况的全貌以及各项财务指标间的结构关系,还可以查明各项主要财务指标增减变动对净资产收益率的影响及其原因。

杜邦财务分析体系提供的上述信息不仅揭示了净资产收益率变动的原因,还为进一步采取具体措施指明了方向。从杜邦分析图中可以发现提高净资产收益率有四种途径:第一,通过提高售价或者扩大销售量等方法提高营业收入,并努力使营业收入的增长幅度高于成本费用的增长幅度;第二,加强企业内部控制,减少公司的销货成本和各项费用;第三,实施严格的资产管理措施,提高资产使用效率,进一步提高总资产周转率;第四,在不危及财务安全的前提下,增加债务规模,提高权益乘数,使用财务杠杆效率。

四、杜邦分析法的应用

【例10-1】现以格力电器为例,以同行业类似规模的MD公司为比较对象,介绍杜邦财务分析体系的具体应用。净资产收益率的比较对象,可以是同行业其他企业的同期数据,也可以是本企业的历史数据,这里以格力电器2017年与2016年的比较为例,并将格力电器于MD公司进行横向比较。

(一)格力电器杜邦分析法的应用

1.格力电器基本财务数据表(见表10-1)

表10-1 格力电器基本财务数据表

单位:万元

项目	2015年	2016年	2017年
净利润	1 093 575.52	1 425 295.48	1 262 373.16
营业收入	11 862 794.82	13 775 035.84	9 774 513.72
资产总额	13 370 210.34	15 623 094.85	16 169 801.63
所有者权益总额	3 546 667.77	4 513 145.10	4 856 660.86

2.格力电器财务比率计算表(见表10-2)

表10-2 格力电器财务比率计算表

项目	2016年	2017年	差异
净资产收益率	35.40%	26.70%	-8.70%
总资产净利率	9.83%	7.94%	-1.89%
营业净利率	10.35%	12.91%	2.57%
总资产周转率	0.95	0.61	-0.34
权益乘数	3.60	3.39	-0.21

(注:该表净资产收益率是依据杜邦等式,由营业净利率、总资产周转率和权益乘数相乘计算得出;总资产净利率由营业净利率与总资产周转率相乘计算得出,误差系由于在计算过程中数据四舍五入而导致的。)

3.指标分析——因素分析

由表10-2可知,格力电器的净资产收益率由2016年的35.40%下降到2017年的26.70%,较上年同期降低了8.70%。

公司的投资者在很大程度上依据该指标来考察经营者业绩，判断是否继续投资或转让股份，公司经理层为改善财务决策也需要对净资产收益率进行具体分析。

下面我们利用因素分析法来分解各个指标，并分析净资产收益率变动的原因及其影响因素：

2016年净资产收益率=10.35%×0.95×3.60=35.40%

（1）营业净利率变动的影响：

按2017年的营业净利率计算的2016年修正的净资产收益率=12.91%×0.95×3.60=44.15%

营业净利率的变动对净资产收益率的影响为：44.15%－35.40%=8.75%

（2）总资产周转率变动的影响：

按2017年的营业净利率、总资产周转率计算的2016年修正的净资产收益率=12.91%×0.61×3.60=28.35%

总资产周转率的变动对净资产收益率的影为：28.35%－44.15%=－15.80%

（3）权益乘数变动的影响：

2017年净资产收益率=12.91%×0.61×3.39=26.70%

权益乘数的变动对净资产收益率的影响为：26.70%－28.35%=－1.65%

三项因素影响合计=8.75%－15.80%－1.65%=－8.70%

通过上述分析可知，格力电器2017年净资产收益率较2016年下降了8.70%，其中，营业净利率2017年比2016年上升了2.57%，使净资产收益率增加了8.75%，但是结合利润表数据分析可知，格力电器营业收入2017年比2016年减少了29.04%，而营业成本的同期减少额为25.00%，而净利润同期减少11.43%，说明格力电器营业净利率的上升并不是由营业收入的增加引起的，而是因为净利润的降幅小于营业收入的降幅造成的，即营业收入和营业成本以外的其他因素所引起的，例如，2017年营业外收入比2016年增加98.89%，而营业外支出比2016年下降74.22%等，这需要引起公司管理层和投资者的关注。

同时，格力电器的总资产周转率由2017年的0.95下降到2016年的0.61，下降了0.34，使净资产收益率降低了15.80%。分析其原因可知，格力电器公司营业收入2017年比2016年减少了29.04%，而2017年总资产比2016年增加了3.50%，说明格力电器总资产增加的同时，创造收入的能力反而在下降。

最后，格力电器的权益乘数由2016年的3.60下降到2017年的3.39，使净资产收益率减少了1.65%。

由此，通过杜邦分析可知，格力电器2017年较之2016年净资产收益率有所减少，主要是因为总资产周转率降低的原因所致。企业应该以此为重点，提高资产的周转速度和管理效率。

（二）MD公司杜邦分析法的应用

1.MD公司基本财务数据表（见表10-3）

表10-3　MD公司基本财务数据表

单位：万元

项目	2015年	2016年	2017年
净利润	8 297 496.43	11 646 328.66	13 624 655.00
营业收入	120 975 003.14	141 668 175.16	138 441 226.00
资产总额	96 946 024.77	120 292 088.16	128 841 935.00
所有者权益总额	39 080 562.28	45 731 455.24	56 031 622.00

2.MD公司财务比率计算表（见表10-4）

表10-4　MD公司财务比率计算表

项目	2016年	2017年	差异
净资产收益率	27.36%	26.76%	-0.60%
总资产净利率	10.68%	10.92%	0.24%
营业净利率	8.22%	9.84%	1.62%
总资产周转率	1.30	1.11	-0.19
权益乘数	2.56	2.45	-0.11

（注：该表净资产收益率是依据杜邦等式，由营业净利率、总资产周转率和权益乘数相乘计算得出总资产净利率由营业净利率与总资产周转率相乘计算得出，误差系由于在计算过程中数据四舍五入而导致的。）

3.指标分析——因素分析

由表10-4可知，MD公司的净资产收益率由2016年的27.36%下降到2017年的26.76%，较上年同期下降了0.60%。

下面我们利用因素分析法来分解各个指标，并分析净资产收益率变动的原因及其影响因素：

2016年净资产收益率=8.22%×1.3×2.56=27.36%

（1）营业净利率变动的影响：

按2017年的营业净利率计算的2016年修正的净资产收益率=9.84%×1.3×2.56=32.75%

营业净利率的变动对净资产收益率的影响为：32.75%－27.36%=5.39

（2）总资产周转率变动的影响：

按2017年的营业净利率、总资产周转率计算的2016年修正的净资产收益率=9.84%×1.11×2.56=26.96%

总资产周转率的变动对净资产收益率的影响为：26.76%－32－75%=－5.79

（3）权益乘数变动的影响：

2017年净资产收益率=9.84%×1.11×2.45=26.76%

权益乘数的变动对净资产收益率的影响为：26.76%－26.96=－0.20

三项因素影响合计=5.39%－5.79%－0.20%=－0.60%

通过上述分析可知，MD公司2017年净资产收益率较2016年下降了0.60%，主要原因是总资产周转率和权益乘数2017年比2016年下降。MD公司营业净利率由2016年的8.22%上升为2017年的9.84%，使净资产收益率增加了5.39%，结合利润表数据分析可知，MD公司营业收入2017年比2016年降低了2.28%，而营业利润和净利润同期增加了10.90%和16.98%，说明MD公司虽然营业收入有小幅下降，但是公司成本费用控制的较好，最终营业利润率和营业净利率都有所上升。

另一方面，2017年MD公司的资产周转率由2016年的1.30下降为2017年的1.11，使净资产收益率下降了5.79%，分析其原因可知，MD公司公司营业收入2017年比2016年减少了2.28%，而2017年总资产比2016年增加了7.11%，说明MD公司总资产增加的同时，创造收入的能力反而在下降。

最后，MD公司权益乘数较之2016年有所降低，使净资产收益率减少了0.20%。

由此，通过杜邦分析可知，MD公司2017年较之2016年净资产收益率有所减少，主要是总资产周转率下降所导致的，应关注其变化的原因。

五、杜邦财务分析体系的局限性

杜邦财务分析体系将其核心指标净资产收益率与企业的筹资结构、销售规模、成本水平、资产管理等因素构成一个密切相关的整体，虽然被广泛使用，但是也存在着一些局限性。

（一）不能全面反映上市公司的重要财务指标，忽视了对企业可持续发展能力的分析

对于上市公司而言，最重要的财务指标有每股收益、每股净资产、净资产收益率和股利支付率等。但是杜邦分析法并没有全面反映上述重要的财务指标。导致杜邦分析体系不能反映公司股东权益的股份化，不利于体现股东财富最大化的财务目标。另外，无论是宏观经济走势还是每个行业的发展状况，都离不开对企业可持续发展能力的综合分析和判断。然而，杜邦分析法比较重视短期财务结果，缺乏对企业持续发展能力的分析，有可能助长企业的短期化行为，忽略企业长期的价值创造，不利于企业的可持续发展。

（二）计算总资产净利率的"总资产"与"净利润"不匹配

总资产是全部资产提供者享有的权利，而净利润是专门属于股东的，两者不匹配。由于总资产净利率的"投入与产出"不匹配，该指标不能反映实际的回报率。为了改善该比率的配比，要重新调整其分子和分母。

为公司提供资产的人包括股东、有息负债的债权人和无息负债的债权人，后者不要求分享收益。要求分享收益的是股东、有息负债的债权人。因此，需要计量股东和有息负债债权人投入的资本，并且计量这些资本产生的收益，两者相除才是合乎逻辑

的资产报酬率，才能准确反映企业的基本获利能力。

（三）忽视了对现金流量的分析

杜邦分析体系是以利润指标为核心构建的，数据资料来源于资产负债表和利润表，没有考虑到现金流量方面的信息，而企业现金流量在很大程度上决定着企业的偿债能力和盈利能力，如果企业现金流量不足，现金周转不灵，将会影响企业的生存和发展。

第三节 沃尔比重评分法

一、沃尔比重评分法概述

在进行财务分析时，对于计算出的财务指标无法判断其高低优劣，在与企业的历史数据相比较时，也只能观察企业自身的变化，无法评价企业在市场竞争中的地位和水平。

为了解决这一问题，1928年亚历山大 沃尔在其出版的《信用晴雨表研究》和《财务报表比率分析》中提出了信用能力指数的概念，即沃尔比重评分法。

（一）沃尔比重评分法的概念

沃尔比重评分法是将选定的财务比率用线性关系结合起来，并分别给定各自的分数权重，然后通过与标准比率进行比较，确定各项指标的得分及总体指标的累计得分，从而对企业的信用水平乃至整个企业的财务状况作出评价。

（二）沃尔比重评分法的步骤

1.选定评价指标

沃尔比重评分法选择了7个财务比率作为考察企业整体财务状况的分析对象，这7个财务指标分别是流动比率、产权比率、固定资产比率、存货周转率、应收账款周转率、固定资产周转率和自有资金周转率。

2.赋予指标权重

由于每个财务指标对整体财务状况的影响是不一样的，因此，需要按重要程度分别给定每个指标一个权重，各个指标的权重总和为100。

3.确定各项指标的标准值

以行业平均数为基准，确定各财务指标在企业现时条件下的最优值。

4.计算各项指标的实际值

将企业各项财务指标的实际比率与标准比率相比得出相对比值；将相对比值与各

个指标的权重值相乘，计算出实际得分，并加总得出总评分。

5.形成评价结果

最后，以总评分的高低来评价企业的信用水平和整体财务状况。一般认为，总评分大于100，说明企业的整体财务状况良好；总评分接近100分，说明企业的整体财务状况基本良好；总评分远远低于100，则说明企业整体财务状况较差。

（三）沃尔比重评分法的局限性

原始意义上的沃尔比重评分法存在两个缺陷：一是所选定的7项指标主要反映企业的偿债能力和营运能力，不能体现获利能力和发展能力，缺乏代表性；二是各指标权重数值人为主观因素强，不一定反映客观实际。当某项指标严重异常时，会对总评分产生不合逻辑的重大影响。

随着社会的发展，沃尔最初提出的7项指标已难以完全适用于当前企业评价的需要。因此，本书在此基础上，结合2006年国资委颁布的《中央企业综合绩效评价实施细则》中对各项财务指标的选择和评分，对沃尔比重评分法作出修正，在选择指标时，应全面考虑偿债能力、营运能力、获利能力和发展能力。

二、沃尔比重评分法的应用

沃尔比重评分法的基本步骤包括：

（一）选择评价指标并分配指标权重（见表10-5）

表10-5　沃尔比重评分指标分配表

选择的指标	分配的权重
一、偿债能力指标	20
1.资产负债率	12
2.速动比率	8
二、获利能力指标	38
1.净资产收益率	25
2.总资产报酬率	13
三、营运能力指标	18
1.总资产周转率	9
2.流动资产周转率	9
四、发展能力指标	24
1.营业增长率	12
2.资本积累率	12
合计	100

（二）确定各项比率指标的标准值

财务指标的标准值一般可以行业平均数、企业历史先进数、国家有关标准或者国际公认数为基准来加以确定（见表10-6）。

表 10-6　沃尔比重评分指标标准值

选择的指标	指标的标准值
一、偿债能力指标	
1. 资产负债率	60%
2. 速动比率	1
二、获利能力指标	
1. 净资产收益率	25%
2. 总资产报酬率	16%
三、营运能力指标	
1. 总资产周转率	2
2. 流动资产周转率	5
四、发展能力指标	
1. 营业增长率	10%
2. 资本积累率	15%

● **（三）计算企业在一定时期各项比率指标的实际值，并计算综合分数**

$$各项评价指标的得分 = 各项评指标的权重 \times \frac{指标的实际值}{标准值}$$

$$综合得分 = \sum 各项评价指标的得分$$

● **（四）形成评价结果**

在最终评价时，如果综合得分大于100，则说明企业的财务状况比较好；反之，则说明企业的财务状况比同行业平均水平或者本企业历史先进水平等较差，需要进一步改善。

沃尔比重评分法是评价企业总体财务状况的一种比较可取的方法，这一方法的关键在于指标的选定、权重的分配以及标准值的确定等。

【例10-2】现以格力电器和MD公司为例，用沃尔比重评分法对其财务状况进行分析（见表10-7和表10-8）。

表 10-7　格力电器沃尔比重评分指标计算表

选择的指标	分配的权重	指标的标准值	指标的实际值	实际得分
一、偿债能力指标	20			22.08
1. 资产负债率	12	60%	70%	14
2. 速动比率	8	1	1.01	8.08
二、获利能力指标	38			33.40
1. 净资产收益率	25	25%	26.95%	26.95
2. 总资产报酬率	13	16%	7.94%	6.45
三、营运能力指标	18			4.21
1. 总资产周转率	9	2	0.61	2.75
2. 流动资产周转率	9	5	0.81	1.46
四、发展能力指标	24			-28.76
1. 营业增长率	12	10%	-29.04%	-34.85
2. 资本积累率	12	15%	7.61%	6.09
综合得分	100			30.93

通过上述分析，可知格力电器2017年度综合得分为30.93，远远小于100，说明其财务状况存在一定的问题。

进一步分析可知，2017年格力电器的偿债能力指标、获利能力指标、营运能力指标和发展能力指标分别为22.08、33.40、4.21和-28.76，由此可知，格力电器营运能力较弱，而营运能力较弱是由2017营业收入的降低所导致的。另一方面，2017年营业收入的降低也使得格力电器发展能力指标的能力为-28.76，造成总分为30.93的结果。

综合来看，格力电器财务状况存在较大的问题，主要表现在2017年格力电器营业收入较2016年降低了29.04%，使其发展能力为负。

表10-8　MD公司沃尔比重评分指标计算表

选择的指标	分配的权重	指标的标准值	指标的实际值	实际得分
一、偿债能力指标	20			20.42
1.资产负债率	12	60%	56.51%	11.30
2.速动比率	8	1	1.14	9.12
二、获利能力指标	38			35.67
1.净资产收益率	25	25%	26.78%	26.78
2.总资产报酬率	13	16%	10.94%	8.89
三、营运能力指标	18			7.77
1.总资产周转率	9	2	1.11	5.00
2.流动资产周转率	9	5	1.54	2.77
四、发展能力指标	24			15.28
1.营业增长率	12	10%	-2.28%	-2.74
2.资本积累率	12	15%	22.52%	18.02
综合得分	100			79.14

通过上述分析，可知MD公司2017年度综合得分为79.14，小于100，但是远高于格力电器。

进一步分析可知，2017年MD公司的偿债能力指标、获利能力指标、营运能力指标和发展能力指标分别为20.42、35.67、7.77和15.28。由此可知，MD偿债能力和获利能力较好，而营运能力和发展能力有待于进一步提高。综合来看，MD公司的财务状况要优于格力电器。

思考题

1. 请分析杜邦财务分析体系的优点和局限性。
2. 怎样运用沃尔比重评分法进行企业绩效评价？。

练习题

一、单项选择题

1. 在进行财务报表分析时，债权人更关注的信息是（　　）。
   A. 偿债能力　　　B. 营运能力　　　C. 发展能力　　　D. 获利能力

2. 下列各项中，不属于财务分析中因素分析法特征的是（　　）。
   A. 因素分解的关联性　　　　　B. 顺序替代的连环性
   C. 分析结果的准确性　　　　　D. 因素替代的顺序性

3. 在杜邦分析系统中，提高总资产净利率的途径是（　　）。
   A. 加强销售管理，提高营业净利率　　　B. 加强资产管理，降低总资产周转率
   C. 加强负债管理，降低资产负债率　　　D. 树立风险意识，控制财务风险

4. 某企业上年的营业净利率为7.74%，总资产周转率为1.27，今年的营业净利率为8.78%，总资产周转率为1.08，则今年的总资产净利率与上年相比，其变化趋势是（　　）。
   A. 下降　　　B. 上升　　　C. 不变　　　D. 难以确定

5. 在杜邦分析体系中，起点指标是（　　）。
   A. 净资产收益率　　B. 总资产净利率　　C. 总资产周转率　　D. 营业净利率

6. 某企业2017年平均总资产为8 000万元，实际营业收入净额为5 500万元，实现净利润为380万元，平均资产负债率为60%，则该企业的净资产收益率为（　　）。
   A. 6.67%　　　B. 6.91%　　　C. 11.88%　　　D. 17.27%

7. 某公司总资产净利率为10%，若产权比率为1.5，则净资产收益率为（　　）。
   A. 6.67%　　　B. 10%　　　C. 15%　　　D. 25%

8. 在沃尔比重评分法中反映偿债能力指标时，最具有代表性的指标是（　　）。
   A. 股权比率　　　B. 产权比率　　　C. 权益乘数　　　D. 资产负债率

9. 一般认为，综合能力最强的获利能力指标是（　　）。
   A. 营业净利率　　B. 总资产净利率　　C. 净资产收益率　　D. 每股收益

10. 某企业20×1年和20×2年的营业净利率分别为7%和8%，总资产周转率分别为2和1.5，两年的资产负债率相同，与20×1年相比，20×2年的净资产收益率变动趋势为（　　）。
    A. 上升　　　B. 下降　　　C. 不变　　　D. 无法确定

二、多项选择题

1. 下列关于杜邦体系的说法，正确的有（　　）。
   A. 杜邦分析体系通过建立新指标进行全面分析
   B. 杜邦分析体系是通过相关财务比率的内在联系构建的综合分析体系
   C. 杜邦分析体系的核心指标是净资产收益率
   D. 对杜邦分析体系进行比较分析不仅可以发现差异，分析差异的原因，还能消除差异

2. 在杜邦分析体系中涉及（　　）。
   A. 偿债能力分析
   B. 营运能力分析
   C. 获利能力分析
   D. 发展能力分析

3. 在沃尔比重评分法中对各个比率重要程度的判断，应结合进行分析的因素包括（　　）。
   A. 经营状况
   B. 管理要求
   C. 发展趋势
   D. 主观判断

4. 在沃尔比重评分法的分析步骤中，最为关键也最为困难的有（　　）。
   A. 选择财务比率
   B. 确定各项财务比率的权重
   C. 确定各项财务比率的标准值
   D. 计算各个财务比率的实际值

5. 在下列选项中，会影响净资产收益率的有（　　）。
   A. 产品的价格
   B. 单位成本的高低
   C. 销售量
   D. 总资产周转率

6. 依据杜邦分析法，当总资产周转率一定时，影响净资产收益率的财务指标有（　　）。
   A. 营业净利率
   B. 产权比率
   C. 权益乘数
   D. 资产负债率

7. 在下列选项中，不正确的是（　　）。
   A. 净资产收益率是分析企业获利能力的最为常用的指标
   B. 净资产收益率只能进行横向比较
   C. 净资产收益率只能进行纵向比较
   D. 净资产收益率只适用上市公司

8. 分析某公司5年期财务报表发现：固定资产周转率和流动比率逐年下降，至第5年年末这两个指标均小于1。在下列各项中，最有可能说明该公司这种财务与经营状况的有（　　）。
   A. 主营业务收入逐年下降
   B. 短期偿债能力逐年下降
   C. 应付账款增幅逐年增加
   D. 存货资产增幅逐年减少

9. 在下列选项中，能提高净资产收益率的途径是（　　）。
   A. 加强负债管理，降低负债比率
   B. 加强成本管理，降低成本费用
   C. 加强销售管理，提高销售利润率
   D. 加强资产管理，提高资产周转率

10. 某企业今年销售收入250 000元，资产期初、期末余额分别为70 000元和90 000元，净利润100 000元，则下列各项不正确的是（　　）。

　　A. 营业利润率>1，总资产周转率<1　　　　B. 总资产净利率<1

　　C. 营业利润率<1，总资产周转率>1　　　　D. 总资产净利率>1

三、判断题

1. 杜邦分析体系作为综合财务分析体系，可以全面系统地反映企业整体的财务状况和经营成果，但其缺点是该体系在同行业之间不可比。　　　　　　　　（　　）
2. 在沃尔比重评分法中的实际得分是实际数除以标准数的结果。　　（　　）
3. 信用能力指数是沃尔比重评分法的雏形。　　　　　　　　　　　（　　）
4. 权益乘数是资产、负债和企业三者关系的体现。　　　　　　　　（　　）
5. 依据杜邦分析法，当其他财务指标不变时，权益乘数越大，净资产收益率也就越高。　　　　　　　　　　　　　　　　　　　　　　　　　　　　　（　　）

四、综合分析题

1. 励诚股份有限公司是一家生产电子产品的高科技企业。该公司2015年、2016年的主要财务数据以及2017年的财务计划数据如下：

项目	2015年	2016年	2017年
净利润	—	2 400	2 700
营业收入	—	18 000	20 000
年末总资产	8 000	9 000	10 000
年末股东权益	4 500	5 400	6 000

假设公司产品的市场前景很好，销售额可以大幅增加，贷款银行要求公司的年度平均资产负债率不得超过50%。董事会决议规定，以净资产收益率高低作为管理层业绩评价的尺度。

要求：（1）计算2016年和2017年的营业净利率、总资产周转率、权益乘数和净资产收益率。

（2）指出2017年净资产收益率较上年是提高了还是降低了，并说明其原因。

（3）假设2017年的营业净利率和总资产周转率是符合实际的，指出2017年的财务计划有无不当之处。简要说明原因。

（4）如果2017年要实现净资产收益率为60%的目标，在不改变上年总资产周转率、且资产负债率符合债权人要求的情况下，营业净利率至少应达到什么水平？

2. 安平公司为一家上市公司，已公布的公司2017年财务报告显示，该公司2017年净资产收益率为4.8%，较上年大幅降低，引起了市场各方的广泛关注，为此，某财务分析师详细搜集了安平公司2016和2017年的有关财务指标，如下表所示：

项目	2016年	2017年
营业净利率	12	8%
总资产周转率（次数）	0.6	0.3
权益乘数	1.8	2

要求：（1）计算安平公司2016年净资产收益率；

（2）计算安平公司2017年2016年净资产收益率的差异。

（3）利用因素分析法依次测算营业净利率、总资产周转率和权益乘数的变动对安平公司2017年净资产收益率下降的影响。

主要参考书目

[1] 中国注册会计师协会.财务成本管理[M].北京:中国财政经济出版社,2018.
[2] 中国注册会计师协会.会计[M].北京:中国财政经济出版社,2018.
[3] 企业会计准则编审委员会.企业会计准则详解与实务[M].北京:人民邮电出版社,2018.
[4] 财政部会计资格评价中心.初级会计实务[M].北京:经济科学出版社,2017.
[5] 张新民.从报表看企业:数字背后的秘密[M].3版.北京:中国人民大学出版社,2017.
[6] 张新民,钱爱民.财务报表分析[M].4版.北京:中国人民大学出版社,2017.
[7] 张先治,陈友邦.财务分析[M].8版.大连:东北财经大学出版社,2017.
[8] 刘东辉.会计报表编制与分析[M].2版.北京:科学出版社,2017.
[9] 赵威.会计报表编制与分析[M].2版.上海:立信会计出版社,2017.
[10] 刘永泽,陈立军.中级财务会计[M].5版.大连:东北财经大学出版社,2016.
[11] 张维宾.中级财务会计[M].5版.上海:立信会计出版社,2016.
[12] 胡玉明.财务报表分析[M].3版.大连:东北财经大学出版社,2016.
[13] 李芳懿.财务报表编制与分析[M].北京:中国市场出版社,2015.
[14] 赵国忠.会计报表编制与分析[M].3版.北京:北京大学出版社,2015.
[15] 王化成,支晓强,王建英.财务报表分析[M].7版.北京:中国人民大学出版社,2014.
[16] 傅荣,史德刚.财务报告编制与分析[M].4版.大连:东北财经大学出版社,2014.
[17] 郑艳秋,向显湖.财务报表编制与分析[M].北京:清华大学出版社,2013.
[18] 吕孝侠.中级财务会计[M].北京:北京大学出版社,2013.
[19] 胡成.财务报表分析[M].北京:人民邮电出版社,2011.
[20] 陈竹梅.财务报表编制与分析[M].大连:东北财经大学出版社,2010.